文化地理学译丛

周尚意◎主编

[英] 艾莉森·布伦特
Alison Blunt

[澳] 萝宾·道林
Robyn Dowling 著

刘苏　王立　译

# 家园

北京师范大学出版集团
BEIJING NORMAL UNIVERSITY PUBLISHING GROUP
北京师范大学出版社

# 译丛总序

## 引介：学术交流之必须

　　人文地理学为何？由于中学地理教学的普及，中国人普遍知道地理学分为自然地理学和人文地理学。但是许多中国人并不了解，现代意义上的人文地理学的发展历史并不长，它是在 19 世纪近代地理学出现之后，方出现的一个学科领域或学科分支。人文地理学主要分析地球上人类活动的空间特征和空间过程及其规律性。例如，分析某个地方可以发展何种农业类型，哪里的村庄可以变为大城市。世界上不只是地理学家关注空间和区域问题。例如，著名的历史学家沃勒斯坦在其巨著《现代世界体系》中，也提到了不同时期区域发展的空间格局。再如，著名的社会学家吉登斯也强调空间和地理。

　　早期有一批学者将西方人文地理学引入中国。目前查到的中国最早出版的《人文地理》是傅运森先生编纂的，该书为"中学校用"教科书，由商务印书馆在 1914 年出版。中国国家图书馆收藏的最早的汉译人文地理学著作则是法国维达尔学派核心人物 Jean Brunhes 的《人文地理学》。Jean Brunhes 早期有多个汉译名，如白吕纳、布留诺、白菱汉等，今天中国学者多沿用"白吕纳"

这一译名。《人文地理学》中译本之一由世界书局在 1933 年出版，译者是北京师范大学地理学系的谌亚达先生。

20 世纪前半叶，世界人文地理学的研究中心还在欧洲大陆，德国和法国是重要的学术基地。自第二次世界大战后，人文地理学的研究中心逐渐扩展到英美。西方国家的人文地理学在多种质疑和自我反思中不断前行，因此发展出丰富的学术概念和彼此补充的学术流派。遗憾的是，自 20 世纪 50 年代初到 20 世纪 70 年代末，中国内地（大陆）的人文地理学发展基本处于停滞状态，只有"经济地理学一花独放"。原因是当时有些学者意识到，世界上没有客观的人文地理学知识和理论，而西方的人文地理学大多是为帝国主义殖民扩张服务的，因此不必学习之。国家当时的意识形态也没有为人文地理学的发展提供相应的空间。许多留学归来的中国人文地理学者不是转行，就是缄默。感谢改革开放，它给予人文地理学新的发展机遇。李旭旦先生在 1978 年率先倡导复兴人文地理学，人文地理学获得了为中国，为人类命运共同体服务的机会。多年后人们发现，李旭旦先生在中外学术交流相对闭塞的 20 世纪 70 年代，依然关注着国外人文地理学进展。人文主义地理学的开山之篇《人文主义地理学》在 1976 年发表后，李旭旦先生积极学习并将之翻译出来。2005 年，南京师范大学的汤茂林教授整理、补译了李旭旦先生的手译稿，并加以发表。人文主义地理学与经验—实证主义地理学、结构主义地理学等，同属于人文地理学流派。它的观点是：尽管人们为了不同的目的，各持立场，但是地理学研究者可以把握的是，人类作为一个群体具有相互理解和沟通的共同本性。

启动"人文地理学译丛"是北京师范大学出版社对中国地理学发展的重要贡献。国内尚未有相似的译丛，只有商务印书馆的"汉译世界学术名著丛书""当代地理科学译丛"包含一些人文地理学的译作。这些译作极大推动了中国人文地理学的发展。2014 年春天，北京师范大学出版社的胡廷兰编辑找到我，商议启动这套译丛。她为了节省我的时间，约好在我上课的教八楼门口见面。教八楼前有北师大校园中最精致的花园。那天她从东边步入花园，我远远看着她青春的身影映在逆光中，格外美丽。一年后她因病去世，而我竟不知道她生病的事情，也未能与她告别。后续，谭徐锋先生、宋旭景女士、尹卫霞女士、周益群女士先后接替该译丛的出版工作。译丛最早的名字是"人文主义地理学译丛"，仅仅囊括人文主义地理学代表人物的代表性著作。后来为了可持续出版，译丛更名为"人文地理学译丛"。本译丛选取的著作观点纷呈，读者可以细细品读，从中感受人文地理学思想和观点的碰撞。正是在这样的碰撞中，人文地理学得以不断发展。

周尚意

2019 年深秋

# 致　谢

　　这本书融合了有关家园的知识与情感，是在近十五年的阅读、学术研究和友谊的基础之上写成的。

　　这种努力是跨越国境的，很多合作都是通过电子邮件来开展的。尽管电子邮件、电话已经相当便利了，但要完成这样一本书，我们还是需要几次会面。在此感谢麦考瑞大学（Macguarie University）的访学计划和伦敦大学玛丽女王学院地理学系的访学项目，是它们为我们这些学者时不时地聚在一起讨论问题提供了支持。

　　特别感谢为本书撰写研究文本框的作者，他们是：阿凯利·阿米特（Akile Ahmet）、艾丽克丝·巴莉（Alex Barley）、萨拉·郑（Sarah Cheang）、路易丝·克拉布特里（Louise Crabtree）、凯特琳·德丝尔薇（Caitlin DeSilvey）、安德鲁·戈尔曼-默里（Andrew Gorman-Murray）、雷切尔·休斯（Rachel Hughes）、卡伦·李普曼（Caron Lipman）、凯蒂·沃尔什（Katie Walsh）和海伦·沃特金斯（Helen Watkins）。这些章后出现的研究文本框为我们提供了当前家园地理学研究的生动案例。此外，不少同事还十分慷慨地允许我们引用他们作品中的素材。感谢简·M.雅各布斯（Jane M. Jacobs）、莱斯利·约翰逊（Lesley Johnson）、莉萨·劳（Lisa Law）、贾斯廷·劳埃德（Justine Lloyd）、凯西·梅伊（Kathy Mee）、克里斯·奥尔兹（Kris Olds）和迪芙亚·托莉雅-凯莉（Divya Tolia-Kelly）。诺埃尔·卡斯特里（Noel Castree）、乔治娜·高恩斯（Georgina Gowans）和安·瓦利（Ann Varley）也对本书的写作给予了不少鼓励。

在此感谢授权我们翻印图片的个人和机构：图2-1，纽约下东区移民公寓博物馆史蒂夫·布罗斯纳安（Steve Brosnahan）收藏；图2-2，《澳大利亚美丽家居》（*Australian Home Beautiful*）杂志封面、米切尔图书馆、贾斯廷·劳埃德、悉尼科技大学数字影像中心；图2-3，艺术天使机构；图2-4，迈克·兰迪（Michael Landy）和托马斯·丹（Thomas Dane），伦敦；图2-5，殖民地威廉斯堡基金会；图2-6和图2-7，凯特琳·德丝尔薇；图3-1和图4-8，时代生活图片/华盖创意，图3-3，美国历史博物馆档案室安（Ann）和托马斯·达米盖拉（Thomas Damigella）作品集，史密森学会贝林中心；图3-5、图5-1、图5-2，凯西·梅伊；图3-6，戴维·戈德布拉特（David Goldblatt）；图4-4，大不列颠图书馆；图4-5和图4-6，艾尔弗雷德·德罗萨里奥（Alfred de Rozario）；图4-7新南威尔士州立图书馆和格里特·福克马（Gerrit Fokkema）；图4-9，约翰·皮卡德（John Pickard）；图5-3、图5-4，迪芙亚·托莉雅-凯莉；图5-5，克里斯·奥尔兹；图5-6，简·M.雅各布斯；文本框2.9修订自艾莉森·布伦特的《文化地理学：家园的文化地理学》（"Culture geography:culture geographies of home"），载《地理科学进展》（*Progress in Human Geography*，2005，29：505-515），赫德·阿诺德（Hodder Arnold）许可引用。同时感谢布莱克威尔出版社（Blackwell Publishing）授权我们从艾莉森·布伦特撰写的《住所毁灭：英裔印第安女性与家园的空间政治》（*Domicile and Diaspora: Anglo-Indian Women and the Spatial Politics of Home*，2005）中选取文章进行修订。每一项翻印许可都意味着我们付出的很多努力。如果有所疏漏，敬请版权所有者与我们联系。

　　萝宾在此感谢麦考瑞大学人文地理学院的同事所提供的良好写作环境，他们还同意在一定程度上改变组织的形式，为业余的学术工作提供可能。澳大利亚研究理事会和麦考瑞大学为第三章的家庭研究和第五章的跨国家园地理研究提供了资助，尤其是来自艾玛·鲍尔（Emma Power）的堪称典范的研究援助。凯西·梅伊和宝林·麦克格尔克（Pauline McGuirk）在本书写作期间帮忙做了很好的宣传工作。

　　具体到个人，加里·巴略特（Garry Barrett）承担了比平时更多的家务活，以保障我完成本书创作。这样的支持十分坚定和持久。爱蒙（Eamon）和葛兰西（Clancy）在我因工作而不在家的时候努力适应。当我终于写完这本书回到家的时候，他们以欢歌笑语迎接我。感谢他们为我营造了美好的家庭情感空间，让我体验到了美好的家庭生活。

　　艾莉森在此感谢利华休姆信托（Leverhulme Trust）在 2004 年 6 月授予其飞利浦·利华休姆奖，该奖为本书的写作提供了资助。和萝宾一样，我特别感谢伦敦大学玛丽女王学院地理学系对我的支持、鼓励以及良好的同事关系。我尤其要感谢朋友兼同事戴维·平德（David Pinder）和简·威尔斯（Jane Wills）对我的长期支持和鼓励，同时感谢我教授的本科课程"家园地理学"的学生们。感谢在本书的写作过程中帮助过我的其他朋友，尤其是马丁·伊万斯（Martin Evans）、尼基·希克斯（Nicky Hicks）、理查德·菲利普斯（Richard Phillips）、朱丽叶特·罗森（Juliet Rowson）和艾伦妮·夏兰德（Elaine Sharland）。最后，我要感谢马克·瑞安（Mark Ryan）和我的母亲西西利（Cecily）、父亲彼得·布伦特（Peter Blunt）为我营造了一个温馨有爱的家。

目 录 Contents

**第一章 引言：家园的建造 / 1**

一、家园概念的限制：住房研究、马克思主义与人文主义 / 7

二、家园概念的延展：女性主义与文化地理学视角下的家园 / 17

三、家园批判地理学 / 26

四、本书的结构 / 35


**第二章 家园的呈现 / 39**

一、家园中的生活故事 / 40

二、书写家园 / 56

三、家园的视觉文化与物质文化 / 69

四、数据集与家庭调查 / 95

五、结 语 / 98


**第三章 居住：作为家园的房屋 / 105**

一、家园经济 / 106

二、"似家的"家园 / 119

三、理想家园的社会关系 / 129

四、无家的家园 / 143

五、结 语 / 155

**第四章　家园、国家与帝国 / 165**

　　一、帝国家园与筑家 / 169

　　二、故乡、民族和民族主义的政治 / 188

　　三、本土认同、家园与归属 / 206

　　四、结　语 / 222


**第五章　跨国的家园 / 231**

　　一、家园、故乡与跨国迁移 / 234

　　二、家园、流放与庇护 / 257

　　三、家政工作的跨国地理 / 270

　　四、跨国家园的物质化：本国建筑与西方理想家园 / 278

　　五、结　语 / 288


**第六章　离开家园 / 293**

　　一、回顾家园 / 294

　　二、家园批判地理学 / 299


**参考文献 / 311**

**索　引 / 353**

**译后记 / 371**

# 第一章

# 引言：家园的建造

　　家园对于你来说意味着什么？何时何地你会有身处家园的感觉？为 *1*
什么会有这种感觉？你对家园的感知在何种程度上会跨越不同的时间、
地点与尺度？鉴于现代社会中人们对家园的不同体验，以及家园作为一
个理论概念所具有的复杂性，我们可以就这些问题总结出多种多样的答
案。有些人会谈到他们房屋或住宅的物质结构，有些人会思考其中蕴含
的时空关联。人们可能对家园抱有积极或消极的态度，或者兼而有之。
此外，对家园的感知可能与童年的回忆密切相关，同时也牵连着当下的
经验以及对未来的憧憬。

　　人们对家园所具有的丰富多彩的感受也体现在流行文化中。当今
最流行的一些电视节目会围绕家园中细枝末节的生活事件展开。像
《邻居》（*Neighbour*）这样的肥皂剧，以及《绝望主妇》（*Desperate
Housewives*）这样的连续剧，都以郊区的家庭生活为背景，为我们展
示出人们在居家环境中彼此产生了怎样的关系。真人秀节目《老大哥》
（*Big Brother*）也是关于家庭生活的——在全世界电视观众的注视下，
展示互不相关的一群人一起生活。最后，像流行时尚生活秀节目《地面
部队》（*Ground Force*）、《型男设计到我家》（*Designer Guys*）则旨在
告诉我们如何让家园变得更漂亮，更实用，更有利可图。家园，作为对
归属与依附的感知，在现代社会中呈现出一种可见的关键属性，即空前 *2*

绝后的大规模跨国移民现象，比如，难民、寻求庇护者、临时工和固定工，等等。在这些移民现象中，家园概念是核心。家园感促使移民现象产生。当然，这种感知的受损也是促使这一现象产生的原因，比如，人们逃离过去的家园前往一个新的家园。国际移民也是建造家园的一个过程，身份与归属感跨越了空间，并在一个新的地方被重新构建起来。

你对家园有怎样的理解呢？当下，对家园开展研究的重要意义正在迅速凸显。在过去五年中，如下学术期刊特别关注家园问题，如《对立面》（Antipode）、《文化地理学》（Cultural Geographies）、《符号》（Signs），以及一本专门讨论家园主题的新杂志——《家园文化》（Home Cultures）。此外，还有不少专著出版，如《理想之家》（Ideal Homes；Chapman & Hockey，1999）、《焚毁房屋》（Burning Down the House；George，1999）、《家园真理》（Home Truths；Badcock & Beer，2000；Pink，2004），以及《家园财产》（Home Possessions；Miller，2001）。关注家园问题的人来自不同学科领域，他们对家园的定义和理解存在差异。因此，这一概念就有很多容易混淆的地方。在本书中，我们的目的在于：一方面，让读者穿越卷帙浩繁的文献了解关于家园的不同观点；另一方面，帮助读者立足于自己的日常生活，理解关于家园的概念与实践。我们不打算综合性地呈现不同社会与历史时期的家园经验，也不打算罗列已经出现的所有关于家园的观念。相反，本书旨在呈现出一种"家园批判地理学"（critical geography of home）。相关讨论自然是从我们作为地理学专业人士的角度出发的。值得注意的是，地理学以及其他一些学科，比如社会学、女性研究、历史学和人类学，都认为家园概念是与地理有关的，重点关注地点、空间、尺度、认同与权力之间的关系。在本书中，我们将从地理学的角度去审视家园，并识别出家园的两个核心要素。正如我们在书中所阐明的，家园乃是一个"地方"，是我们居住与生活的地点。但家园又不止于此，它还是一种观念与想象，蕴含着人类的情感。这些情感既包括归属感、渴求感与亲密感（如短语"家一般的感觉"所表达的含义）；也包括恐惧感、暴力感与疏离感（Blunt & Varley，2004：3）。这些感受、观念与想象在本质上都是具有空间性的。因此，家园，乃是一种空间性的想象，即一套相互交织与变化的观念与情感。它与所在环境紧密相连，并建构出许多地方，在空间与尺度上不断延伸开来，将各个地方连接在一起。

家园是一个多层次的、复杂的地理学概念。从最浅显的层次上来看，家园是一个地方／地点，是一系列情感／文化的含义，也蕴含这两者之 *3* 间的关系。关于家园概念化的过程，我们将在本章进行理论性追溯，并在后面的章节中进行具体而充实的阐述，以便让我们的出发点变得清晰明了——家园，绝不只是房屋与家庭那么简单。尽管房屋与家庭是构成家园的成分，但是它们还不足以呈现家园所具有的社会空间关系与情感，而这些要素才能界定什么是家园（见文本框 1.1）。房屋不是构成家园的必然要素，也不会自动成为家园。构成家园的人际关系超越了房屋的范围。因此，本书所探讨的对象是家园，而非房屋、住宅或家庭。尽管书中也会涉及那些与住宅和家庭有关的文献，尤其是在第三章，但这些文献仅仅是在有利于建构家园批判地理学时才被引用的。关于住宅与家庭的文献浩如烟海，但因为很多都不牵涉对家园的情感和对社会空间关系的理解，所以不在本书讨论范围之内。

### 文本框 1.1　筑与居

　　1954年，马丁·海德格尔（Martin Heidegger）发表了颇具挑战性的经典论文《筑·居·思》①。文中，海德格尔提出了两个问题：什么是栖居？筑造在何种意义上归属于栖居？（1993：347）海德格尔发现，筑造与栖居是两个不同的概念。尽管栖居是从筑造中衍生出来的，但并不是所有的筑造都是栖居。他写道："卡车司机以高速公路为家，但那里并没有他的住宿地；女工以纺织厂为家，但那里并没有她的居所；总工程师以发电厂为家，但他并不住在那里。"（347-348）海德格尔由此在本体论的层面上提出：栖居"是存在的基本属性，并将有死之人的存在保存在其中"（362）。对海德格尔来讲，栖居是存在于世上的形式，并不是筑造的衍生，反倒先于筑造而存在："只有当我们能够栖居的时候，我们才能筑造。"（362）文中对黑森林里的一间农舍展开了描述。这是200年前"居住于此的农民"建造的农舍：

　　　　在那里，使天、地、神、人纯一地进入物中的迫切能力把房屋安置起来了。它把院落安排在朝南避风的山坡上，在牧场之间靠近泉水的地方。它给院落一个宽阔地伸展的木板屋顶，这个屋顶以适当的倾斜度足以承荷积雪的重压，并且深深地下伸，保护着房屋使之免受漫漫冬夜的狂风的损害。它没有忘记公用桌子后面的圣坛，它在房屋里为摇篮和棺材——在那里被叫做死亡之树——设置了神圣的场地，并且因此为同一屋顶下的老老少少预先勾勒了他们的时代进程的特征。筑

① 文本框 1.1 涉及海德格尔《筑·居·思》一文的内容，参见［德］马丁·海德格尔：《演讲与论文集》，北京，生活·读书·新知三联书店，2005。——译者注

造了这个农家院落的是一种手工艺，这种手工艺本身起源于栖居，依然需要用它的作为物的器械和框架。（361-362）

正如艾丽斯·玛丽昂·扬（Iris Marion Young）所解释的那样，当然也如同黑森林中的农舍所揭示的那样，栖居与筑造在海德格尔那里意味着一个循环关系："人类通过筑造来实现栖居。我们通过营造一个地方与相关事物得以安居，从而构成和容纳我们的活动。这些地方与事物建立了彼此之间、自身与居民之间以及居民与周围环境之间的关系。"（Young，1997：136）

在对房屋与家园的女性主义视角的解读中，扬认为，海德格尔区分出了筑造的两个维度：养育（cultivating）和建造（constructing）。"尽管他声称这两个维度同等重要，但依然倾向于认为建造才是营造世界过程中的活跃主题。"（134）对于扬来说，"这种倾向是男权的体现"。在很大程度上，女性被排除在与筑造有关的职业和交易之外。她们没有地契，也没有参与建筑工程的资格证书。女性更多的时候承担的是耕作、养育和照顾等家庭内部的工作。她们对促进栖居的作用，进而对使筑造得以成为可能的作用，在海德格尔对建造的偏袒下黯然失色。正如扬所言："那些亲自参与居所筑造的人，与那些直接占有或保存已经筑造好的居所的人是不同的。如果筑造的过程能形成一个世界，那么它也将是一个非常男性化的世界。"（137）扬还探讨了卢斯·伊利格瑞（Luce Irigaray）关于海德格尔的观点，同样发现了海德格尔建立在男权主义基础上的本体论：

*5*

只有在物化女性和培养女性的基础上，男性才可以在一种家长式的文化中不断筑造世界并栖居中。在有关"家园"的观念中，男性将对一种消失的完整的母亲角色的怀旧情结投射到女性身上。为了维持自身的身份和地位，男性建造了房屋，在其中摆满自己的物品，并让女性成为自己身份的一部分。为了实现男性的主体性，女性失去了自我。（1997：135；Irigaray，1992）

在扬看来，建造家园（home-making）是在耕种、养育和照顾家庭的层面上体现出来的。这些层面也是扬重点关注的主题。她提倡一种积极的家园观，即家园"依附于特定的地点，是日常身体活动的延伸与体现"。这与民族主义的政治观点不一样，后者对一种排外的家园进行了浪漫化的处理。正如我们会在第四章看到的那样，扬突出的是一种有关"家园"的更加个人化、地方化的经验。她指出了四种"关于家园的规范性价值，这对所有人来说都是最低程度的价值"（161）：安全、个性化（每一个个体都有开展基本生存活动的地方）、隐私以及保护。扬总结道："家园是一个复杂的理想。"她赞同对如下观点的批判，即"家园是对不可能实现的安全与舒适的怀旧式的向往，也是以女性、他者、陌生人、无家可归者为代价换来的，目的是维持虚幻的统一身份"；同时，她提倡一种更加积极的观点，包括上述四种价值。她解释道："家园的观念以及筑造家园的实践，会以一种更加易变的方式，在物质意义上支持个人与集体的身份认同。对这四种价值的认识就包含对女性所从事的很多并不引人注意的工作的认识——这些工作具有创造性意义。"（164）

本章的目的在于建构一种地理学视角下的关于家园的思潮。我们将 *6*
关注，在知识传统中，家园是如何被定义的，特点是什么，背后的社会
过程如何。我们会先介绍三个重要的传统研究——住房研究、马克思主
义与人文主义——它们从不同的角度影响了家园的研究。紧接着，我们
会进一步关注两个相互交织的传统——女性主义与文化地理学。它们是
建构家园批判地理学的重要素材，而阐明家园批判地理学正是本书的研
究目的。本章第二部分则会将家园概念化，提出三个关于家园批判地理
学的要素：①作为物质与想象的家园；②家园、权力与认同三者之间的
关联；③家园的多种尺度。

# 一、家园概念的限制：住房研究、
# 马克思主义与人文主义

家园研究，主要有三个领域：住房研究、马克思主义与人文主义。
其中，没有一个是纯粹的地理学思想。家园的一个重要特点，在于它是
一栋房子或一间庇护所。无论它是帐篷、房子、公寓、公园长凳，还是
位于特定地点的房屋材料的集合体，家园都是一个能够让我们安居其中
的结构。住房研究是一门综合性学科，由多种理论组成，研究住房供给
的经济、文化、社会与政策［浏览几期《住房研究》（*Housing Studies*）
杂志会有所帮助］。住房研究是综合性的，包含四个主要方面。对这四
个方面的把握，有利于我们对这一研究领域的理解。

第一，这一领域主要关注住房政策。政府在其中起着决定性作用，
决定着修建什么样的住房，在哪里修建，价格以及所有权形式（最常见
的是出租与出售），等等。例如，20世纪80年代晚期，人们集中研究

了英国住房政策的变化，涉及从公共住房到私有房产的研究（Forrest & Murie，1992）。更晚近的研究则涉及政策制定者的角色，以及住房政策背后的意识形态等问题（Jacobs et al.，2003）。

第二，住房供给经济学是住房研究领域一个很重要的方面。在许多国家，住房的新建和旧房的翻新都可以带来巨大的收益和相应的就业率，正如本书第三章所阐述的。人们是否买得起位置较好的高质量住房仍然是一个被持续关注的问题。通过绘图，研究者展示出了开发商的经济属性和产业属性，以及住房供给和宏观经济过程之间的关系，如经济全球化（Forrest & Lee，2004；Olds，1995）。

第三，住房研究还关联着住宅设计领域。本书记录了跨越时空的多种多样的住宅设计。保罗·奥利弗（Paul Oliver，1987）对全世界的住宅样式进行了考察，展示出不同地理范围与历史时期的住宅设计形态及其背后的文化影响。例如，有些住宅，房间的位置和功能与黄道带的象征性有着联系，或者与性别有联系（比如男性的空间是光明且文明的，女性的空间是阴暗且原生态的）。这些研究普遍强调了住宅设计与社会背景之间的关系。住宅的空间布局和物质材料都能反映出社会文化中的规范性。这其中包含女性主义研究传统，比如，与性别预设相关的住宅设计，以及设计专业中的性别实践（如建筑学）等。文本框 1.2 展示了多洛雷丝·海登（Dolores Hayden）的思考。她从建筑与文化历史批判的角度理解住宅设计的过去、现在与未来。在传统设计中，住宅的未来仍然处于想象层面。或许，未来的住宅在环境方面更具可持续性，能为残障人士提供更多的便利，也更能体现出性别平等的理念。

## 文本框1.2 多洛雷丝·海登：性别、家园与国家

多洛雷丝·海登对家园研究的影响已经持续了二十多年。她从社会与建筑的角度为思考家园问题做出了三方面贡献。

首先，海登富有延展性和批判性地思考了家与国之间的关系，尤其是思考了对美国生活中郊区家园的理想化认识（本书第三章有更详细的论述）。对她来讲，位于郊区的家园既是一种建筑形式，也是一种想象景观，其居住格局体现出的是对个人主义、隐私权、理想化的家庭生活以及性别规范的社会追求。按照海登的观点，在20世纪的大部分时间，美国人心目中的理想生活是与房屋关联在一起的，而不是城镇或邻里。郊区家园也对性别关系进行了严格限定："独户住宅被赋予教堂一样的象征，类似于一个神圣空间，女性在其中的工作能够使自己获得天国的赏赐。"（2003：6）家园在体现民族想象力方面所具有的重要意义，主要体现为对国民经济的作用。就像海登所提醒的："在物质层面上，这一层意义体现为开发商企图通过郊区的发展营利。"（9）从1820年到2000年，开发商、居民与政府之间进行了反复协商，建造出了不同的环境，形成了具有细微差别的"梦想家园"的形式。

其次，海登全面研究了理想家园与物质家园中的性别因素。维护与清扫工作需要由不计报酬且不引人注目的女性来完成（Hayden，2002）。郊区的房屋无形中加大了妇女的工作量，让家务劳动变得更加私人化。每个家庭都有需要清扫的厨房和洗衣间，而在被分割的居住区中，妇女不得不单独照看小孩。郊区的房屋不支持共同承担的家务劳动。更为重要的一点是，家园的建造有赖于不计其数的家务劳动，这些劳动基本上都是由妇女来承担的，

包括做饭、照顾病人、给予家庭成员情感关怀、安排娱乐活动、建立与维持亲戚和社区关系、处理与当地机构的一些关系（如学校）、进行一些经济活动（如购物）。从女性主义视角来看，这些家务劳动充满各种各样的问题。女性是很大一群不被关注的"家园建造者"，她们"完全被束缚在了做饭、洗衣、带孩子这些事情上"（2002：84）。同时，家园对于女性来说，不再是一个能够得到庇护的安息之所，也不再是一个能让她们获得隐私与自主性的空间。

最后，海登将一种非性别的住房设计引入了建筑思想的最前沿，刻画了郊区家园在历史上被赋予女性特色的不同版本。她介绍了19世纪70年代梅露西娜·费伊·皮尔斯（Melusina Fay Peirce）的作品，以及被称为"物质女性主义者"（material feminists）的群体。她们试图建立一种新型的家园，其中家务劳动与养育后代都是社会化的过程。她们建造了不带私人厨房而只有公共厨房的房屋，并配备社区烹饪俱乐部。海登还关注到夏洛特·珀金斯·吉尔曼（Charlotte Perkins Gilman）在20世纪的思想，尤其是如何使房屋设计更加适合职业女性以及她们的家庭（2002：110）。人们在斯德哥尔摩与哥本哈根修建了带托儿所的公寓住房，里面还开设了食堂，为忙碌的家庭提供饮食。海登自己则建议对郊区住房与邻里进行重新设计。她指出，如果郊区的私人花园都能朝着公共绿地的方向开出一条通道，人们照看孩子的过程就能变得更加公共化与共享化，甚至可能实现在花园里的饮食共享（208）。对海登来讲，重新设计住房空间是实现性别平等的前提条件。海登最近的工作转向了更具综合性的房屋样式改造（见第三章）。她采用航拍的方法批评"不好的建筑形式"，帮助人们"发现积极的改变途径"（Hayden & Wark，2004：15）。

第四，不同居住形式的家园所具有的经验与意义越来越成为住房研究的热点问题。1988 年，彼得·桑德斯（Peter Saunders）与彼得·威廉姆斯（Peter Williams）提议，研究者需要更多地关注与住房相关的社会和政治经济因素，以扩展对家园的关注面，其中包括"家庭成员的关系与结构、性别关系、财产权、身份与地位、隐私权、自主权等问题"（1988：81）。由此，研究者开始加强关于家园的经验、情感与意义层面的研究。表 1.1 归纳出了三篇重要文献中的研究结论，它们都是针对西方社会展开的研究。结果显示，当被问及家园对自己来说意味着什么的时候，人们给出了某些一致的答案。家园提供了庇护所，让人们在其中感到安全，同时也是能让人位居其中心的场所。尽管在不同的社会中，由于性别、种族和阶层的不同，家园的意义会发生变化，但人们对自我的感知都是借助家园来实现的。

表 1.1　借助研究识别出的家园意义

| 德普利斯（Depres, 1991） | 萨默维尔（Somerville, 1992） | 马利特（Mallett，2004） |
| --- | --- | --- |
| 物质结构 | 庇护所 | 房屋 |
| 稳定性 | 中枢 | 理念 |
| 安全与控制 | 心 | |
| 庇护 | 乐园 / 天堂 | 天堂 |
| 地位 | 寓所 | |
| 家庭与朋友 | 隐私 | |
| 自我反省 | | 自我的象征 |
| 活动中心 | 根 | 在世存有（Being-in-the-world） |
| 自己的地方 | | |

正如上文所说，住房研究是理论与经验涉及面很广的领域，后面的
10 阐述将以此为基础，围绕居家类型的房屋展开说明，同时涉及这类房屋
的社会、经济、历史与文化面向。我们不会只从房屋的角度去理解家园。
尽管家园不可避免地会以房屋的形式呈现出来，但它并不总是局限在房
屋的层面上。房屋和家园的这种合并在很大程度上是受到批判的。最显
而易见的是，家园是一簇情感和依恋。在某时某地，这些情感和依恋同
庇护所的物质结构关联在了一起。相反，一个人可以住在一栋房子里，
但却不觉得这里是自己的家。房屋所构成的环境可以为人们提供物质支
持，让人感觉舒适惬意；它也可能是压抑和疏离的，比如以家暴、软禁、
拘留的形式呈现出来的监狱般的环境；它还可以是贫穷、恶劣的居住
环境，甚至一种受到父母管辖的让同性恋人群感到疏离的家庭环境。既
然房屋不等同于家园，人们对家园的体验也超越了房屋的层面，那么本
书对家园的阐述也就不局限于房屋。由于存在着归属与疏离、渴望与恐
惧的情感空间，家园所具有的空间就比房屋所具有的空间广阔和复杂得
多。为了阐明这类复杂的空间，我们需要将理论视野扩展到住房研究以
外，去关注那些不同的地理学传统。

马克思主义在 20 世纪 70 年代和 80 年代形成了人文地理学的重要
理论构架（Blunt & Wills，2000）。马克思主义引导下的地理学着重关
11 注生产、工作地点和劳动过程，并不注重对家园的研究。家园在劳动与
生产的研究语境中似乎显得无关紧要。然而，马克思主义的分析框架包
含再生产的层面，家园则被当作社会再生产的空间概念，即家园是一个
劳动力再生产的空间，工人在家园中可以获得衣食住行的满足。社会再
生产是马克思主义者的分析基础（Marston，2000）。在家园的空间中
进行再生产的目的，在于让工人在身体与心灵两个层面都能够继续工
作下去。家园在资本主义意识形态的再生产中扮演着积极的角色。尤

其是对家园的所有权，鼓励着人们去认同资本主义的价值观（Harvey，1978）。事实上，工人成为家园的所有者，不仅意味着他们在资本主义体系中占有一定的经济份额，而且按揭还款带来的财务责任使组织罢工的可能性降到了最低。因此，工人阶级的住房所有权意味着与资本主义价值观的共谋，这让爆发革命的可能性降至最低。在马克思主义的框架下，家园不仅是边缘化的存在，而且被视为阻碍社会渐进变革的障碍。可见，马克思主义无法为全面地分析家园提供一个地理学框架。

对于人文主义地理学者来讲，家园是他们的核心研究对象。由于人文主义地理学者关注的核心问题在于人的能动性与创造性，这样，他们便将地方理解为充满意义的存在，而该意义以人为旨归（Cloke et al.，1991；文本框 1.3）。人文主义地理学的理论谱系是很复杂的，包括现象学、人文主义与存在主义。环境心理学对家园的研究也与人文主义地理学类似，如克莱尔·库珀·马库斯（Clare Cooper Marcus）对家园情感的研究。人文主义地理学者着重关注家园的意义以及家园作为意义场所的具体方式，即人们如何营造栖居之所并与之产生联系，以及人们如何根据舒适与归属感的原则营造对家园的感知。对于人文主义地理学者来讲，家园不一定意味着一栋房子或一个庇护所，而是一个非常特殊的地方，一个"不能替代的意义中心"（Relph，1976：39），一个让"人类得以退缩其中，又能从此出发去外界冒险"的地方（Tuan，1971：189）。在探索人类的世界经验及世界中的地点时，人文主义地理学者首先将家园视为认同的基础，认为它是一个关键的地方。对于多维（Dovey）来讲，"家园"这一术语意味着人与环境之间一种非常特殊的关系。通过这种关系。世界对于人类而言变得可以被理解了。在这个层面上，家园就不只是房屋那么简单了，也不仅仅是与特定的地方、特定的人群相依附那么简单。家园是一个中枢，是人类得以抛锚其中，并让自己处于中心位置的点。

*12*

## 文本框 1.3  家园的诗学

在加斯东·巴什拉（Gaston Bachelard）1958 年出版的著作《空间的诗学》（*The Poetics of Space*）中，房屋与家园是其核心主题。从现象学的视角出发，巴什拉对亲密空间给予情感式的反思，对人文主义者描述的家园及其在人类生活中的中心地位带来了不小的影响。正如他所说："在对内部空间具有的亲密价值展开现象学研究的过程中，很显然，房屋占据着优先的地位……我们的家园是世界的一个角落。就像通常所说的，它是我们的第一个世界，是存在于所有对世界的感知中的真实宇宙。"（1994：3-4）巴什拉重点关注亲密空间与其物质形态之间的想象性共鸣，以及它们在记忆中、在梦中、在情感中是如何被创造出来的，是如何被人们经历的。事实上，对于巴什拉来讲，房屋与家园构成的亲密空间所具有的最核心的价值在于："房屋蕴藏着我们的白日梦，也庇护着做梦的人，并让一个人能够在平静和不受打扰的状态下尽情地做梦。"他还说："能够将人类的思想、记忆和梦结合在一起的最强大的力量之一就是房屋。"就像很多研究家园的人文主义地理学者那样，巴什拉将家园想象成一个关键的地方。它与人类的生活紧密相连，充满创造力。女性主义者的批判之声更多是强调家园的政治性与诗性，并将这一复杂的地方视为由消极而非积极的情感与经验营造出来的。

巴什拉的思想给人文主义者对家园的描绘带来了持续性的影响，就像埃德蒙·邦克斯（Edmunds Bunkše）在《生活的地理与艺术》（*Geography and the Art of Life*，2004）中的个人反思那样。邦克斯这本书主要记述了他在第二次世界大战期间被迫离开家乡拉脱维亚，搬迁至美国，后来又艰难地回到故乡的痛苦经历（见本书第五章）。在此，我们简单介绍一下邦克斯在巴什拉的启发下发展出来的诗意地理学的路径。巴什拉提到"在无限之中保守亲昵的隐私"（2000：84），据此，邦克斯描写了在疏离式的景观中存在着的三种家园。在一个案例中，他惟妙惟肖地描述着四十年以后自己重返拉脱维亚居所的情景。他想念妻子，觉得自己在拉脱维亚受到了监视——不管是在自己的公寓里，还是在外面。他还说，在这破旧不堪、柯布西耶式（Le Corbusier-inspired）的机器般的住房里，他体验到了一种亲密无间、安全温暖的家庭温馨感。他的房间逼仄狭小，位于一栋混凝土公寓建筑的三楼，是当年苏联在里加（Riga）修建的。不可思议的是，这间公寓成了"他人生中家一般的住所"，他那张"小小的书桌成了这个家的核心"。他描绘道，每个夜晚在这张书桌上工作的那几个小时，让他觉得是在外面的世界里找到了一处避难所。邦克斯写道："家，有时是心灵的一种状态。"

　　邦克斯还描写了他位于宾夕法尼亚州的巴什拉式的家。他叙述道：

> 　　巴什拉式的家不是社会上通常流行的理想之家。它不是指褐色砂石的建筑，或者位于郊区的一栋房子，也不是指有几室几厅、几厨几卫，更不是指房价的高低或位置的优劣，比如位于公认的富人区。根据巴什拉的观点，尽管一个家可以借助物质属性在一定程度上被描绘出来，但它不等同于物体，而是一些基本价值的指向。借助这些价值，家作为世界上的

亲密空间，与人类的本性连接在了一起；同时，这些基本价值共同汇聚成"一项基本价值"，即"内部空间的亲密价值"。（2004：101-102）

这正如我们在本书中坚持的观点：家园可以通过房屋或其他物质形式表现出来，不局限于物质的寓所。邦克斯的家围绕着一个烧木柴的火炉展开，"房屋的四周装着各式各样的玻璃，阳光可以直射进来，令每一处角落都适合于人的栖居，也把房屋内外连在了一起"。这一亲密无间的寓所不仅体现出自己的位置，还呈现出它与更广阔世界的关系。邦克斯坦言，这栋房屋的设计受到了巴什拉的启发，"也受到了房屋（家）与宇宙之关系的启发，体现出当地的气候、位置、文化传统和我们的生命历程"（105）。

可以说，正是因为这些地理学家的努力，"家园"这一概念才被带入地理学的研究领域。就像他们自己所指出的，家园所在的地方以及关于家园的经验在空间科学与马克思主义的语境下变得不那么明显了。然而，他们也可能招致批评。例如，人们会批评他们的概念过于浪漫化，以至于不能全面解释社会结构与地方经验之间的关系。人文主义地理学家关于家园的概念是静态的，家园被认为正在遭遇现代社会的威胁，而不是为现代社会所推动。站在人文主义者的立场上看，当代组织世界和与他人交往的官僚主义方式，加上科技发展与商品化的趋势，都损害了人们建造家园的能力，也损害了人们营造一个神圣空间的能力，而这一空间具有十分重要的意义，能从社会环境中被区别出来（Dovey，1985）。然而，家园也可以被概念化为与他人建立关系的过程、建构秩序与归属感的过程。它是社会环境的一部分，而非与社会环境相分离。我们之所以将栖居的经验与社会结构分开来看待，是因为还没有认识到经验所具有的社会差异。尤其是我们对于不同性别、阶层、年龄的人营造、感知与体验居住的方式，还没有清楚的认识。站在现象学的立场上，琳恩·曼佐（Lynne Manzo）研究了人与地方之间的关系，认为家园不仅体现了人与地方之间的积极关系，还体现了人与地方之间关系的能动属性。曼佐采用大量社会科学的研究方法，阐述了人与地方之间关系的政治、社会与经济维度，并对家园进行了界定。在下面一节中，我们将会涉及与家园相关的更为广泛的研究领域，也将更为细致地论述在女性主义与文化地理学的视角下，人们对家园的地理学思考。

# 二、家园概念的延展：女性主义与文化地理学视角下的家园

在地理学对家园展开研究的过程中，女性主义的分析框架显得十分重要。为何会有如此多的女性主义者思考家园问题呢？其中一个原因在于，性别因素对有关家园的经验和想象来说十分重要。纵观在不同研究框架下家园的不同定义，我们可以看到家园始终是同亲密关系、家族关系和家庭关系联系在一起的。不管通过哺育以及各种家务劳动，还是通过具有归属性的情感关系，抑或通过个人与家庭成员乃至与外界社会之间的关系呈现出来，家庭关系始终具有很强的性别特征。性别取向和性别经验贯穿于这一系列关系之中，并会以物质的形式呈现出来。因此，性别对于理解家园来说至关重要（Bowlby et al.，1997）。

除了肯定性别的重要性以外，女性主义者还强调家园是一个压迫女

性的重要场所。对于很多女性来讲，家园是一个有着暴力、隔离和情感骚乱的空间。作为一种象征性的呈现，家园将女性从"真实"世界的政治与商业中抽离了出来。那些保守的政客恐怕是最常说家园是女性该待的地方的一群人了。从生活经历的角度来讲，家园也可能充满压迫。20世纪60年代，美国著名女性主义者贝蒂·弗里丹（Betty Friedan）曾描述说，家园对于女性来讲，是一个充满压迫的地方。它将女性限制在家庭环境中，使得女性无法实现自我的意义（Friedan，1963）。

> 当一个女人铺着床，整理着沙发罩，和孩子们吃着花生酱三明治，开车接送孩子们上下学，到了晚上躺在丈夫身边的时候，她甚至都害怕悄悄地问自己一个问题："难道这就是我生活的全部？"（Schneir，1996：50）

根据弗里丹的观点，女性的解放与自我实现只能通过离开家庭，在公共领域工作来实现，包括参与政治和从事教育。弗里丹这种将女性送入公共领域的解决措施是有问题的。我们在后面的章节中会对公共和私人领域的家园展开分析（Tong，1989）。

女性主义也构成了地理学关于家园的重要批判性思想。人文主义与马克思主义的分析框架被女性主义的视角观照着。就像吉莉恩·罗丝（Gillian Rose）所指出的，被人文主义地理学家视为人类认同核心基础的家园是大男子主义的，它建立在男性经验而非女性经验基础之上。女性主义者的研究表明，在人文主义者的眼中，"家园"这一概念忽略了女性的经验，即家园既可以是舒适的避风港，也可能是充满压迫和暴力的场所（Manzo，2003）。家园是一个可以让人从社会环境中退缩回来的避风港的概念，可能更适合于男性而非女性。家园对于男性来讲确实是一个可以从工作中退缩回来的港湾，但是对于女性来讲却始终是一个工作场所。同样，马克思主义对家园的思考也受到了女性主义的批判，尤其是社会主义女性主义者。社会主义女性主义者对马克思主义的扩展主要是通过两条路径展开的：父权制与资本主义。对于社会主义女性主义来讲，资本主义连同父权制一同导致了不平等关系的产生，并促使女性低于男性的意识形态得以形成。这样，关联着性别因素的社会再生产及其对家园的理解就显得至关重要。家庭是劳动力再生产的场所，也是导致性别不平等的地方。此外，社会主义女性主义者认为，马克思主义仅仅将家园看作社会再生产的场所，而不是工作的地方，这是不对的。我们会在第三章中看到，尤其是对于女性来讲，家园还是一个工作的地方。许多家务劳动，像打扫卫生、做饭、带孩子都是在家园中进行的。尽管得不到报酬，但它们同样是劳动。工作场所并非与家园完全分离，相反，家园与工作是联系在一起的，互为依托。在地理学的经典研究中，麦肯齐（Mackenzie）和罗丝（Rose）研究发现，工业化的历史进程建立在家庭经济的基础之上。苏珊·汉森（Susan Hanson）和杰拉尔丁·普拉特（Geraldine Pratt）的研究也说明了家庭所在地和家庭关系网络的性质是如何对女性的劳动力市场机会与经验施加影响的。

　　探讨家园与工作之间的关系，是女性主义者更广泛关注的对家庭和隐私领域的简单分类提出挑战并重新表述的一部分（见文本框 1.4）。许多人在思考家园问题时，都把家园和公共领域区分开来，就像人文主义始终把家园视为一个可以让人退缩回来的避风港。女性主义者的研究则从经验与理论的层面证明，家园不仅仅是一个关于隐私、家庭和女性的场所。莉奥诺·达维多夫（Leonore Davidoff）和凯瑟琳·霍尔（Catherine Hall）详细考察了公共与隐私这两个概念在历史上是如何产生差别与对立起来的。她们在对英国中产阶级的研究中发现，这种对立主要源于 18 世纪特定的社会环境［可参见 Vickery（1993）；美国社会关于公共与隐私对立的大量文献参见 Kerber（1998）］。工业化造成了家庭与工作场所的逐渐分离。这种分离的历史语境中总是充满阶层差异与清晰的性别界定。整个社会把底层民众动员起来，帮助正在出现并茁壮成长的欧洲和北美的中产阶级；这些中产阶级则借助家庭对他们的期望和他们对国家的抱负，把自己与他人区别开来。这种中产阶级家庭式的愿景抬高了白人中产阶级女性的地位，使得她们居于那些总是在家里干活以及在外面打工的女性之上。正如琳达·麦克道尔（Linda McDowell）所言："家园被建构为一个充满爱，富有情感与共鸣，养育孩子，对他人给予关怀的地方。这些任务都是由女性承担的，但人们却常说这些女性是'天使'，而不是'工人'。"（1999：75-76）

## 文本框 1.4　对家园的二元理解

表 1.2　对家园的二元理解

| 家园 | 工作 |
| --- | --- |
| 女性 | 男性 |
| 隐私 | 公共 |
| 家庭 | 公民 |
| 情感 | 理性 |
| 再生产 | 生产 |
| 传统 | 现代 |
| 地方性 | 全球性 |
| 静止 | 变化 |

表 1.2 有选择性地列出了一些相对的关键词，这些关键词在很大程度上构成了我们对家园的思考。例如，在对工作、生产与

政治展开研究的时候，人们就把家园视为与公共领域不相关的部分。由此推论，对家园展开研究，就意味着关注女性、传统与家庭的问题。建筑学也会忽视家园问题，它的核心关注点是人们的居住方式与居住场所。建筑学更多地关注公共建筑问题，如摩天大楼的建造，尤其关注楼房的样式与美学特征，但对居住或家庭环境的问题关注不够（Reed，1996）。这些在地理学中构成了对家园展开思考的二元对立项，也广泛渗入社会理论的二元思考当中（McDowell & Sharp，1999）。第一，二元对立项之间的关系既不是概念式的，也不是经验式的。第二，在这些对立项中，一方的价值得到了肯定，另一方的价值被贬低。因此，公共和公民高于隐私和家庭。女性主义者从多个方面对这样的二元划分提出挑战。在理论上，他们认为，这样的二元模式没有充分考虑这种分类的脆弱性，也没有从经验出发去发现对立双方——家庭与公民、隐私与公共等——之间的稳定关系。关于沿着这两条路径展开的批判，我们会在后面的讨论中举例说明。

图 1-1 展示了 F. C. 威特尼（F. C. Witney）创作的一幅画，是 E. W. 戈弗雷（E. W. Godfrey）1913 年出版的《筑家的艺术和工艺》（*The Art and Craft of Home-making*）的封面图。这幅画在许多方面都是两个分离领域的典型表现：丈夫下班回家，妻子站在家门口等待。门窗里透出柔和的灯光，说明妻子已经为丈夫预备好了一个安心、舒适的港湾。这幅画不仅铭刻着性别，而且标记着阶层，甚至自然而然地预设出异性婚姻的家庭生活。整幅画展示出美满的婚姻生活和幸福的家园。这本书的出版时间还传达出一个不太明显的信息，那就是画中的女人是全职家庭主妇。在历史学和地理学的语境下分析这种分离的

领域的意识形态，阐明了我们思想中关于公共与隐私的社会结构所具有的性质。换言之，公共与隐私这两个领域并非天然之物，而是从特定的历史和地理的环境中衍生出来的。我们将在第三章着重讨论这个问题。

图 1-1　公共领域和隐私领域

对各领域中的家园问题展开批判性思考的第二条路径基本上处于理论层面，即公共与隐私互为依托。其实，公共是通过对隐私的排斥来自我定义的（Pateman，1989）。在隐私空间中发生的一切事情都受到了公共空间的影响，反之亦然。对公共与隐私之间这种差异性的批判，从家园批判地理学的角度来讲，具有两方面内涵。第一，研究者认为，最好是把家园理解为相互交织的区域，具有公共和隐私两种性质。既然家园不是完全私人化的，那么对于家园的理解，以及它是如何被建构与营造出来的这类问题，就需要我们更多地去关注其背后的贸易、霸权和政治因素，比如与家政有关的协商过程。第二，公共与隐私这两种性质交 *19* 织在一起营造家园的过程是在特定的地理与历史环境下展开的。这样的视角常常指向一种地理学式的家园思考，我们会在下一节对此展开论述。

　　最近，女性主义对家园的研究采用了后结构主义与后殖民主义的理论，以观照当下更复杂的家园概念。这一概念衍生于对把家园简单地等同于私人领域的观点的批判。种族差异在使家园概念化的过程中起着十分重要的作用，同时也影响着人们的家园经验。自由派女性主义对家园的定义有着分离与压迫的内涵，这反映出对西方白人中产阶级女性的关注，但缺乏对关注本身的反思。

　　作为回应，在批判将家园作为压迫场所的假设中，大量非洲裔美国 *20* 女性主义者产生了巨大的影响。正如帕特里夏·希尔·柯林斯（Patricia Hill Collins）所言：

　　　　家庭伴随着现代国家的兴起而被建构起来，并根植在分散的公共与隐私领域的预设中。这导致人们已经很难在美国找到有着清晰性别区分的核心家庭了。（1991：47）

　　奴隶制与种族隔离带来的种族化过程，使以不同肤色为基础的家庭得以产生。贝尔·胡克斯（Bell Hooks）① 的著名论断称，家园是一个充

---

①　贝尔·胡克斯，美国作家、女性主义者、社会活动家。——译者注

满抵抗的地方：

> 在外面，我们不可能在白人至上的文化中学会自爱与自尊；但
> 在黑人女性所待的家中，我们有机会滋养我们的心灵。（1991：47）

简而言之，不同肤色的女性对家园具有不同的体验，这也使人们得
出不同的家园概念（第二章有关于家园是一个包容与自由场所的讨论）。
胡克斯简明扼要地说道：

> 有些时候，家园根本不存在；有些时候，人们感受到的只是极
> 度的疏离感。这样，家园就不再是一个地方了，它拥有很多地点。
> 家园是一个让各种各样的、不断变化的视角得以产生的地方，是一
> 个人们能以新的方式去看待现实、发现边界的地方。（1991：148）

胡克斯这种易变的家园内涵，支持了文化地理学者与女性主义地理
学者关于家园的后结构主义的定义。对于女性主义者来讲，作为隐喻的
和作为物质的家园，既支撑着一个人的身份认同，也消解着一个人的身
份认同。人们广泛引用明妮·布鲁斯·普拉特（Minnie Bruce Pratt）的
论文《身份认同：皮肤、血液、心脏》（"Identity：Skin Blood Heart"）
中的内容来阐述家园空间的多元性。普拉特深入思考了自己在美国南部
特定时间与地点的多重身份认同：白人、中产阶级、具有基督教信仰的
21 成长背景和女同性恋（Pratt，1984）。在这篇论文中，普拉特谈到了三
处家园：亚拉巴马州，是她慢慢长大，直到上大学的地方；北卡罗来纳
州，是她嫁人，后来离婚成为女同性恋的地方；华盛顿，在那里她和犹
太情人一起生活在内城的黑人聚居区。根据比迪·马丁（Biddy Martin）

和钱德拉·塔尔帕德·莫汉蒂（Chandra Talpade Mohanty）的观点，普拉特的论文"由两种特定形式的张力构成：在家与不在家"。

> 在家指一个人生活在自己熟悉、安全和受庇护的界线以内；不在家指家园是一个关于团结一致与安全的幻影，其间充满压迫与反抗所构成的历史，包括对自我内部不同特征的压抑。（1986：195-196）

普拉特的论文通过关注当地剥削与斗争史，让家园充满了政治性（Martin & Mohanty，1986：195），同时揭露出在隐喻的和人们实际生存的家园中空间与历史的可变性（Pratt，1997）。

近期的文化地理学者关注更多的是家园的空间政治属性。例如，艾莉森·布伦特研究了英裔印第安妇女的家园以及身份认同问题。她认为，家园是一个"充满争夺的地方，由不同的权力中心构成，在不同的尺度中展开"（2005：4）。于是，家园不再被视为单独的、稳定的认同得以扎根的地方。这样的研究通过指出家园与认同之间在时间上、空间上复杂的和政治化的相互作用，动摇了传统的家园观念。在第四章，我们会阐述帝国霸权下的家园和民族主义者的家园。这种研究路径同时表明了家园内亲密和个体化的空间是如何同更为广泛的权力关系捆绑在一起的。

在地理学中，受女性主义与后殖民主义启发的家园研究已经拟出了大量关于家园批判地理学的核心要素，包括家园是一个压迫与反抗的地点，以及许多不同的居家体验。从根本上讲，女性主义地理学将家园的易变性视为一个概念、一个隐喻和一种居住体验。

# 三、家园批判地理学

本书的目的是利用上述研究框架构建家园批判地理学。因此，我们首先需要对家园进行空间化的理解（spatialized understanding），22 将家园视为一个地方，以及一个穿越了空间、与特定地点连接起来的空间想象（spatial imaginary）。我们还需要对家园进行政治化的理解（politicized understanding），即关注蕴含在家园观念中的压迫与反抗的过程。家园是一个极其复杂的概念，它的众多定义可能令人困惑。为了澄清这一概念，我们提出家园批判地理学的三个要素：第一，家园的物质性和想象性；第二，家园、认同与权力之间的纽带；第三，家园的多尺度性。这三个要素并不是彼此分离的，而是相互重叠在一起。我们认为，还是应该先分别对它们进行考察，之后再进行结合，探讨特定的供人们居住的家园和想象中的家园。

## 1. 作为物质与想象的家园

家园既是一个地方／一个物质性的地点，又是一套情感的所在［可参见与此相反的观点（Rapoport，1995）］。尼可斯·帕帕斯特爵迪（Nikos Papastergiadis）说："理想的家园不仅仅是一处避难所，或一个储存物件的地方。除了物质性的庇护与市场价值以外，家园还是个人与社会价值得以落地生根的地方。"（1998：2）罗伯塔·鲁本斯坦（Roberta Rubenstein）也说："家园不只是一套物质结构或地理上的一个位置，它还是一个情感空间。"（2001：1）因此，我们坚持对家园做如下定义：家园既是物质的，也是想象的，是具有一套情感或意义的地点。家园，既是一个物质寓所，又是一个情感空间，由具有归属性的情感构成。地理学家始终将家园理解为物质与想象之间的关系。物理上的位置同心理与情感上的体验是联系在一起而非彼此分离的。伊斯索普（Easthope）最近谈道："尽管家园拥有一个位置，但是位置本身不等同于家园。家园是情感汇集的地方，这些情感表明'人在家中'，能让人感到舒适和有归属感。"（2004：136）家园的物质层面与想象层面相互关联：家园的物质形式依托于对家园的想象，而家园的想象又受到物质居住形式的影响。比如，如果家园被视为一个脱离了工作领域并从世界中抽离出来的庇护所，那么家园的位置往往远离工作场所。因此，家园不单单是寓所，也不只是一套情感，而是它们所构成的关系。事实上，我们将在后面的章节中展现一种超越了单纯寓所意义的家园，这会将我们引向其他被称为家园的地方。

从方法论的层面上看，一门关于家园的关系地理学需要关注家园被 *23*
营造出来的过程。家园不是简简单单存在于那里的，而是被营造出来的。它包含一个被营造、被理解为特定的居住与归属形式的过程。这一过程包含物质与想象的要素。这样，人们就会通过社会关系与情感关系去营造家园。家园还是一种物质性的建造，是某种新的结构和样式，是摆放与使用的物品，等等。根据英奇·玛丽亚·丹尼尔斯（Inge Maria Daniels）的观点："家园的物质文化是通过居住者社会关系的变化来体现的，并表现出家园营造过程的复杂性、冲突性与危害性。"（2001：205）在物质与社会过程的语境下，我们借鉴了丹尼尔·米勒（Daniel Miller）的研究成果（见文本框1.5），以及丹尼斯·伍德（Denis Wood）与罗伯特·贝克（Robert Beck）的著作《家园的规则》（*Home Rules*，1994）。与丹尼尔斯和米勒类似，伍德和贝克也认为寓所的物质结构"体现出了制造、选择、安排与保护家园的价值与意义"（1994：

xvi）。价值与意义是通过规则表达出来的，这些规则限定了家园里哪些事情是可以做的，哪些事情是禁止做的。伍德和贝克认为："如果离开了这些规则，家就不成其为家了，而只是一栋房子，一栋由木头、钉子、水管、电线、墙纸和地毯组成的房子。"家园是有生命的，家园的意义与家园的物质呈现都是因日常实践的营造过程而得以实现的。

### 文本框1.5　丹尼尔·米勒：家园的物质地理

人类学家丹尼尔·米勒为我们对家园的物质地理形式的思考带来了启发。米勒花了二十年的时间研究与家园有关的文化实践，包括家园的营造。米勒著作的核心观点在于对家园物质文化视角的再创新。米勒提倡将研究的视角转向对事物的关注，认为我们的社会明显是由物质构成的（1998：3）。例如，我们常常见到的横幅广告，或饮料瓶上的标识，都在传达一种文化上的意义。事物也意味着更为巧妙的世俗维度，而不仅仅象征着一种身份认同，或是作为过程性的展现。"事物成为编织文化世界的要素。""通过栖居在更为世俗与物质性的感受中，我们能够拆散同文化生活和价值观之间更为微妙的连接。这些连接是通过上述形式展现出来的。"由于本书不是全面介绍家园物质文化的书，因此，我们不会完全借鉴米勒的观点去研究家园的物质属性。然而，我们仍会关注在社会性的语境下，家园中的事物具有怎样的意义。

米勒另一方面的研究与我们的家园批判地理学有着一定的关系，即他对人和寓所的物质与社会政治结构之间关系的解释。米勒明确采用了一些与经费和膳食有关的概念去描述并解释寓所被不断个人化的过程；更为意味深长的是，他描述了家园作为一种过程性的方式是如何被呈现出来的（Miller，2002）。我们的关注点不仅被引向了寓所中的事物本身，而且被引向了我们利用它们去营造家园的方式，以及这些事物之间的社会差异。

## 2. 家园、认同与权力

家园是一个地方，也是对身份认同的想象性建构。人们对自我的感知是通过与家园有关的生存性和想象性经验建构起来的。家园本身与身份认同是通过权力关系产生并得以体现的。多琳·马西（Doreen Massey）的研究对我们理解家园、认同和权力的关系来说很有帮助。马西站在权力几何学的立场上对家园以及其他地方展开了描述（见文本框 1.6）。在权力几何学的作用下，人们因相互之间的关系，在家园这一场所中处于不同的地位。比如，女性主义者认为，女性对家园的体验更多是隔离的情感。关于提供居住的家园与想象中的家园的"权力几何学"是一种意识形态。它褒扬了一部分社会关系，而边缘化了另一部分社会关系；它让一些地方看起来像家园，具有家园的认同，而让另一些地方不然；它让某些人在家园中体验到自我的实现，而让另一些人在家园中经历隔离。家园所具有的主流价值观会在本书第三章中体现得更加明显，包括家庭成员、以父亲为核心的性别关系、稳定与安全、私有寓所等。本书的主要立场不是去接受这些传统的价值观，而是去质疑它们，并解释说明它们是如何在社会进程中被调动起来的。我们也会审视家园内部的冲突，来自主流身份认同的侵害，以及不同社会群体对家园主流内涵的解构。

## 文本框 1.6 多琳·马西：一个叫作家园的地方

在地理学的视角下，在将家园定义为"一个地方"的研究领域中，多琳·马西是代表人物。在马西的研究中，家园一直是一个隐性的关注对象（比如，她对家园性别构成的研究，以及对高科技领域中人员雇佣的研究）。直到20世纪90年代，家园在她的研究中才成为一个显性的概念。在《一个叫作家园的地方》（"A Place Called Home"）一文中，马西针对一个普遍观点展开了讨论：在当今国际企业占据主导地位，全球媒体流动加剧的时代，地方感、地方依附和人们对家园的感知正在迅速消失。马西不赞同这样的观点，因为这一观点把家园诠释为"由对立事物界定的单一的、稳定的、有边界的实体"。相反，马西提醒我们：

- "一个地方是在一套特定的社会关系中产生的，这些社会关系与特定的位置相关联。"

- 其中一些"社会关系的意义比我们所观察到的区域中的社会关系的意义广泛得多，并作为该区域的背景而存在"。在家园的语境下，"那个叫作家园的地方所具有的身份认同的组成要素正是多元的构成因素；移动、通信、社会关系，这些因素比这个地方本身广阔得多"。

- 对一个地方的认同正是通过与其他地方之间积极的（而非消极的）关系建构起来的。

- 地方是在权力几何学的作用下建构起来的。在权力几何学的作用下，"不同的社会群体和个体，以极其不同的方式与这些流动和节点产生关联"（1991：25）。"社会关系、宏大的

> 历史变迁、个体在日常生活中持续的空间变动，以及它们相互之间的关系赋予地方以意义，并决定了地方如何被建构。"（2001：462）

> 马西的家园概念内涵丰富，提倡一种交织在社会关系中的，既开放又可渗透的有关"地方"的观念，这也是我们在本书中对家园进行概念化的大致方向。我们也会采用马西特别强调的家园情感。她回忆了自己在曼彻斯特家园里的经历，并借助流行的方式对家园进行了怀旧式建构（Massey，2005），以此来提醒我们，家园也是一个富有情感的地方。

本书关注的核心焦点是"似家的（homely）家园"与"无家的（unhomely）家园"。我们采用这些术语，意指特定的寓所与经验是"有家的"，正像那些位于郊区的异性恋组成的核心家庭的设计与经验。在难民营、流浪者客栈中的居住经验可能会被视为"无家的"，因为它们不符合正统的家园观念。在本书中，我们会谨慎地解构"有家"与"无家"的家园二分法。我们这样做的目的是想说明，那些看起来有家的地方，其实并没有家；那些看起来无家的地方，其实恰恰是一个家。为此，我们采用了弗洛伊德关于怪怖者（uncanny）的研究。在弗洛伊德看来，"熟悉"（heimlich）一词指向熟悉与在家的意义；"暗恐"（unheimlich）一词指向不熟悉和不在家的意义。然而，与其说这两个词是对立的，不如说"二者相辅相成"（Gelder & Jacobs，1998：23；Vidler，1994）。正如肯·格尔德（Ken Gelder）与简·雅各布斯所解释的："在某些感知的层面上，一种怪怖的经验可能产生于一个人对家园变得陌生起来的时候。人都可能具有这样的经验，那就是感觉到自己既安适其位（in place），又不得其所（out of place）。"（1998：23）所以，有家和无家可以相互转化，正如我们在后面讨论郊区住宅与无家可归者的避难所时所看到的那样。

### 3. 多尺度的开放的家园

家园批判地理学的终极要素在于空间性。在此，我们借用文本框 1.6 中马西关于地方的概念和文本框 1.7 中萨莉·马斯顿（Sallie Marston）对尺度展开的地理学思考来加以阐明。家园作为一个地方，是开放的、可渗透的，也是社会关系和各种情感交织而成的产物。正如女性主义地理学家所指出的，家园既不是完全私人化的，也不是完全公共化的，而是兼而有之。家园不能与公共领域和政治领域截然分开，而是借助它们而形成的：内部是借助外部而形成的，反之亦然。当然，家庭关系、对家园的认同对于想象的与实际生活中的家园来讲是极其重要的。但是，我们也应当看到，其他社会关系也在一个叫作家园的地方相互交织。例如，莱斯利·约翰逊（Lesley Johnson）声称，现代性也是通过家园生成的。家园中的很多经历，如带孩子、照顾孤寡老人，以及处理邻里关系，在建构市民身份与现代主体性时，都显得十分关键。马斯顿认为，家园中最基本的消费，如装修、吃穿、购物，都与阶层、民族和流散身份的建构有关。总之，既然家园是由多元的社会过程交织构成的，那么，通过家园，多元的身份认同——性别、种族、阶层、年龄、性取向——也得以建构并相互竞争。

家园的空间性所具有的另一特点是多尺度性。本章所论及的与家园有关的大量文献都集中于对居住和家庭的研究上。相反，对于我们来讲，小到身体、家庭，大到一座城市、一个国家，甚至全球，归属感与疏离感都是通过多尺度建构起来的。马斯顿对不同尺度下的社会建构的清晰阐述，为我们提供了有用的理论上与经验上的范例（见文本框1.7）。

## 文本框1.7 萨莉·马斯顿：家园是一个社会再生产的地点，也是一个重要的地理学尺度

萨莉·马斯顿建议地理学家去思考将家园和家庭作为理解地理学尺度的关键要素。在马斯顿看来，地理学中的尺度是社会的产物，这也是研究尺度的其他理论家所持有的观点。尺度"不是一种预先设定的让世界变得有序的等级名称"，而是"社会发展的产物"（2004：172）。马斯顿认为，尺度包括家园、城市、国家与帝国。它们不是预先被设定好的，也非彼此不相容的。事实上，一个特定的尺度是通过与其他尺度的关系被建构起来的。马斯顿还认为，20世纪90年代，地理学关于尺度的思考主要集中在尺度建构过程中的经济方面和生产方面。马斯顿指出，这样的研究忽略了社会再生产因素。如果我们将社会再生产因素纳入考虑范围，就能把握尺度建构的社会过程的复杂性（2000）。在马斯顿看来，由家园提供的社会、物质、文化与情感的基础不仅维持了资本主义的运作，还将家园、国家与城市所具有的不同尺度连接在了一起，并且创造出了这些尺度。

马斯顿采用19世纪美国的家庭案例来阐释，在社会再生产的尺度下，家园具有怎样的社会建构过程，以及家园的可渗透性（porosity）。在此期间，生产与效率界定了什么是家园：

女性逐渐把家当作小型工作坊。她们借助快递获得各种设备和新的技术产品，逐渐减少了对保姆的依赖。这些变革改

*28*

变了女性的家庭角色。她们承担起了家务劳作的各种职责，在此过程中，也视自己为职业的家务经理。（2000：236）

另一方面，以家园为基础的劳动给更广泛的尺度带来了影响，尤其是城市和国家。在论述一天之中的家政管理的时候，家政被视为具有公共性的功能，因此是公共领域的组成部分。在管理与经营的语境下，健康家园的可渗透性具有构建和谐社区的积极意义，也是建设现代城市的基础。此外，家园是一种"新的民主政治"，女性在其中获得了自己的政治角色，还拥有了新型的市民角色。家务层面上的实践，让妇女成为国家中具有产出效益的公民，并获得了相应的权利和义务。总而言之，19世纪末期的家园成为中产阶级女性进入国家政治的一个关键场所。

29    在家园批判地理学中，尺度被视为多元与叠加的过程，需要从两个维度去理解。第一，家园不一定指一栋房子或一间寓所，尽管与这些密切相关。家园的想象与家务的实践也是通过其他尺度而展开并得以建构的。家园的位置可以是郊区、社区，也可以是国家和整个世界。第二，家园的想象会以其他尺度呈现出来，也能够建构出其他的尺度。归属感以及同他人的关系可以体现在邻里尺度上，还可以体现在国家甚至跨国空间之中，甚至可以体现在公园的长椅上。家园所具有的尺度还关系着其他层面尺度的建构。正如马斯顿所言，在家园的尺度上，各种家务劳动会影响国家的性质以及国家政策的属性。本书的结构体现出了家园在不同尺度上所具有的意义：从家务劳动层面到家庭与国家（帝国）相互交织的层面，再到国际层面。

# 四、本书的结构

本书主要诠释了家园批判地理学。在开头的章节中，我们着重论述大量的资料与方法，这对研究家园十分有帮助，尤其是生命史（life stories）、文学，以及大量物质文化与视觉文化。在接下来的三章中，我们将分别关注某一个特定尺度的家园：作为家园的房屋，家园、国家与帝国，以及跨国的家园。总体来讲，这些章节的主要目的是阐述家园概念的不同尺度。分开来看，它们的目的均在于挖掘家园批判地理学中的各个要素。因此，在第三章中，我们将阐述规范化的家园想象是怎样一步步发生变化的，这一想象在理想化的郊区家园中是如何体现的，乃至在父权制与同性恋性别关系中是如何进行再生产的。这一章的目的还在于对抗规范化的传统家园，试图寻求改变，并超越理想化的郊区家园的想象。第四章转向对帝国、民族主义与本土的家园观念的研究，包括建造家园的实践。我们将研究在一个帝国中，家庭具有怎样的物质文化，以及帝国如何利用家庭对人们实施驯化。之后，我们将会探讨家园如何被调动起来作为民族主义者实施反抗的据点，以及家园在当今国家政治安全中所扮演的角色。我们还将探讨家园在地方政策中所具有的重要意义，以及国家是如何被视为家园的。最后，在第五章中，我们将转向研究跨国家园的物质地理与想象地理，重点关注跨国移民家园的政治、生 *30* 活经验与家园的概念化。它们具有流动性和多元性，而非静止与恒定的。

在每一章中，我们都会提炼出大量家园批判地理学的核心主题，它们与批判地理学的三要素相对应。本书每一章都会关注家园的物质属性（materiality），尤其是会借助对建筑物的阐述来实现。但因为家园的物质要素与想象要素之间存在着联系，所以我们对家园建筑的讨论将联系人的归属感、疏离感以及社会关系的建构。贯穿在这些章节中的内容还包括家园的政治多元化与权力几何学问题。这不仅牵涉到正统化的政治〔如国家在建构理想家园的规范性中所扮演的角色（第三章），保卫祖国（第四章），为难民和寻求庇护者提供住房（第五章）〕，还牵涉到关于家园的政治主张与再协商，以及超越家庭、国家，延伸到国际尺度的身份认同问题。

我们会选取特定的案例来阐释我们的论点。案例的选取恐怕是我们面临的最严峻挑战。对我们选择这些案例的原因的解释，能够说明本书的性质。这不是一本旨在研究住房和家务劳动的书，也不是一本关于家园研究的文献综述。我们旨在建构一种家园批判地理学。因此，我们选择案例的第一个原则就是，它们能在一定程度上阐明本章谈到的家园概念。第二个原则是，尽可能选择地域与时空范围广泛的案例。在第三章中，我们聚焦大洋洲、欧洲和北美洲，探讨作为家园的房屋以及与那些西方现代观念密切相关的家庭生活。在第四章中，我们首先探讨位于美洲拓荒带和英属印度的帝国主义家庭生活，之后讨论在印度反帝国主义的民族主义政治背景下，家园所具有的意义，以及当代美国国家安全方面的政策。第四章将以加拿大与澳大利亚关于当代家园的本土政治来结束论述。第五章列举了范围广泛的案例，包括遍布全球的流动人口，以及他们在南亚、爱尔兰和中国的情况，乃至黎巴嫩的难民营、埃塞俄比亚被遣返的难民，同时还会讨论居住在世界级大都市，或生活在多元文化国家（如澳大利亚）的郊区究竟意味着什么。第六章选取的案例有所不同。在整本书的最后，我们会说明家园批判地理学——本书的核心目的——如何被应用于当代两个极其不同的案例研究中：家园（或庇护所）的拆毁与重建。这一过程关涉灾难问题，以及通过共有住宅延伸出来的家园物质的新愿景。如果说第一章通过大量观点与方法的引介确立了家园的概念，那么最后一章（离开家园）将为读者提供一个能够借此出发的思考点。

　　本书会采用文本框的形式展示某些重要的概念与案例。我们不想给读者传递一个印象，即我们选择的材料要么离题太远，要么外延太广，以至于界定不清晰。我们采用文本框的方式，主要是为了关注某些重要的特定主题。同时，分布在本书各章节的研究文本框展示了一些由学生们研究的家园议题。他们有的已经博士毕业，有的则是博士在读。所以，有些研究文本框展示了完整的研究项目，另一些研究文本框展示的只是问题展望与研究计划。文本框的形式则有利于展示当代地理学对家园的研究，突出问题的多样性以及背景和方法的多元性。

# 第二章
# 家园的呈现

从家园的建筑规划到家园中的具体物品，从民族志研究到文本、视觉、计量分析，针对家园的研究方法可以说是千差万别。如果说，第一章介绍了地理学家与其他科研人员为何对家园研究越来越感兴趣，那么本章则主要关注他们是如何对过去和当下的家园展开研究的。本章主要目标有二：第一，介绍具体的方法和资源，利于读者对家园的空间性展开研究；第二，鼓励读者从不同角度思考如何对家园展开研究。我们将会挖掘一些可用的方法与途径，来研究家园所具有的物质维度与想象维度，并探究在这两个维度中，家园是如何在政治、社会与文化层面上，而非在个人生活与经验层面上，被建构起来的。

本章包含四个部分。首先，讨论人们在家园中的生活经历，通过记述、访谈和民族志的方法展开。其次，关注书写家园的各种传统，像小说、杂志与家庭指南。再次，探讨家园的视觉文化与物质文化，指出家园既是艺术、设计与其他媒介的主体，也是它们所处的具体地点；同时，探讨家园中的物品具有的意义。最后，介绍关于家园的计量研究，主要通过对数据集的分析以及对家政的调查展开。纵览本章，读者可以得出能启发并形成各种方法论路径的核心观点。这些观点，有的将家园视为政治场所；有的试图将家园中的空间、社会关系、家庭生活可视化地呈现出来，因为这些领域与公共空间比较起来隐蔽得多；有的试图把握与女性以及理想家庭观念相关的问题；有的则试图关注家园作为固定不变的场所具有的骚乱。

# 一、家园中的生活故事

"生活故事"（life stories）这一术语涵盖的范围很广（Blunt，2003a），包括对口述与文本的研究（如日记、回忆录、信件和自传），以及面对面的采访（如访谈、座谈、回忆工作和民族志研究）。借助多种传记形式，生活故事为我们研究与家园有关的个人回忆和生活经历提供了丰富的素材。然而，这些用生活故事去描述的回忆与经验并不完全是个人式的，它们需要借助更广泛的政治、社会与文化背景去诠释，因为只有借助这些背景才能被建构起来。在这一节中，我们将考察一系列过去与现在的生活故事，以挖掘家园、回忆、认同与日常生活之间的复杂关系。

## 1. 生命写作中的家园与认同

关于家园的个人记述为我们提供了鲜活的素材，比如，每日的家庭生活是怎样的，过去和现在所感受到的在家的感觉和离家的感觉是怎样的。在《栖居在档案里》（*Dwelling in the Archive*）这本书中，安托瓦尼特·伯顿（Antoinette Burton）指出，家园是历史和记忆的场所，政治在其中起到了重要的作用：

> 档案是什么？个人对家园的回忆可否成为政治历史的一部分？

我们如何创造历史？家庭的内部事物具有生产力吗？它们过去是具体的，但现在恐怕已经崩溃甚至消失了。既然女性的焦虑与蕴藏在档案中的特定住房的历史具有一定的关系，为何这意味着家园不能仅仅被视为一个为女性蕴藏回忆的地方，而是一个用于构建历史的基础，即由叙事、实践和欲望所构成的历史？（2003：4）

回忆录、日记、信件和其他一些私人手稿都是研究"个人对家园的回忆"的极好素材。从内容和产生条件来看，这些记叙性的素材既是关乎个人的，也是关乎家庭的，记录了女性在大众历史叙事以外的生活、经验与情感。正如哈丽雅特·布洛杰特（Harriet Blodgett）所言，对于女性来讲，写日记和写信都是很普通的事情，并且已经持续了好几个世纪。"她们通过连续写作，在充满制裁的制度中找到了一条出路，以表达她们渴望创造性力量得到恢复的心情。"（Blodgett，1991：1）在有些日记中，女性记录了日常家庭生活中的点点滴滴；在另一些日记中，则记录了战争年代中她们的家庭所遭受的毁坏。比如，犹太女孩安妮·弗兰克（Anne Frank）的日记记录了她和她的家庭的生活——在第二次世界大战期间，在荷兰被占领的地区，安妮全家被迫过着四处躲藏的生活（Frank，1967）。

无论是过去的还是在当下的生活记录，对于研究与性别、种族、阶级有关的家园地理学都是十分有意义的。这些生活记录记载了具有时间性与空间性的故事，也记载了人们对家园物质性与想象性的理解，并提出了十分有意义的政治问题。在第一章中，我们引用普拉特十分生动的文字，阐述了家园和记忆所具有的空间多元性。其他一些自传体作品试图在种族的语境下书写家园与认同。在《家园的称呼》（*Names We Called Home*）中，编者贝姬·汤普森（Becky Thompson）和桑吉塔·泰尔吉（Sangeeta Tyagi）解释说："对于所有的编者来讲，要写一本关于种族身份认同的书，就需要所有的人再次回到他们出生时的家园——过去的家庭、邻里和童年生活过的社区。"（Thompson & Tyagi，1996：xv），只是回访"出生时的家园"还不够，编者还需要在种族政治和自身的种族身份层面上回应这份跨越了时空的共鸣。在思考对童年家园的深刻的个人记忆时，他们发现，有关家庭和身份的政治不仅以某种方式超越了单个地点，也使得这一地点变得摇摆不定。借助不同的路径，这些个人传记"展现出一种反对种族歧视的有利姿态"（ix），也揭示出超越了单一主体的多元身份，并开辟出家园的创造性空间。这一空间超越35 了单一、静止、有边界的场所。对于强行的流放与驱逐以及资源的迁移造成的搬迁来讲，类似的主题在极其广泛的生活作品中同样显得十分重要（见第五章对邦斯克之回忆的讨论；Hoffman，1989；Morgan，1990；Alibhai-Brown，1995；Lim，1997）。

## 2. 口述史和其他形式的访谈

关于家园的生活记录可以揭示不为人知的个体往事，对集体叙事进行回应。人们用同样的方式将亲身经历收集起来并进行分析，以探索那些被边缘化的人或被隐藏起来的主体的回忆与经历，如家庭内部的生活。这些经历在其他记载中往往是缺失的。珀克斯（Perks）和汤普森（Thomson）解释称："（口述史）访谈往往可以获得其他资料没有记载过的历史经验，如私人关系、家务劳动、家庭生活。它们能同个体生活经验所具有的意义产生共鸣。"（Perks & Thomson，1998：ix）在口述史访谈、其他形式的深度访谈，以及民族志研究中，研究主要是去调查家园中所蕴藏的回忆与意义，以及家务劳动与成员关系（Gluck &

Patai，1991；Thompson，2000；Blunt，2003a）。

　　家园口述史既可以是第一手资料，也可以是第二手资料。研究者既可以亲自采访，也可以在实验室里或网站上对已有的访谈材料进行处理［如果想要进一步了解如何研究口述史，可浏览英国口述历史学会的网站及其官方杂志《口述史学》(Oral History)］。通过口述史访谈，研究者可以在以下方面揭示出家园与家庭生活的变迁，如家务劳动、家用电器所体现出的技术变革、家庭结构、成员关系（Parr，1999），又如迁徙与搬家引发的在家感与离家感（Webster，1998；Walter，2001；Blunt，2005）。

　　本土的历史研究团队经常会搜集口述史，记录当地的变迁，以及特定场所、家庭、社区中的个人经历。比如，"东部社区遗产"（Eastside Community Heritage）这一机构所做的"隐藏的历史"（Hidden Histories）项目，就是通过口述史来记录伦敦东区普通人的生活的。另外，"格林街的生活"（Green Street Lives）项目主要记录了自 20 世纪 60 年代以来纽汉区的一条街道的情况，"银镇的故事"（Stories From Silvertown）项目主要记录了与银镇的居民委员会开展合作的情况，"提维特的地产"（The Teviot Estate）项目主要记录了第二次世界大战后伦敦波普勒（Poplar）的居民建造家园的记忆以及日常生活。

　　许多历史地理学家在研究口述史的同时也会参照其他资源［可参见雅各布斯（Jacobs）对住房历史研究意义的阐释］。例如，马克·卢埃林（Mark Llewellyn）参考了伦敦肯瑟尔公寓（Kensal House）的构想空间。肯瑟尔公寓是现代建筑师在英国设计出的第一套住房。在对肯瑟尔公寓的"深描"（thick description）中，卢埃林引用了三位还健在的原住民的口述，并参考了这栋公寓的设计与规划，包括 1939 年的民意调查和两份影像资料［20世纪30年代晚期与40年代对住房的民意调查，后来均被收入《对人民家园的询问》（*An Enquiry into People's Homes*）出版（Mass-Observation, 1943）］。卢埃林认为，"我们……应该在建筑师、规划师和居民三者之间建立起对话关系，讨论现代家庭的生产、再生产与消费"，目的是让人们认识到"家园不再只是一个居所，而是人们生活于其中的未被讲述的故事"（见文本框2.1、文本框2.2）。

---

*37*

### 文本框2.1　房屋的传记

　　"房屋的传记"是指用过去和现在的居民的生活来讲述将房屋作为家园（见第三章）的故事。这样，家园就是一个具有历史和回忆的地点，并借助历史、记忆、想象和居民的个人财产得以复苏。伯顿探讨了阿提亚·侯赛因（Attia Hosain）的小说《碎柱上的阳光》（*Sunlight on a Broken Column*），认为这部小说借助对房屋传记式的记录折射出了印巴分治带来的创伤。同一时期，在非虚构文学领域中，朱莉·迈尔森（Julie Myerson）的著作《家园：在我们的房子里居住过的每一个人和他们的故事》（*Home: the Story of Everyone who ever Lived in our House*, 2004）追述了一栋建于1872年的房子。这栋房子位于伦敦南部的克拉珀姆（Clapham），有十八代人在其中居住过。迈尔森在公共档案馆、家庭档案中心和医嘱检索机构中做了十分详细的研究，甚至与这栋房子过去的居民进行了通信、电话访谈。这栋房子是储存着过去生活经历与记忆的仓库，后人也只能通过这些经历和记忆去理解它。在利勒肖路（Lilleshall Road）34号楼中居住过的形形色色居民的回顾，总结如下：

现在这栋房子的主人叫利昂（Leon）。他过去住在马路的另一头，婚姻破裂后就搬到了 34 号楼。他在卧室中贴上了托特纳姆热刺（Tottenham Hotspur）俱乐部的墙纸。之前，这里住着一名叫雷吉（Reggie）的汽车修理工。自打战争结束以后，他就买下了这栋房子，将其改为私人公寓，赶走了住在里面的房客，并向这些房客保证他们的家会完好无损。更早的时候，未婚大龄女性露西（Lucy）买下了这栋房子，用来开设百货商店。这栋房子最早的主人叫爱德华·马斯林（Edward Maslin），他是维多利亚女王身边一位忠实的仆人。曾经，这栋房子中居住着很多人，有刚出生就死去的孩子，有不受欢迎的孩子，有战争岁月中的情侣，还有犯下重婚罪的人。

迈尔森的书中还记录了有关移民的故事。阿尔文·雷诺兹（Alvin Reynolds）来自印度西部，1959 年到 1979 年居住在这栋房子中。1978 年，十六岁的多琳·韦伯利（Doreen Webley）离开了自两岁起就一直居住的牙买加，搬来和母亲住在一起。

纽约下东区的移民公寓博物馆也讲述了关于家园和移民的跨越一段历史时期的故事。这家博物馆主要展示了果园路 97 号的廉租公寓。1863 年到 1935 年，有来自 20 多个国家的 7 000 人在此居住过（Lower East Side Tenement Museum，2004）。在最初的几年中，大多数居民都是德国新教徒和天主教徒。到了 19 世纪 90 年代，越来越多的俄国人、澳大利亚人、波兰人和罗马尼亚的犹太人来此居住。1935 年，因为新的住房政策的出台，居民又都被赶了出去。这栋公寓一直闲置着，直到 1988 年作为博物馆重新开放。改造后

*38*

的房间，集中展示了不同时期各个家庭的情况（见图 2-1）。公寓的历史主要是借助居民的生活经历来呈现的。比如，来自普鲁士的冈伯茨（Gumpertz）一家，1870 年搬到了果园路；西班牙犹太人孔菲诺（Confino）一家，来自奥斯曼帝国的卡斯托里亚（Kastoria），1913 年搬到了纽约；来自西西里岛的巴尔迪兹（Baldizzi）一家，1928 年搬进了这栋公寓。

图 2-1　巴尔迪兹的公寓，纽约果园路 97 号①

39　　　苏格兰国民信托组织的一栋廉租公寓位于格拉斯哥（Glasgow），通过居民阿格尼丝·特沃德（Agnes Toward）的生活经历和个人物品讲述了一个关于家园的故事。1911 年到 1965 年，她一直住在这里。这栋廉租公寓建于 1892 年，共有 8 套住房，每套都有客厅、卧室、厨房、浴室和过道。特沃德小姐是一名速记员，父亲去世以后，她和母亲相依为命；母亲去世以后，她独自生活，

① 图片系纽约下东区移民公寓博物馆史蒂夫·布罗斯纳安的收藏品。

1975 年在医院去世。在她住院的十年间，公寓一直空着。后来的主人一直维护着这栋公寓，直到 1982 年将它转卖给了国民信托组织。这栋公寓"并非一间博物馆，你能看到的就是一栋房子和其中的物品。从客厅中的挂画到厨房中的一罐罐果酱，它们曾经属于一个个真实的生命"（Ritchie, 1997）。

## 文本框 2.2 居住历程

居住历程（housing careers）与房屋的传记密切相连，但也有所区别。如果说房屋的传记主要是借助居民的生活来阐述某栋寓所的过往史，那么居住历程勾画出了一个人或者一个家庭在一段时期内居住过的范围。通过对房屋历史的定量与定性分析，我们可以了解在居民生命历程中其居住地的变化，还可以记录在时空中不断演变的经历和意义。正如罗伯特·默迪（Robert Murdie）所言："'居住历程'主要描述家庭成员在一生之中住房消费形式的改变。"（2002：425）它不完全指"从租房到买房，从多户住宅到独户住宅，或者从住小房子到住大房子"的持续性进展，更多是指记录一个家庭在一段时期内居住过的一系列房子（Özüekren & Van Kempen, 2002：367）。欧祖昆（Özüekren）和范肯彭（Van Kempen）区分了大尺度的纵向研究和小尺度的横截面研究。在这两种方法中，前一种主要跟踪家庭成员的生活经历（Abramsson et al., 2002；Magnusson & Özüekren, 2002），后一种主要询问居住者的住房历史。

《住房研究》（*Housing Studies*, 2002：17, 3）显示，对居住历程进行分析，可以揭示少数族裔经历的住房不平等现

*40*

象。比如，默迪采用定量方法研究了多伦多的波兰移民和索马里移民。他通过问卷调查，访问了六十位移民，这些移民从1987年到1994年陆续来到多伦多。默迪采用结构化的方法设计出开放式与封闭式的问题，并以三种不同类型的家园为基础——"最早的常住地、现有寓所之前的暂住地，以及目前的寓所"（428）。采访员收集了"每个人搬家的简要概况，其中有些详细记录了寻找住处的经过、所遭遇的顺境和逆境、房屋的客观特征、人们对房屋的主观看法，以及房屋所在的位置和邻里"（428）。受访者也被询问，在何种程度上这些寓所给人以家的感觉：

> 波兰移民对自己的寓所比较满意，并觉得在一定程度上那就是家，或者觉得那个地方很像一个家。他们比较看重家人的陪伴、友好的邻里和安全的环境。对于索马里移民来讲，他们首先考虑的因素是安全，接着才是与亲戚、朋友以及有着相同背景的人之间的关系。（439）

有些学者没有进行这种对比分析，考察的是某个少数族裔的居住历程。鲍斯等人（Bowes et al., 2002）强调要区分不同的少数族裔，不能笼统地将他们放在一起来考察。同时，他针对巴基斯坦裔的英国人展开了住房历史的访谈。这些人居住在布拉德福德（Bradford）、格拉斯哥和卢顿（Luton）。他采用"滚雪球"的方法与受访者进行沟通，着重采访四十多岁的、拥有过不同类型房屋使用权的人，因为"他们已经步入一个特定的人生阶段；他们的孩子已经长大，可能想要搬离原生家庭另寻住处；他们的父母可能想要搬进来和他们一起居住，或者正在考虑搬出去，等等"（387）。通过引述质性访谈资料，鲍斯等人总结出很多能影响居住经历的因素，包括性别、区位和阶层。它们都不局限于某个族裔内部，而是有着更广泛的影响。鲍斯等人指出："对于巴基斯坦人来讲，只关注族裔和种族的政策不太可能有效改善恶劣的居住条件，消除住房劣势。"（397）

居住历程对于研究离家（homelessness）现象来说也十分重要。兰德尔（Randall）和乔恩·梅（Jon May）在他们的传记研究中采用了"离家历程"（homeless career）这一术语，分析了英国疗养小镇旅店里的单身男性。对梅来讲，传记研究的方法"如果不排斥无家可归的人，那么这就是一种很关键的方法，因为这些人的身份与行动其实都超越了'离家'这一基本设定"（2000a：615）。梅询问这些受访者"自从初次离家以后，他们都在哪些地方居住过，简要的夜宿经历是怎样的，每次持续的时间有多长"（2000a：618），并且构建了三元体的传记形式（triple biographies），记录了随着时间的推移，个人生活、工作和居住环境的变化。梅用事先准备好的表格来记录这些信息，然后绘制出一条粗略的时间线，并在每次访谈结束以后对时间线进行论证与修改。通过对一段时期内的个人生活和工作展开"离家历程"分析，梅发现："对于大多数独自离家的人来讲，离家的经历既不是仅此一次的，也不是长时间持续下去的，而是以不连续的方式呈现出来的。这些经历散布在长期居住于自己家中的时段之内，而且出现频率和持续时间基本保持不变。"（2000a：615）

其他关于家园的生活故事可以在网上找到，包括文字记录和口述。例如，科克大学爱尔兰移民研究中心（Irish Centre for Migration Studies at University College Cork）的网站展示了三个口述史项目，分别与家园、归属性和搬迁的主题相关。《打破沉默：在移民的社会里蜗居》（"Breaking the silence：staying at home in an emigrant society"）记录了大规模移民对留在家中的人们的影响，而这些影响常常不为人所关注；《散居：广阔世界里的爱尔兰移民和他们的后代》（"The scattering：Irish migrants and their descendants in the wider world"）研究了爱尔兰流散人士的生活和迁移经历；《移民生活：讲述当代爱尔兰移民的十一个故事》（"Immigrant lives：eleven stories of immigrants in contemporary Ireland"）记录了当下的移民搬迁和定居的经历。口述史通常也以其他形式呈现出来，如博物馆的陈列、回忆类作品以及各式各样的展演。例如，1992 年在美国开展的缅因州女性主义者的口述历史项目（Maine Feminist Oral History Project）"收集并保存了 20 世纪 60 年代和 70 年代女性主义者的历史，以及她们创办组织以掀起社会变革的历史"。其中包括搜集 29 名创办者和其他女性主义者的口述史，这些人都与早年发起的斯普鲁斯奔跑联盟（Spruce Run Association）有关。"斯普鲁斯奔跑联盟是最早发起的一个组织，致力于呼吁女性起来战斗，为反对家庭暴力抗争到底"（缅因大学网站）。一篇题为《你们眼中的"别人"就是我们》的文章就是对这些口述史的摘录、提炼（Warrington, 2001；Meth, 2003；第三章会有更多与家庭暴力相关的讨论）。

42　　除了这些数量丰富、种类繁多的口述史以外，地理学领域内外的许多家园研究还采用了其他的访谈形式和民族志调查。以民族志的方式展开的家园研究通常指就地田野调查，要么是长时期的田野工作，要么是断断续续的调查工作。这种形式既可以围绕家园来展开，也可以适当地超出这个范围。例如，杰拉尔丁·普拉特在研究加拿大温哥华的菲律宾用人时，采访了保姆和移民劳工。访谈资料显示出菲律宾用人是如何被种族化和性别化对待的。比如，"菲律宾这个地方被不着边际地认为盛产家政工人，而且与欧洲保姆相比，菲律宾用人的受教育水平较低"（2004：56），相应地，他们得到的薪水也较低（见第五章）。在另一种背景下，鲁思·芬彻（Ruth Fincher，2004）采访了澳大利亚墨尔本高层建筑的开发商，以探究居家建筑的设计以及它们的再生产方式，尤其是它们所包含与排斥的事物。芬彻认为："开发商在思考内城高层建筑中居民应该具有的生命历程的时候，总会涉及性别的因素。"（327）芬彻也以记叙的方式分析了这些文字记录。

其他访谈基本上都是在家园的范畴内展开的。在很多情况下，访谈的内容不局限于保护家园这样的话题，还会涉及家园的搬迁过程（Tolia-Kelly，2004a；Power，2005）。这些访谈中的问题是十分广泛的，包括对郊区家庭的研究（Dowling，1998a、b）；家务劳动（Ahrentzen，1997；Oberhauser，1997）；家园的物质文化和视觉文化（Leslie & Reimer，2003；Rose，2003；Reimer & Leslie，2004；Tolia-Kelly，2004a、b）；贯穿生命历程的家庭经历（Kenyon，1999）。这些访谈资料在研究家园的代表性经验方面显得格外重要，如对家庭空间、健康与残疾的研究（Mose，1997；Imrie，2004a、b，2005）。在以家园为基础展开访谈并进行分析的时候，研究者会特地遵循惯常的质性研究方法。例如，罗布·伊姆里（Rob Imrie）在对残疾人士及其住房设计进行研究的时候，访谈时间通常会持续三到四小时，而且是围绕着房主的家庭展开的，话题涵盖个人生活经历和他们的家园体验。访谈会被录音，然后转为文字，再发送给访谈参与者进行核实。如果有问题，会再进行修改。伊姆里大量引用了这些文字材料和照片，以说明家园环境的复杂变迁。其中，家园的可进入性与流动性被增强了。

### 3. 民族志研究

43　　除了在家园内外展开访谈之外，民族志研究同样是当前研究背景下人们常用的方法。格雷格·格尼（Graig Gurney）说，"民族志是一种描述与分析的技术，其基本的视角在于努力书写人的生存方式"（1997：375），通常包括细节观察、深度访谈以及其他参与式研究方法。民族志的研究通常"需要研究者的参与和投入，包括感知与情感的投入。参与一个群体的生活经验中，意味着所有感官的全情投入，包括看、听、闻、尝、触，这样才能使生存的方式变得鲜活起来"（Herbert，2000：552）。这种方法可以在不同的地方和不同的文化中开展，也可以在对家园的研究中开展，对于人类学的研究来说尤其重要。就像地理学中关于"田野"（field）位置的争论一样，许多人类学家也在思考着如何对家园展开田野调查。例如，艾琳·谢拉德（Irene Cieraad）认为："家园范围内的人类学研究可以成为从熟悉的地域出发去诠释异域文化的天堂。"（1999a：3；Messerschmidt，1981；Miller，2001）在研究马萨诸塞州伍斯特郡（Worcester）低薪女性的生存策略时，梅利莎·吉尔伯特（Melissa Gilbert）解释说，"在家中"展开的研究常常涉及对不同生存方式的理解，不完全局限于理解熟悉的生活方式。对于吉尔伯特本人来讲："我的生活经历同我采访的那些妇女的生活经历是完全不同的，所以，尽管和她们生活在同一座城市里，但我并不觉得自己是她们当中的一员。"（1994：92）

民族志研究在强调家园意识和筑家实践（home-making practices）

的时候，对于其中的多尺度性和动态性具有很强的洞察力。格尼研究了布里斯托尔市（Bristol）东部圣乔治地区生活在工人阶级业主家中的男男女女，调查在他们心目中家园所具有的意义。格尼对四个核心家庭展开了一系列深度访谈，并以"片段式民族志"（episodic ethnographies）的方式进行分析。格尼把"片段式民族志"描述为："人们把家园理解为社会建构的方式。这些方式为我们提供了机会，让我们在个人经历中去反思高潮事件的重要意义，以及这些事件对家园意义所产生的影响。每一个高潮体验都能成为重大的时刻和转折点。"正如格尼所解释的，民族志的数据资料不一定有代表性：

> 民族志学家的任务不在于为更广泛的领域开发一种有效的研究途径，相反，他们的任务在于建构一种具有内在整合性的案例研究，从而在特定的文化背景中发现具有解释性价值的变化因素。因此，我研究了四个人的家园感，以及在其基础之上持续的社会建构过程。（1997：376）

例如，格尼研究了奎因（Quinn）夫妇家园感得以形成的四个片段：背井离乡和婚丧嫁娶，亲子关系和家园的意义，对于自我实现的追求，以及家庭暴力。关于福利（Foley）夫妇，格尼描述了三个片段："做正确的事情"，丧亲之痛和像坟墓一样的家园，分娩后的抑郁情绪和监牢一般的家（对于更多的经历来讲，衰老、死亡等都因家园的理想化表现被排除在外）。

另外一些民族志研究需要研究者居住在特定的家庭中，对日常生活细节进行观察。例如，阿莉·霍克希尔德（Arlie Hochschild）对家庭劳动的性别分工很感兴趣，如谁做什么事、有什么样的感受等。她在加利福尼亚研究了男性和女性的家务劳动，并在家中对他们进行了采访。但对家庭实践的兴趣也意味着，她要"关注日常生活"，尝试做"闯入别人家中的狗"（1989：5）。她非常精彩地描述道：

> 我看见自己像一个等候在门口台阶上的疲倦家长，又像一个跌跌撞撞地从家用轿车里钻出来的饥饿孩子。我随同他们一起购物、探访朋友、看电视，和他们一起吃饭、逛公园、送孩子去托儿所……在他们家中，我坐在客厅的地板上和孩子们一起画画、过家家。我看着父母给孩子们洗澡、讲睡前故事、道晚安。大多数夫妇都尝试将我纳入他们的生活场景之中，邀请我一起吃饭、聊天。

霍克希尔德没有对这样的经历展开批判性反思，但是有其他学者在研究时指出，必须认识到研究过程中的权力关系（Dowling，2000）。研究者只要出现在某人的家中，就会给这个家庭带来一定的影响，会给访谈带来性别与其他方面的动力因子（尤其是在夫妻之间）。几乎所有的研究，首先都要考虑研究者自身的安全问题。研究者应该只探访那些自己觉得安全的家庭，确保他人知道自己身在何处，要待多久，并能很*45* 容易地联系到自己。以家庭为基础的访谈还潜在地、以无可预料的方式影响着研究者自己。雷切尔·西尔维（Rachel Silvey）从性别维度对印度尼西亚南苏拉威西（South Sulawesi）的低收入移民展开了研究。她和一群女性移民劳工一起住在望加锡（Makassar）工业区的宿舍中[Kawasan Industri Makassar（KIMA），2000a、b；西尔维（2003）对研究方法论做过探讨；Mack，2004]。她阐述了与移民女性同住，对研究的重要意义与挑战：

> 同移民住在一起，帮助我形成了对工人日常生活进行感知的视角。宿舍住宿经历使我在田野调查中形成了自己的理解和分析。这栋宿舍的墙是由胶合板做成的，外层有波状铝板做的护墙板。墙很薄，隔壁房间的任何响动，我都能听见。由于工人们实行的是昼夜轮班制，所以，房间里的噪声永远不会消失。在大多数小房间中，通常有四到六个人挤在一起睡觉、做饭和起居。白天，太阳炙烤在铝板上，整栋楼房变成了一台烤箱。顶楼的房间更是酷热难耐，直到黄昏才能凉快一些。有时候，这里还会无缘无故地停电，几乎每个房间的电灯泡都不会持续亮上一小时。整栋宿舍楼住着53个人，共用一台水泵、一个厕所和一个浴棚。我们从早到晚都在排队等着使用这些设施。每个人都提着一桶水，排着队轮流洗澡。（2003：97-98）

因为生存条件太恶劣，没多久西尔维就生病了。

> 就这样过了很多天，我感觉自己的研究并没有取得多少进展。我开始怀疑自己不适应、生病以及缺乏隐私的生活是不是一种无谓的牺牲。但正是由于和这些人一起生活在这样的条件下，她们才渐渐觉得可以向我诉说移民的情况、在工厂中工作的状况、性别之间的关系……切身的体验，而不是简单的观察，以及每天在宿舍中的艰难苦楚让我理解了女性迁移、都市生活和工厂劳作背后的意义。（98）

## 二、书写家园

46　　除了文本形式的生活经历以外，其他写作形式对于研究家园来说也十分重要。在这一节中，我们着重探讨以小说、杂志和家庭指南的方式呈现出的家园［也可参见研究文本框 1 中艾丽克丝·巴莉借助印度现代小说对家园展开的研究］。我们会通过历史资料与现代文本挖掘关于家园的想象地理学，并集中关注人们思考家园的方式对书写女性来讲具有的重要意义。家园作为一个创造性地点，限制了人身却又解放了人性。本节的主题在于探索这些现象会以怎样的方式呈现（见文本框 2.3）。

### 文本框 2.3　家园的遏制与解放：弗吉尼亚·伍尔夫和艾丽斯·沃克

弗吉尼亚·伍尔夫（Virginia Woolf）在 1928 年出版的经典著作《自己的一间屋》（*A Room of One's Own*）① 中写道："一个女人想要写小说，就需要经济独立起来，还需要一个属于自己的房间。"（Woolf, 1945: 6; Shiach, 2005）她问道，世界上为何没有女性莎士比亚。由此，她构想出莎士比亚有一位拥有同等天赋的妹妹朱迪思（Judith）。但是，威廉去了一所文法学校，结婚后搬到了伦敦，过上了演员的生活，朱迪思却一直待在家里。

她同威廉一样具有冒险精神，想象力丰富，也同样富有热情。但是，她却没有被送进学校读书。她没有机会学习文法和逻辑学，更别说阅读贺拉斯和维吉尔的书了。她时不时

---

① 参见黄梅选编：《自己的一间屋》，石家庄，河北教育出版社，1995。——译者注

地捡起一本他哥哥的书翻翻，可刚刚读了几页，就被闯进来的父母打断了。父母叫她缝袜子，看灶台，而不是待在那儿魂不守舍地看书。(48-49)

伍尔夫接着想象，朱迪思·莎士比亚逃到了伦敦，也想做一名演员，但这却不是一份适合女性的工作。她发现自己怀孕了，"当诗人的心为女人的躯体所拘囚、所纠缠时，又有谁能估量出其中的炙热和狂暴呢？——因而，她在一个冬夜自杀了"(50)。与莎士比亚作为一名成功的作家相比，朱迪思是一个反面的悲剧形象。伍尔夫总结道："在莎士比亚的时代会有某位妇女具有莎士比亚的天才，这是难以置信的。因为像莎士比亚那样的天才不是在劳动的、未受过教育的、做奴仆的人们当中诞生出来的。"(50)

在散文《寻找我们母亲的花园》("In Search of our Mothers' Gardens")中，艾丽斯·沃克(Alice Walker, 1984)引用了伍尔夫的文章，构想在长达几个世纪的压迫下，黑人女性是如何创造性地求得生存的。非洲裔美国作家沃克创作了大量的小说，如《紫色》(*The Color Purple*)、《我熟悉的圣殿》(*The Temple of My Familiar*)、《拥有快乐的秘密》(*Possessing the Secret of Joy*)，这些作品皆以多样且富有创造力的方式描写了与家庭生活有关的题材。她描绘了在史密森学会(Smithsonian Institution)[①]看见的一床拼布棉被，是一百多年前亚拉巴马州无名的黑人妇女制作的。之所以使用破布制作棉被，是因为她只买得起这样的原材料。受限于社会地位，她只能创造性地使用这些材料。当看见这床棉被的时候，

*47*

---

①史密森学会，有美国政府资助的、半官方性质的博物馆机构。——译者注

沃克立刻想起了自己的母亲做棉被、织毛巾和床单时的情景。母亲靠日日夜夜采棉花把五个孩子抚养成人。沃克把母亲的花园描绘成具有艺术创作力的场所："我发现，只有当我母亲在花园里劳动的时候，她才显得那样光彩照人。除了作为造物主要用到的手和眼以外，她几乎到了无形的程度。她将自己的灵魂投入了工作中。在关于美的意象中，她安排着天地万物。"（241）最后，沃克想象着一位母亲在被卖到美国为奴之前的情景，以此结束这篇文章：

> 或许在两百年前的非洲，刚好也有这样一位母亲；或许她也会用橙色、黄色和绿色在小屋子的墙壁上大胆且生动地进行装饰；或许她也喜爱唱歌……甜美的歌声回荡在村庄的大地上；或许她擅长编织漂亮的坐垫，也擅长讲述那些村子里的人经常讲述的别致的故事，或许她还是一位诗人。（243）

伍尔夫和沃克都讲述了旧时代女性的创造力是如何被扼杀的。伍尔夫侧重于揭示女性进行文学创作时所需要的物质条件；沃克则借助其他的表达方式与书写形式。这样一来，家园成为遏制与解放并存的场所。

*48*

## 1. 虚构的屋舍和家园

从遵守家庭惯例到逾越家规，再到跨越定居和迁移的持续性记忆与经历，家园在最初的小说写作与阅读当中一直是十分重要的场所和主题。根据凯西·梅齐（Kathy Mezei）与基娅拉·布里甘蒂（Chiara

Briganti）的观点，家园和小说"矛盾地同时遏制和解放了女性的认识、写作与存在方式"（2002：844；Briganti & Mezei，2004）。小说被诠释为虚构家庭的一种形式。这样的形式体现在内容与场景上，也体现在写作与阅读的物质条件上。梅齐与布里甘蒂写道："小说与房屋都为人们提供了栖居之地——空间构造，人们可以在其中发掘并表达出隐私和亲密的关系与想法。"（2002：839）小说中那些私人的、亲密的内容通常与对女性的描写联系在一起。"通过对房屋、家庭与成员进行空间性描绘，女性作家可以在文化生产领域建构出一个位置。由此出发，她们就能对普普通通的女性生活和那些日常之事提出自己的见解。"

18世纪晚期小说的兴起，同公共与私人领域的分离密切相关，也同中产阶级女性作家与阅读群体的出现有关。南希·阿姆斯特朗（Nancy Armstrong）认为，家庭妇女（domestic woman）的崛起是一项重大的政治事件。她指出，18世纪晚期，英国妇女开始创作出数量惊人的小说；到了19世纪，涌现出一批卓越的小说家（1987：3）。阿姆斯特朗在撰写"小说的政治历史"这部分内容时说道："虚构的家庭描绘出一个新的话语领域，因为它赋予女性的情感价值一种社会行为的普遍样式。"同样，伊丽莎白·朗兰（Elizabeth Langland）在探索小说与家庭相互交织的政治问题时立足于家庭内外的生活，分析了维多利亚时期中产阶级女性身上的政治意义：

在中产阶级家庭中操持家务，是阶层管理的一种实践。中产阶级家庭显然至少应该拥有一名仆人。这些现象都在维多利亚时代的小说中被揭示了出来。尽管19世纪的小说将家庭呈现为政治经济 *49* 风暴中的精神避风港，但在这一形象之外，人们还可以发现另一个动力机制，那就是对中产阶级力量的主动操控。总之，这些小说呈

现出两个阶层的冲突，一个是住在大房子中的天使们，另一个是被
意识形态固化了的他者（如工人和侍从）；并通过小说中的女性人
物来揭露中产阶级的控制机制，包括那些本身就是虚构的机制和有
关欲望的计谋。（1995：8）

家庭所处的位置与家中的事物在早期的美国小说中是十分重要的元
素。安·罗明斯（Ann Romines）认为，自从 19 世纪 50 年代的内战以
来，对操持家务的描述就成了小说的一部分。小说家往往从"家庭情节"
（home plot）的角度描述操持家务的过程。罗明斯解释道："美国女性作
家创作出来的最棒的小说，通常都是以家庭日常事务构成的程式作为主
要内容的。"（1992：9）对于罗明斯来讲，"家庭日常事务"通常是"在
家中，在一个避风港中开展的。作家从房屋所具有的监禁与保护功能中
搜寻意义……家庭中的事务可以是重要的家庭活动，如家族团聚或婚
礼，也可以是日常琐事，如做饭或缝纫。所有这些事情共同维持着一个
家庭"（12）。家庭日常事务不仅具有阶层和性别的属性，还具有鲜明的
种族属性。罗明斯观察到，在小说中，与这些日常事务有关的家庭情节
通常都与白人中产阶级女性有关。对于非洲裔美国女性来讲，操持家务
则有着一部完全不同的历史，并且与奴隶制联系在一起。

正如家园是开放的并且可以被渗透和影响的场所（见第一章），在
小说的家庭场景中，家园的观念与"外邦性"（foreignness）的观念紧
密联系在一起。"外邦性"可以指在国外，也可以指在国内。根据美国
白人中产阶级女性作家的作品，自从 19 世纪 50 年代以来，本土的美国
人和非洲裔美国人所呈现出的"外邦性"既体现在家庭层面，也体现在
国家层面。埃米·卡普兰（Amy Kaplan）解释说：

（这类小说）旨在阐释家庭内外空间之间边界的崩塌，这两股力量都拼命想要展开新的谈判与协商。这种对抗不仅发生在家庭中，也在"帝国的心脏部位"上演，还在女主角的内心世界中上演。当 *50* 家庭小说内化为女性主体性的私人领域时，我们常常会看到，女性的主体性再次被民族和帝国的叙事建构了起来。（2002：44）

在当代小说中，尤其是在女性作家的小说中，家园依然是一个重要的地方。在文集《创造家园》（*Homemaking*）中，凯瑟琳·威利（Catherine Wiley）和菲奥娜·巴恩斯（Fiona Barnes）介绍了20世纪下半叶女性作家作品中体现出的"家园政治学与诗学"（Wiley & Barnes，1996；Pearlman，1996）。威利和巴恩斯认为，"女性从事写作的目的是解决家庭作为物质空间和作为想象场所之间的紧张关系"（xix），并进一步阐明了在不同地点与背景下，女性作家在写作过程中呈现这种紧张关系的不同方式。珍妮特·赞迪（Janet Zandy）在介绍工人阶级女性创作的作品时说道：

家园是一个很好的起点。无论它是一间出租房、一个贫民窟、一个隔离区、一个邻里社区、一个街区、一个车站、一个后院、一块租佃农场、一处角落，还是四面墙或一个神圣的广场，在世界上找到一个可以作为家园的地方，是至关重要的。家园还存在于字面意义上：它是一处你能在那里挣扎求生的地方，或是一个难以捕捉的"真正的家园"之梦，还可以是一个梦魇——一个你想要逃离以便独立生活的地方。家园还是一个观念性的存在：它是一种精神上的地理学，没有归属的痛苦终将消失。在那里，没有了"异己"；在那里，人类共同体得以实现。（1990：1）

不同类型的家园意义与经验同性取向、阶层、性别和种族密切相关。珍妮特·温特森（Jeanette Winterson）的《橘子不是唯一的水果》（*Oranges Are Not the Only Fruit*）借助描绘家园和家庭的建造，讲述了英国福音派家庭中一名女同性恋步入成年的故事。朱厄尔·戈麦斯（Jewelle Gomez）创作的《吉尔达的故事》（*The Gilda Stories*）是科幻文学作品，讲述了跨越两百年的女同性恋吸血鬼——埃伦·布林克斯（Ellen Brinks）和李泰丽（Lee Talley）——的一生。这两则故事体现出"女同性恋作家对家的概念进行了调整"（Brink & Talley，1996：146；Johnston & Valentine，1995；Elwood，2000）：

51      诗一般的家庭空间与政治般的家庭空间体现出"不自然的"激情。这两部小说都扩展了我们对个人身份与社会认同的理解。由此，当以书写争议性事件的做法历史性地建构出"家庭"时候，她们就赋予了女主角一种觉醒的家庭意识，以及一套并非建立在血缘关系基础之上，而是建立在选择的基础之上的亲属关系……两位作者通过强调家庭对"他者"身份的根本性接纳，共同拒绝了对家园传统与静态的呈现……她们通过奇幻的方式告诉读者，人们觉得陌生的方式反而是最接近家园的方式。（168；违反常规的家庭和由此展开的幻想，也是其他写作形式的重要主题，包括哥特小说、鬼故事、科幻文学与奇幻文学，见 Ferguson Ellis，1989）

大量后殖民时期的理论家在对小说以及其他形式的作品展开研究的时候，注重家庭尺度上的家园与民族和帝国地理学之间的密切关系（Rodriguez，1994）。例如，爱德华·萨义德探讨了简·奥斯汀的作品《曼斯菲尔德庄园》同超越了英国本土的更为广大的权力与特权之间的关联，阐述了伯伦特一家的财富是如何根植于西印度的奴隶制与种植农业的。尽管奥斯汀的小说所讲述的故事发生在英国，并着重描述曼斯菲尔德庄园的内部家庭空间，但是萨义德认为，这样的家庭与宗主国的情景只有借助与其他更远的地方之间的联系才能被理解。在其他小说中，这些蕴含在家园中的家庭与帝国之间的关系也有所呈现，如夏洛蒂·勃朗特《简·爱》中的著名人物伯莎·梅森。她是罗切斯特的妻子，克里奥尔人，曾被囚禁在阁楼里。［简·里斯（Jean Rhys）的小说《藻海茫茫》（*Wide Sargasso Sea*，1957），对梅森的早年生活展开了想象。波莉·蒂尔（Polly Teale）的剧本《在罗切斯特夫人之后》（*After Mrs Rochester*，2003）聚焦里斯的生活，里斯和梅森都居住在不舒适、不自在的家庭空间中——以锁着的门为象征。］

其他后殖民时期的批判家还挖掘出背井离乡（unhomely displacements）的状态，动摇了人们对"屋舍的构想"（Bhabha, 1997：445）。例如，霍米·巴巴（Homi Bhabha）写道："家园不再是家庭生活所在的地方了，也不再是历史或社会的产物。背井离乡的状态冲击着人们对于家园中的世界的认识，以及世界中的家园的认识。"（445）巴巴借鉴了托尼·莫里森（Toni Morrison）的《宠儿》（*Beloved*）、纳丁·戈迪默（Nadine Gordimer）的《我儿子的故事》（*My Son's Story*），以及其他小说中奴隶制下充满种族隔离的家园案例，指出："无家可归的时刻充满了个人式的、精神历史性的创伤和矛盾心理，并与更为广泛的政治存在分裂开来。"（448）背井离乡仍是"移民体裁"文学中的重要主题（George, 1996）。对于罗斯玛丽·玛朗格丽·乔治（Rosemary Marangoly George）来讲，与这样的文学体裁联系在一起的乡愁，通常可以从两个方面来诠释："它可以是对真实家园的渴望（过去的或未来的真实家园），也可以是对所有家园非真实性和被营造出的氛围的认可。在移民小说中，后一种诠释更为流行。"［175；Peres Da Costa（1999）

*52*

也讨论了牙买加·金凯德（Jamaica Kincaid）对乡愁的描写；鲁本斯坦（2001）分析了女性小说中的怀旧情结与伤痛；研究文本框 10 展现了雷切尔·休斯对金凯德小说中家园与迁移主题的讨论］。

## 2. 杂志与家庭指南中的家园

在本节的最后，我们来考察一下历史上和当代出版的杂志与家庭指南中，关于家园的物质的与想象的地理学。这类出版物早在 18 世纪末就在英国等国家出现了，19 世纪开始盛行，向国内和横跨帝国的读者推广了中产阶级女性家庭生活的都市观（Armstrong，1987；Beetham，1996；Humble，2001）。玛格丽特·边沁（Margaret Beetham）考察了 1852 年出版的《英国妇女家庭杂志》（*Englishwoman's Domestic Magazines*）。这既是一份独家发行的女性杂志，也是一份通行的妇女家庭期刊，类似于《家庭女性》（*Woman at Home*，1893-1920）。这类杂志和数量不断增长的家庭指南重新界定了中产阶级家庭，也界定了中产阶级家庭得以建构起来的女性特质，同时赋予了家庭女性新的社会地位。这些女性被描述成能干的经理，拥有着特殊的技能和知识。然而，这些杂志和家庭指南的"女性空间"（feminized space）并不具有稳固的内在性。在维护其女性、家庭与中产阶级读者群的同时，这类出版物对资产阶级女性的话语（discourses）进行了再生产。这些话语很大程度上建立在如何建造家庭的基础之上，读者能从中得到很大的启发。边沁称："纵观整个历史，女性杂志总是把读者群界定为'女性'。它们具有一种不证自明的性别特征。但是，这类杂志呈现出的女性却又是支离破碎的，这不仅仅是因为女性被认为是既定的，同时也因为女性是有待实现的。"家庭指南在主张女性化的家庭特征和指导女性实践方面与这些杂志的做法如出一辙（见文本框 2.4）。

文本框 2.4　家庭经济 53

家庭经济学的训练旨在传授家庭生活的原则，并使家庭生活形式化。尽管这一术语到了 20 世纪初期才被广泛使用，但与此相关的努力在 19 世纪中叶就已经开始了。以美国康奈尔大学为平台的"家庭生活——家庭经济档案馆：科研、传统与历史"（the Home Economics Archive: Research, Tradition and History, HEARTH）网站提供了一份涵盖 1 500 本著作和期刊的电子文档，描述了从 1850 年到 1950 年的家庭经济状况，以及大量杂文和传记，主要涉及哺育后代、人类发展和家庭研究，食物和营养，家庭管理，房屋维护，日常礼节，住房、家具和家用设备，卫生保健，以及零售与购物的研究。正如该网站所说：

研究女性历史的人对家庭经济进行了重新评估，将其理解为一种职业，尽管某些观点与前景显得保守，但却为女性提供了许多机会，并广泛影响了美国社会。家庭经济学家中总是存在很多反对之声。立法委员、政策制定者与教育家也支持这样的反对，因为他们不清楚女性史研究的主要任务是什么。一些人重点关注家庭；另一些人则把目光投向了更为广泛的社会环境。一些人把家庭经济视为给女性带来工作岗位与机会的马车，同时还能教育男孩与成年男性掌握家务技能；另一些人则试图巩固传统的性别角色和家庭生活模式。然而，即使是最保守的家庭经济模式也为女性提供了就业机会，比如使女性成为教师和研究人员。

人们可以在这个网站上找到美国妇女创作的两则特别有影响

力的文献。一则是凯瑟琳·比彻的《家庭经济学专题论文》(*Treatise on Domestic Economy*, 1841），后来她的妹妹哈丽雅特·比彻·斯托（Harriet Beecher Stowe）对其进行了修订，在 1869 年将其更名为《美国妇女的家庭》并正式出版。另一则文献是夏洛特·珀金斯·吉尔曼的《家园：它的运作与影响》(*The Home Its Work and Influence*），初版于 1903 年。

*54*　　对杂志和家庭指南的研究以散乱的方式分析这些文本，使人们意识到女性与家庭呈现的方式。这通常涉及对一段时期的变化进行阐释并归档。在一项关于 1940 年到 1960 年澳大利亚家庭妇女及其家庭的研究中，贾斯廷·劳埃德和莱斯利·约翰逊研究了大量的女性杂志（Johnson & Lloyd, 2004；Lloyd & Johnson, 2004；Hand & Shove, 2004；Tasca, 2004）。被分析的文本和图像中有发行量很大的杂志，像《澳大利亚女性周报》(*Australian Women's Weekly*) 和《澳大利亚美丽家居》（见图 2-2）。劳埃德和约翰逊认为：

　　　　（这些出版物消除了）装饰与规划、设计与管理、审美与控制之间的差异。20 世纪 50 年代的家庭，越来越将室内设计作为家庭管理的一种形式。无论是为新房装修或旧房翻新做预算，为家人住进什么样的房屋做决定，还是设计家具的摆放，这些活动都赋予 20 世纪 40 年代到 50 年代的女性新的能力去塑造（属于她们自己的）世界。(2004：255)

　　劳埃德和约翰逊还指出了第二次世界大战后，"妇女的家庭主体性"具有的矛盾：

一方面，有关国家与市场的话语都表明，女性应该扫除那些传统的要素，尤其是第二次世界大战前将其束缚于家中的那些家园设计；另一方面，流行杂志依然不断强调物品的外观以及杂志本身的外观，进一步把女性的身份认同铭刻在了家庭空间之内。(251)

图2-2 《澳大利亚美丽家居》杂志封面，1946年4月①

①经《澳大利亚美丽家居》杂志、米切尔图书馆（Mitchell Library）、贾斯廷·劳埃德与悉尼科技大学数字影像中心许可翻印。

蕴含在以上这些呈现方式中的家园的位置与生活经历都是富于变化的。比如，德博拉·莱斯利（Deborah Leslie）研究了 20 世纪 80 年代晚期和 90 年代初期，美国版《好主妇》（*Good Housekeeping*）和《家庭天地》（*House Circle*）中"新传统主义"话语下的商业广告。她分析的这些广告同后福特主义时代新右翼政治崛起和广泛的经济文化转型密切相关；她还发现了家庭话语所体现出的文化矛盾性，其中，"传统家庭方式的怀旧与核心家庭的解体并存"（1993：691）。这些怀旧的意象其实与"家庭的仪式性意象、美国小镇和自然意象密切相关"（704）。最近，德博拉·莱斯利与苏珊娜·赖默（Susanne Reimer）分析了《她的装饰》（*Elle Decoration*）、《墙纸》（*Wallpaper*）、《生活》（*Living*）这样的家装杂志。她们认为，这些新风格的家装杂志更多是在描述城市家庭，而非乡村家庭，并指出："这些杂志对于那些更加喜爱男性化设计风格的女性来讲也是可以接受的。"（2004：304）

这些杂志秉承着这样的观念，即女性对家园感兴趣并不是被压迫的结果，家园也不再被视为时尚阵地或女性身体的延伸。这暗示着，可变的现代风格解放了女性。与此同时，这类杂志对家园营造过程中的性别因素进行轻描淡写的处理，使得其受众面覆盖了男性读者……与吸引女性消费者的传统杂志不同，这类新型杂志的标题能吸引具有高度流动性的城市职场人士。他们可能是男性或女性，异性恋或同性恋。（304-305）

# 三、家园的视觉文化与物质文化

杂志和家庭指南包含各种图像与文本，这提醒我们需要注重对家园的图像与文本展开研究（Rose，2001）。本节主要探讨与视觉文化和物质文化相关的家园研究。首先，探讨在艺术、设计和其他媒介中作为场所的家园；其次，讨论家园中各种事物的用途、呈现方式与意义。

## 1. 家庭建筑及其设计

建筑的规划和内部设计为我们分析家园提供了视觉元素，从对跨国家庭样式的研究中可以看出这一点。比如，对平房和高层建筑的研究（King，1986；Fincher，2004；Glover，2004）；对不同时期家庭建筑的研究（Ravetz，1995；Sudjic & Beyerle，1999；Walker，2002）；对风格、品位和消费的研究（Sparke，1995；Madigan & Munro，1996；Bryden & Floyd，1999；Posonby，2003；Gram-Hanssen & Bech-Danielsen，2004）；对家庭建筑和内部设计的性别内涵与外延的研究（Madigan & Munro，1991；Attfield & Kirkham，1995；Hayden，1996，2002）；对家庭、住房和社区乌托邦意象的研究（Hardy，2000；Pinder，2005）。第三章会详细探讨这些主题，在此，我们先介绍同家庭建筑与设计有关的方法和途径。

在历史与当代所构成的丰富语境下，不少研究者对家庭建筑与设计所蕴含的意义、价值和信仰展开了分析，认为它们反映和再造了性别、*57* 阶层、性取向、家庭和民族观念。路易斯·约翰逊（Louise Johnson）关于澳大利亚"展示家庭"（display home）的研究与这一主题相契合（1993）。对于他来讲，房屋的布局与其意义，以及因广告而产生的布局和意义，让家庭成为一个性别化空间。在这里，理想化的设计与家庭生活的象征性实践之间存在着关联性和割裂性（例如，第三章对家园与残疾人的讨论）。大量研究对这一主题展开了挖掘，并将其与家庭中特定的空间联系起来，尤其是厨房。例如，马克·卢埃林（Mark Llewellyn）在对英国家庭的现代性研究中，分析了住房顾问伊丽莎白·登比（Elizabeth Denby）和现代建筑师简·德鲁（Jane Drew）20 世纪上半叶的厨房设计，以及她们试图采用科学效率至上的现代主义原则，让家务劳动的性别空间变得理性化的途径（Freeman，2004；Hand & Shove，2004；Van Chaudenberg & Heynen，2004）。卢埃林解释说："现代建筑师认为，厨房应该被视为一台做饭的机器，但是这个高效率的、不大的现代化空间，以及这套关于现代化的英雄史诗般的设想，完全忽略了劳动阶级的社会实践。"（2004a：240）比如，肯瑟尔公寓的厨房就太小了，连一张桌子都摆不下，但是"仍有不到三分之一的房客定期在那里用餐……尽管在那里用餐显得并不合适，因为人们要坐在烫衣板上，或坐在门口的架子上吃饭"。这些房客想让客厅成为最"好"的地方。

研究者也采用了其他方法考察家庭的设计与体验性实践之间的关系。比如，因加·布赖登（Inga Bryden）在研究传统合院建筑在建筑与灵性上的意义时就采用了口述史的方法。这种合院建筑被称为哈维利（haveli），位于印度北部的斋浦尔（Jaipur）。布赖登发现，哈维利作为一种家庭栖居空间，具有性别特征，并体现了印度教的瓦斯图 - 维迪亚（Vastu Vidya）[①] 传达出的家庭成员在特定住宅中的日常规律。布赖登说："瓦斯图在象征与功能两个层面上把每个人的身体、家庭空间同宇宙联系在了一起。"（2004：36）这主要是通过瓦斯图对房屋的尺寸与方位，

---

① 瓦斯图 - 维迪亚，印度教的一种堪舆术。——译者注

以及对居住者行动方位的双重界定来实现的。根据这样的原则，人们将
哈维利设计成九重方格网的格局，规定了其内部区域的划分以及户外与
室内空间的比例。布赖登对当地居住在哈维利中的中、高种姓家庭展开
了口述史的调查。"对家庭空间展开的个体化叙述，在一定程度上被视
为有关亲密的地理现象。其中，'属于世界'的归属感或'在家感'以
回述往事或口述史的形式体现了出来。"（28）她调查了居住在某哈维利
的家庭及其生活情况，说："哈维利中的家庭生活是随着太阳的运行轨
迹展开的。这些日常行动在本质上反映了方位的特征。"（36）例如，与
丈夫和孩子共同生活在哈维利中的普什帕（Pushpa）解释道："方向确
实会影响房屋主人的身体和血液循环。睡觉时，头部应该在西南方，因
为与此相对的力量吸引着人们［神我①（Purusha，宇宙自我）的头在东
北方］。""厨师在烹饪的时候，应该面朝东方……这样做出来的饭菜才
更可口。"（36）

　　家庭设计会影响家园内部的体验性实践，其设计本身也是一种体验
性实践。雷纳特·多曼（Renate Dohmen）研究了印度南部的泰米尔
纳德邦（Tamil Nadu）。当地女性每天在地上绘制两次古拉姆（Kolam）②
并设计阈值。多曼认为，这种设计行为主要在于解读家庭与世界之间的
关系，并指出这种设计所创造出的归属空间，不仅是为某个女性和她的
家人着想，还是为更大的社区着想。"这样的设计不仅适用于家庭的私
有领地，而且适用于外界道路构成的公共空间。它使绘制公众事件的个
人行为……清晰地呈现了'家园''女性'和'福祉'对更为广大的社
区的影响。"（2004：22）

---

① 神我，指真实自我，在梵文中是指"我"这一生命体的"神我"。——译者注
② 古拉姆，印度一种吉祥且复杂的地上绘图。——译者注

58

## 2. 家园与艺术

除了对家园的建筑与设计进行研究以外，家庭视觉文化也注重将家园视为艺术、摄影与其他媒介中的场景与主题。格丽塞尔达·波洛克（Griselda Pollock）在对艺术中的女性主义进行研究时，分析了贝思·莫丽斯（Berthe Morisot）和玛丽·卡萨特（Mary Cassatt）以家庭为主题的绘画作品。这两位艺术家都属于 19 世纪晚期、20 世纪初期的巴黎印象派画家。与同时代男性画家展示宽阔景观的画风不同，她们对家庭场景的刻画是从更近与更具体验性的视角出发的（Cieraad，1999b）。尽管家园在某些特殊的艺术传统中是重要的主题，但是其他传统体现出意味深远的无家性。根据克里斯托弗·里德（Christopher Reed）的观点，在艺术中，家园的元素在很长一段时期内受到了压制，尤其是在现代主义的先锋派画作中：

59　　　从维多利亚时期画作呈现的客厅和摆放着各种饰品的书架，到 20 世纪的地区性住宅中悬挂的大批量生产出来的画作，家园的元素站在了同高档艺术相对立的位置上。最终，在先锋派眼里，"无家性"成了艺术的保障。（Reed，1996：7；Reed，2002）

但是最近几年，哈尔（Haar）和里德称："与家庭生活和现代主义之间的矛盾——甚至对立——关系相比，在后现代时期，人们见证了高端文化中家园的回归。艺术家与设计师们都开始把兴趣转向'在家性'。"（1996：253）这种"家园的回归"（homecoming）引出一个重要的问题，那就是如何把家园视为艺术创作与展演的场所和主体（见文本框2.5）。最近，大量的展览都在关注沉浸在艺术中的家园所具有的主体性。仅从过去两年伦敦一地的展览就可见一斑，比如《家园与花园》〔杰弗

瑞博物馆（Geffrye Museum），2003]；《在地下室：400年仆佣的肖像》
[国家肖像馆（National Portrait Gallery），2004]，《花园的艺术》[泰
特不列颠（Tate Britain），2004]。显然，家园与花园已经并将继续成为
视觉艺术的重要主题。但是，在艺术中，将家园作为一个地点和位置的
观念颇有争议。正如科林·佩因特（Colin Painter）所言："如果家庭从
来没有被拒绝当作一个主体，那么对家园作为一处最终且永久的目的地
的反对，将在艺术中得到更明确的坚持。"（2002a：1）

---

### 文本框 2.5 《房舍》和《半独立》

　　房屋的建筑样式可以通过多种方式体现出艺术目的。最有
名的例子莫过于雷切尔·怀特里德（Rachel Whiteread）的《房
舍》（House）。它由艺术天使机构授权，于1993年完工，1994年
被拆除（Lingwood，1995）。《房舍》是19世纪70年代位于伦敦
东部鲍（Bow）社区格罗夫（Grove）路上一件形如阶地的艺术
品。它通过将家庭内部翻转为混凝土浇筑的外表面，把私人空间
变成了一件公共雕塑。正如多琳·马西所言，《房舍》用多种方式
体现出混乱与不安。首先，"它呈现出某种缺席的事物，是一个
已经不存在的房屋空间"（1995b：36）；其次，"它把内部空间放
到了外面。私人世界被置于公共视野下，那些微小的亲密关系都
暴露在外：墙壁上电线的印迹一直延伸到电灯开关处，看起来是
那样富有人格化，但又那样脆弱"（36）；最后，《房舍》加固了
"过去处于房屋内部的空间"（36）。根据艺术天使机构主任詹姆
斯·林伍德（James Lingwood）的说法，就像很多公共雕塑和纪念
性建筑物一样，《房舍》是浇筑模型。但与纪念胜利、灾难、伟人

*60*

或英雄事迹的青铜雕塑不同，这件崭新的作品是通过家园这一普普通通的地方达到纪念效果的。怀特里德原地筑造起来的这件作品把私人的家庭空间转化到公共视野之下，无声地纪念了我们的生活空间，纪念了家园的意义和日常生活的存在。

图 2-3 《房舍》，雷切尔·怀特里德，1993①

但是，怀特里德的这件作品被称为"房舍"而不是"家园"（见第三章）。对于马西来讲，该雕塑的命名加强了它的破坏性，使"家园"正常、舒适的神话变得陌生，同时也通过揭示自身的复杂性达到这样的效果。这种复杂性体现为"其意义始终是需要诠释的，从来不存在任何简简单单的'本真性'。因此，家园的意义总是处

---

① 艺术天使机构授权修建，史蒂芬·怀特（Stephen White）摄影。艺术天使机构许可翻印。

于公开的冲突与对抗之中"（42）。《房舍》成为大量媒体和公众争论的焦点。1993 年 11 月，怀特里德获得了富有声望的特纳奖。与此同时，鲍社区要求立刻拆除这件雕塑。尽管《房舍》从来都只是作为一件暂时的艺术品而存在的，但是艺术天使机构还是打算通过协商推迟拆除期限，因为从竣工到拆除只经历了六天时间。经过国会讨论，鲍社区同意延期拆除这件雕塑。这样，《房舍》一直被保存到了 1994 年 1 月（Lingwood, 1995）。

如果说《房舍》是一项就地化的实验，其位置就在原本那栋房屋的位置上，那么迈克·兰迪的《半独立》（Semi-detached）就是对自家房屋原原本本的复制。他家位于埃塞克斯郡（Essex）的伊尔福德（Ilford），但其作品却于 2004 年 5 月到 12 月被存放在泰特不列颠美术馆中。图 2-4 就是兰迪的作品，展现的是其父母站在《半独立》作品前的情景。众所周知，他更早期的作品是《瓦解》（2001）。那时候，兰迪用了两星期把自己的财产撕成了碎片。而《半独立》则是一件重塑的作品，以他父亲的家庭生活为中心，从 1977 年工业事故结束了他作为隧道矿工的生涯开始算起（Landy, 2004）。通过重建父母的房屋和使用视频技术，兰迪挖掘出父亲约翰所实施的家庭监禁。朱迪思·内斯比特（Judith Nesbitt）描绘道："这座建筑展示了兰迪在郊区的半独立式房屋的正反两面。它是按照真实尺寸复制，采用真实的砖块与灰浆建造而成的。数以百万计的英国住房都具有这样的特征。现代化的小砾石灰浆墙面、聚氯乙烯的窗和门、圆盘式的卫星电视天线、厨房电话分机，这些都让人感到非常熟悉。"（2004：15）屋内的荧光屏上投放着卧室、餐厅和花棚里的影像，约翰卧室架子上的物品也吸引着人们的注

61

62

意力。在房屋后立面上，另一段视频展示着约翰收集的手工指南、家庭指南手册和家居装修杂志。这些物品都是他在那场事故前后收集起来的。"乐观向上的青年夫妻和正在成长中的小家庭的照片和素描画，反映出这个家庭对现代化、纯粹而崭新的生活的拼命追求。这就是当时的风尚。与此同时，人们处理堵塞的沟槽、腐蚀的墙面、破了皮的关节以及堵塞的下水道的画面也交替出现。"（Burn，2004）《半独立》展示出了由兰迪的父亲所构建的体验性家庭空间。

图 2-4 《半独立》，2004，迈克·兰迪[1]

乍一看，《半独立》代表了"一种对身份的再次肯定，这是通过一种令人心安的熟悉感，即使展现的是平淡无味的每日场景和事物。这些体现出一种'在家感'（homeliness）"（Melhuish，2005：

63

---

[1]　版权归迈克·兰迪所有，托马斯·丹许可翻印。

118）。但是将这些声音和图像投影在郊区立面上，以及"将英国乡村的物质文化转换为艺术的主体"的全过程，造成了《半独立》明显的无家感与陌生感。克莱尔·梅尔休伊什（Clare Melhuish）称，《半独立》"将观众带离了真实的家庭场域，带到了另一个可触可碰的'无家感'之中。在那里，所有应该让人感到熟悉而充满意义的事物，都变得那样遥远、陌生，让人不禁产生新的认识"（121）。

　　为了纠正这一令人反感的印象，戴维·哈利（David Halle）认为，家园对于让观众理解艺术的意义来讲十分重要，正如诸多公共领域（如博物馆、艺术画廊和大众评论）一样（1993：193；文本框 2.6）。哈利重点关注纽约的四个区域，采用横断面研究的方法，从阶层、种族、城市与乡村区位几个方面对邻里社区展开了调查。在四个区域内，哈利选取了房屋的随机样本。在随同研究助理一起进行拜访之前，他给这些家庭都寄了一封信。除了采访成年居民外，哈利还参观了住宅，给家庭内部设施拍照，绘制建筑平面图。他着重研究家中的景观与照片、中上阶层的抽象艺术和"原始"艺术，以及天主教工薪阶层的宗教肖像画。哈利不仅利用访谈资料，还采用一系列数字技术来展开分析。例如，他将风景画作为不同地位和阶层人士的标志来考察，运用多元回归的方法控制其他可能的因果变量，如宗教、年龄以及每栋房子中风景画的数量。除了一些共同特征——比如 349 幅风景画中只有 2 幅描绘了动荡的而非宁静祥和的场景；71% 的景观是历史景观，当代景观只有 11%。风景画多受控于阶层这一变量。哈利解释称，"艺术家的身份与名望，外国社会被描绘的频率，某些特定的外国社会，像日本、英国和法国被选

64　择描绘的频率，以及采用历史景观去描绘过去时代的频率"（80），在中上阶层家庭的风景画中十分明显，在中下阶层和工薪阶层的家庭中则没有那么明显。哈利和"与艺术共舞的家园"（文本框 2.6）都指出了家园作为收藏艺术的地点所具有的意义。与博物馆不同，哈利说："在房子里，居民既是主要的观众，也是呈现和安排艺术的重要主体。因此，居住形式为人们提供了理解和期待新鲜事物的场所。由此，艺术在现代社会中才显得有意义。"（200）

---

**文本框 2.6　"与艺术共舞的家园"**

　　"与艺术共舞的家园"（"At Home with Art"）是佩因特组织的一个项目，包括九位雕塑师。他们完全是为了赚钱生活而从事雕塑工作的。它们的作品一旦被创作出来，就进入大宗生产领域，在英国各大家用商店进行销售。这个项目的作品在 1999 年和 2000 年于伦敦泰特艺术画廊进行了联合展览，在英国巡回展出了两年；项目组成员在英国广播公司发行了名为《家园是艺术的所在》的纪录片，并出版了一本散文集（Painter, 2002b）。该项目主要有三个目的：

　　●把家园重新视为一个现代纯艺术的场所，重新思考与家庭息息相关的价值与观念。

　　●通过专门为家庭而创作的艺术，在更为广泛的公共领域中挖掘当代艺术的可能性。

　　●为当代艺术家创作的大众艺术市场提供更多的可能性。

（Painter, 2002b：7；Painter, 1999）

　　佩因特解释说，这个项目的重点，"在于从批判的视角让人们积极参与到家庭生活中。每一位艺术家都需要首先访问一个家庭，观察家中的物品是如何摆放与展示的。这样才能保证其对这些家中的事物有一个真实的理解"（2002c：8）。这些雕塑家制作了六个功能性物件和三个纯粹的艺术作品，包括一个纯粹的雕塑、一套花园里用的铲子和耙、一个木桩、一个浴帘，价格从6.99英镑到56.99英镑不等（Deacon et al., 2002）。根据对十八名购买者（至少购买一件物品）的深度访谈，丽贝卡·利奇（Rebecca Leach, 2002）挖掘出这些物品的意义和展示方式，以及人们"管理"家园的不同方式。她说：

65

> 这些发现表明了人们生活中的事物和文化所蕴藏的本质：家中的事物不能简单地与家庭中的成员、经济状况、个人和更广泛的品位、文化观念以及怎样才算是家园的神话区分开来。有这样一个事例……医院及福利事业管理人协会（AHWA）的对象以一种清晰的审美鉴别方式被纳入家庭中——就像人们因艺术品在艺术领域中所处的地位而对其精挑细选一样。这些受访者几乎都将他们的家视为画廊，展示着家庭的空间，并小心翼翼地管理着展示的质量。然而，对于大多数受访者来讲，他们的评价十分随意，反映出家园这一场所自身具有的多重意义。（153）

## 3. 表演艺术与家园

表演艺术家同样会以各种富于创造性的方式将家园作为表演场所，同时将其作为视觉文化的主体。这不仅引发了人们对家庭表现性和家庭生活这类重要问题的思考，而且引发了人们关于家和艺术之间关系的思考。例如，在开播于 1991 年的《厨房秀》（*Kitchen Show*）中，鲍比·贝克（Bobby Baker）在自己和别人的厨房中进行表演，"借助无限的想象演绎厨房工作的多样性，展现英勇气魄"（Floyd，2004：65）。就像珍妮特·弗洛伊德（Janet Floyd）所说，贝克"摆脱了这样的观念，即厨房是一个私人的但完全可以预测的空间。她表演了一系列的行为，这些行为给我们在流行文化中不断呈现的任务和活动，以及女性家庭生活的平凡性与女性幻想的升华之间的联系，带来了超现实的扭曲"（65）。弗洛伊德与其他评论家观察到：

> 这样的展示摧毁了艺术家与家庭主妇之间不可逾越的界线，也瓦解了艺术的实践空间与平庸的家庭空间之间的界线。同样，厨房的艺术形式及其蕴含的家庭经验的丰富性，成为创新的源泉，也反过来嘲弄了艺术本身的自负情结。（65）

和贝克一样，其他表演艺术家同样利用了家庭空间，将艺术融入其中。在伦敦，坎贝威尔（Camberwell）的一栋房子在 1998 年被作为"家园"的艺术空间开放。这是一处以家庭为基础的"激进的崭新的表演艺术空间"。艺术家劳拉·戈弗雷·艾萨克斯（Laura Godfrey Isaacs）既是那里的居民，也是那里的管理者。她说："这些房间不会干干净净地空在那里，艺术家会充分利用这栋房子中的生活环境为自身的工作提供背景和场所……这里举办了 50 多场表演，每一个房间都被利用了起来。这些场地为观众提供了独特的、亲密而非正式的观赏体验。为了让观众和表演者亲密互动，我们没有设置任何舞台或画廊，也没设置任何界线。"

被用于表演的家庭空间，以及来访者与艺术家之间的亲密互动，使得"家园"中的沙龙活动和其他表演形式得以活跃起来。2005 年 1 月至 3 月，"一对一"的沙龙活动就设计了艺术家与来访者之间单独的见面与互动。比如，在"家庭祝福日"活动中，"家园"全天对外开放，观众可以选择三种方式中的一种与艺术家进行互动：和艺术家一起洗衣服，一起熨烫，在经典的清晨时光中一起享受茶点或咖啡。

### 4. 家庭照

除了以"回家"为主题的视觉艺术和展出艺术以外，其他媒介，如 *67* 电影、电视、电子游戏、互联网和家庭照都是研究家庭视觉艺术的重要素材 [ 见文本框 2.7；莫利（Morley，2000）和斯皮格尔（Spigel，2001）关于电视与家庭的研究；麦克纳米（McNamee，1998）和弗拉纳根（Flanagan，2003）关于电子游戏的研究；霍洛韦和瓦伦丁（Holloway & Valentine，2001）关于儿童在家里上网的研究 ]。为了进一步深入探讨将"家园"作为场所和视觉文化主体的意义，我们打算围绕家庭照来展开讨论。无论是在当代还是在历史语境下，大量研究都将家庭照与帝国主义、回忆录、自传文学，以及性别化和种族化的家庭空间联系起来（Spence & Holland，1991；Kuhn，1995；Curtis，1998；Blunt，2003b；Chambers，2003；Rose，2003，2004）。

---

**文本框 2.7 电影里的家园**

在许多类型的电影中，家园都是重要的场所（见文本框 3.1）。我们不能仅仅把家园看成电影的背景。许多评论家都指出，家园以某种方式在电影里扮演着中心的和积极的角色。人们把郊区描述为 20 世纪美国电影不可或缺的元素。例如，道格拉斯·马自欧（Douglas Muzzio）和托马斯·哈尔珀（Thomas Halper）就对"以郊区为背景的电影"和"以郊区为中心的电影"进行了区分（2002:544；547）。这些电影基本上都是围绕家庭生活展开的。前一个术语是指那些在其他场景里拍摄的电影。"有的时候，郊区生活对电影的本质是如此重要，如果不从根本上改变它，它就不可能发生在其他地方。"（547）在大量"以郊区为中心的电影"，马自欧和哈尔珀提及了《美国丽人》（*American Beauty*, 1999）、《楚门的世界》（*The Truman Show*, 1998）和《欢乐谷》（*Pleasantville*, 1998）。这几部电影与早期的电视情景喜剧不同，后者更多是"颂扬美好的人性、大团圆的主题，以及理想郊区所带来的乐趣，并歌颂了中产阶级的美好品格，如忠诚、礼貌、快乐、顺从与整洁"（548）。《美国丽人》等电影却通过展现美国郊区家庭的功能异常、表里不一、羞耻和痛苦，颠覆并讽刺上述理念［莫蒂默（Mortimer, 2000）描述了近期拍摄的澳大利亚风格的电影中出现的怪诞郊区；Goldsmith, 1999。如果想要了解以超现实的风格展现第二次世界大战后美国郊区家庭生活的电影，可以观看《远离天堂》（*Far From Heaven*, 2002）］。

其他评论家探讨了住房与家庭的关系。例如，通过对美国电影《战栗空间》（*Panic Room*, 2001）的评论，彼得·金（Peter King, 2004）挖掘出隐私、安全与焦虑的问题，并指出，影评乃住房研究的一个重要途径。简·M. 雅各布斯分析了电影《浮生》（*Floating Life*, 1996）中"家庭的情感经历同房屋的建筑形式之间的关系，

68

而这种形式通过戏剧性的迁移经验得以形成"（2004：165）。在这部电影里，一个中国家庭先移居澳大利亚又移居德国的经历是通过"住房的观念"来传达的。雅各布斯说：

> 《浮生》中的很多房屋都不只是电影中人物行动的既有背景。人与人的互动以及人与房屋的互动是居民日常生活中活生生的要素：房屋是用于思考的场所，可以支配人的行动。它是幸福的呈现者，也是身份认同的传达者。（171）

其他风格的电影也在讨论房屋和家庭之间的关系。例如，凯丽德温·斯帕克（Ceridwen Spark，1999，2003）比较了两部关于红坊区的纪录片。红坊区是位于悉尼市中心的一处原住民居住区，由一栋栋排屋公寓构成。它是20世纪70年代在澳大利亚政府的资助下，由原住民成立的住房公司修建的。该街区引发了一个重要问题，那就是对于像澳大利亚的殖民者组成的社会来讲，什么样的地方才能算是家园（Anderson，1999）。媒体普遍不会把红坊区当作家园来看待。报纸和电视报道往往把这里描绘成一个"贫民区"，一处不适宜居住的地方，更是一个失控的地方。相反，原住民却认为这里是家园，能在此找到归属感。在这里，原住民可以抵抗外来的压力，可以从中汲取力量并展开权力的协商。斯帕克解释道："非原住民往往把这里说成不适宜居住的贫民区和毒品泛滥的藏污纳垢之地，以此来否定这个地方存在的合理性。但是，他们的这一论断被原住民身体力行的筑家实践推翻了。"（2003：60）

斯帕克比较了两部纪录片，它们共同展现出红坊区居民的家

69

庭情况。其中一部纪录片由澳大利亚广播公司制作，于1997年播出；另一部纪录片由澳大利亚特别节目广播事业局下的原住民文化事务杂志制作，于1999年播出。斯帕克并没有关注纪录片中的细枝末节，而是重点关注了拍摄方式，比较了采访原住民妇女时所选取的家庭场景。她说：

> 纪录片对家庭的关注生发出一种特定的视角，让观众极易接近里面的私人琐事。由于这种私人化的以及不带有感情中介的氛围，内部的生活场域往往被建构得比外界的公共空间更加"真实"且"女性化"。（2003：37）

澳大利亚广播公司选择在家中采访女性，原住民文化事务杂志则选择在公共场所（如街道和公园）进行采访。在斯帕克看来，原住民文化事务杂志旨在将红坊区以家园的形式加以呈现，并通过超越家庭场域的更广大的边缘区域来实现这一目的。澳大利亚广播公司的纪录片则"选择在客厅或老鼠出没的厨房里与女性谈论住房条件的问题，一次性回答人们对这一街区的质疑"（38）。斯帕克总结道："栖居有时候是借助通常意义上的失败家庭来呈现的，而非借助那种围绕在红坊区街道周围的、更加典型而幸福的族群或文化中的归属感来呈现的。"（38）

*70*　　虽然对家庭照的研究大多集中于家庭成员拍摄并摆放于家中的照片，但有些研究集中于因别样目的而拍摄于家庭之外的照片。例如，詹姆斯·柯蒂斯（James Curtis）研究了20世纪30年代美国大萧条时期

乡村家庭的照片，一共 80 000 张，都是在农业安全局（FSA）的支持下拍摄的。农业安全局的拍摄项目希望利用"家庭这一强有力的象征来促成政府援救工作的开展"（1998：275），但其中不包括非洲裔美国家庭。后者构成了大部分农业劳动力的来源。"黑人佃农和移民劳工会定期出现在农业安全局的文档中，但却是以消极而非积极的形象出现的。电影制作者无情地注视着这些家庭及其物质财富，为了追求所谓风格的朴实无华，宁愿抛开文明。"（276）

家庭照，尤其是家庭相册，"代表了空间认同和归属的想法"，同时表达出当事人"让空间家庭化"的习惯（Chamber，2003：96；Chamber，1997）。德博拉·钱伯斯（Deborah Chambers）研究了自己的家庭相册，以及十位居住在悉尼西部的盎格鲁-凯尔特白人女性的口述史。钱伯斯着重针对这些女性二十多岁时制作的相册展开访谈。钱伯斯认为，家庭相册具有一种跨越时光的结构意义，能将过去的事件记录下来形成一份"看得见的家谱"。钱伯斯说：

> 当大家庭逐渐被缩小的私人化家庭和社会化的流动家庭代替的时候，业余摄影作品和家庭相册作为一种展示形式，拯救了神话化的固定版本。家庭照记录并重新改造了一些即将不复存在的事物。（2003：101）

当然，家庭照往往是在家中展示的，也会被放入相册。例如，在纽约，哈利发现，家庭相册中的照片往往被自由地摆放在一起，"人们可以方便地增加、减少或重新组合这些照片"（1993：115）。对于哈利来讲：

*71*　　　　　家庭照同人们的社会生活和物质生活紧密关联在一起，尤其是与房屋和邻里联系得最为紧密。通过对家庭照进行分析，我们可以看到家庭礼节的逐渐弱化、工作场所以外的有关生活目的的新概念的出现、现代婚姻的不稳定、膳宿的消失，以及对老年亲属赡养义务的弱化。（116）

吉莉恩·罗丝针对家庭照的意义展开了研究。她通过采访居住在英国东南部两座小镇上的十四位中产阶级白人已婚女性展开调查。在对家庭空间与家庭照的关系进行研究的过程中，她发现了"'家'（family）与'家庭'（domestic）这两个术语的特别之处"（2003：6）。罗丝解释说："家庭照展示出这样一种观念，即'家园'是由房屋构成的，但是家庭照展示出一种超越了房屋的综合意义。"（7）

迪芙亚·托莉雅-凯莉（Divya Tolia-Kelly）也研究了家庭照的展示及其意义，同时还针对居住在伦敦的南亚妇女展开了研究，调查了景观、宗教肖像，尤其是特定家庭财产的照片。通过走访这些家庭，就这些照片与意象同她们展开讨论，托莉雅-凯莉发现，家庭照的意义远远不止于住房层面，而是在过去与今日之间建立起了一定的联系，并跨越了散居的空间。"这些视觉文化的展示超越了视觉形式本身，融合了移民之前居住在殖民地时期的景观与对人际关系活生生的记忆。"（2004a：685）托莉雅-凯莉还同艺术家梅拉妮·卡瓦略（Melanie Carvalho）合作，共同为她采访的女性描绘出理想的"家园景观"（Anderson et al., 2001）。

## 文本框 2.8　想象的家园

视觉艺术不仅为我们提供了理解家园的重要资料，还可以作为一种研究技术，要求人们用视觉描绘过去、现在或理想的家园。例如，艺术家卡瓦略就"理想家园"的问题对将近100人进行了采访，请他们简短或大概地描述"能代表家园理念的风景"（Anderson et al.，2001：113；Tolia-Kelly，2006）。通过这些反馈，卡瓦略绘制出了一幅景观，"尽量追求客观性和技术性，没有刻意的修饰"（115）。作为该项目的一部分，卡瓦略与地理学家托莉雅-凯莉合作，参与了伦敦工作室与南亚女性的讨论，在2000年和2001年绘制出17幅家园风景画并展出。托莉雅-凯莉的研究主要针对亚裔英国女性与景观之间的联系展开研究。工作室的三个项目从两个来自伦敦的亚裔英国女性群体中招募了一些女性。在整个研究过程中，托莉雅-凯莉通过走家串户进行访谈，探讨了家庭中那些具有视觉意义的事物和文本。她说："我打算做一个项目，女性可以把自己觉得有意义的事物带进来，如照片、录像等，再加上一个传记项目。另外，我还想做一个让她们自由发挥、任意创作的项目。"（2001：116）卡瓦略组织了这些项目，让女性书写或者画出她们想象的家园景观。在同其他参与者进行对比的过程中，卡瓦略明显地发现了作品呈现出的视觉风格与内容上的差异：

> 其他人给我们提供的大多是抽象的或者概念性的答案，但是，工作室中的女性描绘的是非常具体的地方。我不清楚这些地方是否与她们最初离开的地方有关。我从那些来自伦敦、后来一直居住在这里的人们那儿获得的描述大都比较抽象。许

72

多女性都描述了她们童年的家园，那是她们待过的地方。还有很多女性担心她们的绘画作品太过孩子气，想请我帮她们改得更美观一些。这些作品在我看来并不孩子气，相反，它们看起来很美。这些作品的绘画风格都不是西式的，过于平面化。它们的风格在形式上比西方传统的风景画更丰富。我打算把这些风格融入我的画作中。(118)

在一项针对家园情感的出色研究中，克莱尔·库珀·马库斯（Claire Cooper Marcus, 1995）采用了视觉技术来开展研究。这是一项具有创新性的研究技术。她以受访者的家为地点，对60多人进行了采访。这些人大部分住在旧金山湾区。库珀·马库斯研究了他们强烈的家园情感——积极的和消极的。起初，库珀·马库斯让受访者画出他们对家园的情感。

我给他们提供了一大张纸、一套蜡笔和一套水彩笔。如果他们表示"噢，我画不出来"，我就会一再向他们保证这不是一项绘画测试，而是一次无需说话，可以专注于自己情感的机会。(8)

库珀·马库斯发现，人们有很多种描绘家园的方式："有些人用词语和色彩表现房屋，以此来象征情感。有些人则用曼陀罗式的符号、半抽象的意象或艺术性的表现来描绘家园。"(8)当受访者进行绘画的时候，库珀·马库斯会花大约20分钟的时间来观察房屋或公寓的其他部分，拍摄并做记录。回来以后，她请受访者描述他们的画，并参与角色扮演游戏。她说：

> 我会把一幅画放在离我大概 4 英尺①远的垫子上或椅子
> 上，让受访者看着这幅画，假装这是他们的房子，然后开始
> 描述。用"房子啊，我对你的感觉是……"这样的句子开头。
> 在合适的时机，我会让他们和房子交换位置，坐到另一张椅
> 子上，背对着大家，假装自己就是那栋房子。这样，在人与
> 房子之间展开的对话会变得特别情绪化，甚至引发大笑。有时，
> 人们在说话之前会感叹："噢，我的上帝……"这时候闯入意
> 识的就是他们自己深刻洞察到的东西。（8-9）

74

通过这样的方式，库珀·马库斯能够发现他们在意识和潜意
识中对家园有着怎样的情感。

## 5. 家园的物质文化

托莉雅-凯莉在对家园中的事物与意象展开研究时，着重关注
一种再物质化地理（rematerialize geography）［例如，《地球论坛》
（*Geoforum*，2004）对物质地理的关注，以及《社会与文化地理》（*Social
and Cultural Geographies*，2003）对文化事项的关注］，并融合了多
学科的物质文化文献。对于物质文化研究来讲，家园是含义丰富的地点
与主体（见研究文本框 2、研究文本框 6）。无论是在历史语境中还是
在当代语境下，家庭物质文化研究总是同家园中的特定事物联系在一
起，如这些事物的用途和意义的演变，以及更为广泛的家庭消费与展示

---

① 1 英尺约等于 0.3 米。——译者注

的政治与实践（Csikszentmihalyi & Rochberg-Halton，1981；Ferris Motz & Browne，1998；Thompson，1998；Parr，1999；Attfield，2000；Miller，2001；Leslie & Reimer，2003；Pink，2004；Reimer & Leslie，2004）。这类研究不仅常常挖掘家园中的物质文化，还关注物质文化同更广泛的社会产生关系的方式，无论是通过生产、零售和消费的商品链，搬迁的记忆，还是通过更广泛的经济全球化和文化交流的进程（第五章对此观点有进一步讨论）。米勒说："我们家园中的物质文化既是对外在更广大世界的一种占有，又是在我们的私宅里对外在世界的呈现。"（2001：1）

对家园物质文化的研究有很多种可行的方法，包括档案分析、研究对象传记、访谈、民族志研究，等等（研究家园物质文化的不同方法，75 受到针对非人类主体的科学研究的启发，参见文本框 2.9）。例如，玛莎・凯兹 - 海曼（Martha Katz-Hyman，1998）对美国殖民地威廉斯堡（Williamsburg）[1] 奴隶生活区的布置展开了讨论。她对其中的历史资源做了细节性探讨，如其中的物件该如何摆放和使用。殖民地威廉斯堡是世界上最大的生活史博物馆，在弗吉尼亚州占地 300 英亩 [2]，有几百栋重新修建的房屋。它代表了"英国在新世界建造的最大的、最富有的、万众瞩目的帝国前哨，18 世纪的首府"（引自殖民地威廉斯堡相关网站）。作为这一殖民地的一部分，卡特葛洛夫农场（Carter's Grove）中由四幢小木屋组成的奴隶生活区代表了 18 世纪弗吉尼亚农奴的生活状态（见图 2-5）。凯兹 - 海曼通过以下问题，展开了如何布置奴隶生活区的研究：

---

① 殖民地威廉斯堡，美国弗吉尼亚州威廉斯堡市的一个历史保护区。——译者注
② 1 英亩约等于 4047 平方米。——译者注

　　这些奴隶是否只有生活必需品？还是说同样拥有殖民地白人享有的便利设施？除了从主人那里得到物品以外，他们是否还有其他获取物品的渠道？它们又是怎样的渠道？奴隶会如何使用这些物品？他们会怎样安排自己的所有物？在弗吉尼亚长达两百年的奴隶制下，这些黑人奴隶是否还保留着非洲人的传统？如果有，它们在他们的物质文化中具有怎样的体现？（197）

图 2-5　卡特葛洛夫农场中的奴隶生活区 ①

　　凯兹 - 海曼找到了数量惊人的资料，包括遗嘱清单、信件和日记，关于旅行家、商人和工匠的书，大逃亡时期的广告，考古学家复原遗迹，还有 18 世纪到非洲旅行的人"对文化传统的洞见，后来这些传统在美国得到了延续"（205）。虽然这些资料有助于揭示当时的奴隶获得物品的渠道和种类，但是很难告诉我们他们是如何使用、放置这些物品的；同样，这些物品的外观也很难被揭示出来："奴隶是如何使用这些物品的？他们平时坐在哪里？在哪里存放他们的财物？这些物品新旧程度如

---

①　殖民地威廉斯堡基金会许可翻印。

何？这里的空间是局促的还是整洁的？和贫困潦倒的白人所居住的空间一样吗？简言之，200 年前的居住空间看起来到底是怎样的？"（209）卡特葛洛夫农场奴隶生活区所呈现的不同情景，既是历史研究的结论，也是猜测的结果。

---

**文本框 2.9　家园、自然与文化**

自然和文化之间纠缠不清的关系，引发了诸多争论（Castree，2005；Whatmore，2002）。越来越多的研究开始关注人类与其他事物之间的共生关系，尤其体现在居家的哲学与伦理上以及私家花园的空间内。例如，玛丽亚·凯卡（Maria Kaika）研究了家庭与自然之间的关系。通过对水的关注，她考察了"在'自然'与'家庭'空间之间形成的物质性与观念性的边界"，以及在西方社会的中产阶级家庭中，自然是如何被"刻画"进私人空间的（2004：266）。凯卡认为，"现代性的居住场所正是因其结构才产生了一种神秘效应"（281），正如人们会同时接纳与拒绝家中的社会与自然过程一样。她指出，在面临危机的时刻，网络、管道以及其他代表"自然的"与"家的"空间之相互联系的物质，都呈现出一种寓于家中的"神秘性"（266）。在凯卡看来："这些看似'不可思议'的物质正在技术网络和自然网络中进行着代谢，同时它们又是不可见的。对这些物质展开调查，能引导我们去思索自然与社会之间、私人与公共之间的整个社会建构过程。"（283）家并不总是非自然的。网站"给兔子的社会安一个家"（House Rabbit Society）给人们提供了一些吸引人的事物。运用这些事物，人们可以让房子同时成为兔子的寓所（Smith，2003）。

其他关于家中的自然和文化之间关系的研究集中于花园空间内，包括园艺、园林实践。近期的研究主要是探讨花园的艺术性（Postle et al.，2004）；爱德华七世时期英国从日本嫁接的园林景观（Tachibana et al.，2004）；财产、边界及私人花园和公共花园之间的关系（Blomley，2004a、b）；花园、园艺的意义（Brook，2003；Bhatti & Church，2004）。其他关于花园与园艺的研究多建立在行动者网络理论的基础之上。比如，拉塞尔·希钦斯（Russell Hitchings）研究了八位园艺师在花园中与花卉之间的关系，展示了"人类与其他生物如何一起协作建造出一座花园，这样的过程又怎样引发出人们关于花园的想法"（2003：102）。这项研究是一个关于"不断变化的物质机构和实体如何进入伦敦家庭花园"大型研究项目的一部分，着重关注四个方面："伦敦花园中心、花园设计师工作室、设计好的花园和经验丰富的园艺师自己的花园"（Hitching & Jones，2004：8）。这项研究表明，人类与其他生物共同营造出了家庭花园的空间，提供了一个有意义且富有挑战性的视角去研究家园里多种多样的共生场所，当然也包括家庭之外的场所。

目前，关于家园物质文化的研究通常采用访谈和民族志的观察法，同时结合档案与视觉分析。比如，乔伊·帕尔（Joy Parr）分析了大量有关工业设计师、专家和家庭主妇的档案与访谈资料，这些人"在1946年至1968年为自己的房屋配备了家具和设备"（1999：273）。她在报纸上发表了两篇文章，陈述自己的研究计划，并招募访谈对象。后来，不列颠哥伦比亚省（British Columbia）的女性联系上她并接受了访谈。在采访玛格丽特-安妮·诺尔斯（Margaret-Anne Knowles）时，帕尔"一上来就借助访谈法收集了以下信息：结婚日期、孩子的出生日期、丈夫和妻子的工作经历、婚后居住过的地方，以及对这些地方的简要描述。这些信息都按照年代顺序排列起来了"。接下来，访谈过程围绕着家中的陈设和布置展开：

> 我们……让每个人都描述她婚后所需要的用具以及家具。在她们回忆不起来的时候，我们需要给予一些提示。比如，这些物品是自己买的还是别人送的。同时，我们试图了解买这些物品时用的是现金还是信用卡，是在什么地方买的，是由谁决定购买的，又是什么因素导致了这样的选择。我们还让受访者描述这些物品进入家中以后是什么样子的，后来发生了怎样的变化，然后评判一下这些物品作为器具或家具是如何被使用的。尽管已经过去了很多年，我们还是让受访者尽力思考一下，在她们拥有的这些物品当中，最被需要的是什么，最有价值的是什么，最明显的得与失分别是什么。（1999：273-274；Leslie & Reimer, 2003；Reimer & Leslie, 2004）

与访谈同步进行的还有民族志研究。对家园物质文化实施的民族志研究涉及参与式观察。艾莉森·克拉克（Alison Clarke）对伦敦北部一条"各国文化交融但又井然有序"的街道的社会愿景展开的美学研究（Clarke, 2001b），丹尼尔斯对两个富有的日本家庭的民族志研究（Daniels, 2001），都属于这一类型。丹尼尔斯说："家园的物质文化表达出了居民之间不断变化的社会关系，（也呈现出）同营造家园有关的复杂性，乃至其中的冲突与和解。"（205）通过对两个案例中家园物质文化的细致描述，以及对物品与身份认同之间关系的描述，丹尼尔斯认为：“同日本人的寓所有关的话语，总是关联着日本封建时代精英阶层 *79* 拥有的社会秩序与美学观念……亲身居住在日本人的家庭中，事实上是复杂且局促的。”（225）

# 四、数据集与家庭调查

在最后一部分，我们关注可以对家园展开研究的一系列定量资料与方法，包括大型辅助性数据集和家庭调查。类似于人口普查和其他类型的国民调查数据集包含大量关于住房、人口统计学和家庭财政方面的信息，及其在时间、空间与社会层面上的分异。第三章会提到，家园与房屋关系密切，但也存在差异。我们很难对家园的想象与情感空间进行定量刻画，但数据集本身提供的信息有利于我们开展背景性分析，并且可以佐证与家园和房屋相关的其他研究成果。

利斯托金（Listokin）等人不仅为住房研究提供了非常有用的美国数据集的综合信息（见表2.1），而且在不同的材料里分析了数据的兼容性。所有这些数据集都是由公共机构赞助并编制的，可以在网上获得。

表2.1 美国住房研究数据集

| 住房与人口普查 | 特殊数据集 |
| --- | --- |
| 每十年一次的普查 | 收入与项目参与情况调查 |
| 总结文件集 | 消费支出调查 |
| 公用微数据样本 | 对收入变化的专门调查 |
| 现时人口调查 | 金融消费调查 |
| 美国住房调查 | 全国性家庭调查 |

*80*　　　同其他资料一样，数据集也需要被验证，如不同数据集的总体目标、数据集收集、分类、呈现与分析的方式。正如利斯托金等人所言，不同的数据集"代表了难以计数的因素所产生的净效果，包括受访者的选择性偏见、座谈小组与横截面设计的考量、特定的访谈草案、问题措辞、家庭的定义，以及样本加权过程中产生的差异"（Listokin et al., 2003：231）。

　　　大量像人口普查这样的辅助性数据集，对于研究家庭人口统计与家庭结构的变迁来讲是十分重要的。布札尔（Buzar）等人论证了家庭规模对理解发达国家人口统计变化的重要性。第二次人口转型的大部分进程，包括"总人口与家庭数量之间不断扩大的差距、不断缩小的家庭规模与不断降低的生育率、家庭处境的日益多样化"，都是"家庭规模的变化导致的结果，家庭规模的变化成为亲属和朋友关系产生流动性的原因"（Buzar et al., 2005：414；Ogden & Hall, 2004；Ogden & Schnoebelen, 2005）。布札尔等人认为，这些数据不仅对区分家（family）和家庭（household）来说十分重要（Varley, 2002），对区分家园（home）与家庭（household）来讲也极为重要。他们解释说："在一个家族群体中，亲属关系与共居关系不一定可以相互置换。""一个单独的寓所可能包含好几个家庭，一个家庭也可能会将时间分配于不同的家园与地点。"（416）

　　　在广泛的发展研究中，对家庭人口变化和家庭结构的复杂性的分析也是显而易见的。家庭对于研究和政策制定来讲都是极为重要的场所，对于女性当家的家庭来讲更是如此（Dwyer & Bruce, 1988；Varley, 1996；Chant, 1997）。安·瓦利（Ann Varley）认为："家庭的功能包括共同居住、经济合作、再生产实践，如食物的准备和消费，以及儿童的社会化。"（2002：330）她又接着说，家庭和家园一样，都是文化的建构，与家密切联系在一起，但又不尽相同。正如我们在这本书中探讨的关于家园的想象与物质地理学那样，家庭并非一个有边界的单元，相反，家庭成员的生存和福祉都受到其他家庭因素，如亲属、朋友或邻居的深刻影响（330）。瓦利指出："从统计学上看，定义和数据质量方面的问题令人望而生畏。"（331）她还反驳了世界上三分之一的家庭由女性当家的观点（Varley，1996）。瓦利利用联合国妇女指标和统计数据库（United Nations Women's Indicators and Statistics Database，1999）——该数据库借鉴了联合国人口统计数据库、国家人口普查数据——估算出："除了发达国家，女性当家的家庭占比不到六分之一；加上发达国家，女性当家的家庭差不多占所有家庭的五分之一。"（331）与数据分析相伴随的还有质性研究，如运用访谈法、小组研究法对女性当家的家庭进行参与式调查（Chant，1997。该研究以哥斯达黎加、墨西哥和菲律宾的单身母亲家庭为研究对象）。

　　除了采用大量辅助性数据集分析家庭的人口变化与结构以外，家庭还是一个可以开展定量研究与定性分析的地点，能为家园研究提供大量素材。例如，成立于 1990 年的英国家庭追踪调查（BHPS）机构，调查了从英国随机抽取的 10 000 名成员。这些成员每年都会接受采访，话题涉及他们的收入、健康、态度、家庭生活、住房与消费（Buck et al.，1994；Berthoud & Gershuny，2000）。英国家庭追踪调查是一个涉猎广泛的纵向调查，得出了社会变化的微观数据。通过每年发放的问卷，该调查机构不仅研究个人与家庭的变化，还让对个体的历时分析成为可能（Buck et al.，1994：4）。除了英国家庭追踪调查这类全国范围的调查以外，其他研究者通常将定量与定性方法结合起来，在单个家庭中开展研究。例如，苏珊·汉森与杰拉尔丁·普拉特在英国伍斯特区（Worcester area）对 650 个家庭中的男男女女展开了半结构式的问卷调查。在针对马萨诸塞州伍斯特区的劳动力市场、家庭与工作的性别关系的研究中，她们解释说："我们从大都市区的分区中随机抽取了人口普查区，然后又在每个普查区中随机抽取了五个家庭进行采访。"（2003：110）这样，她们就从编码问卷的数量分析中得出如下总结："由于我们的样本数量庞大，同时，作为样本的家庭又是随机抽取的，因此在伍斯特区的劳动适龄人口中是具有代表性的。"（112）此外，汉森和普拉特运用开放式访谈数据的定性分析对定量研究做了补充。其中，受访者谈到了他们在当地劳动力市场上的经历。当受访者讲述的求职经历大量成为定性素材时，对家庭问卷的定量分析使汉森与普拉特调整了研究结论，并将其推广至更广泛的人群中。

# 五、结　语

82　　家园对于研究来讲，是一个丰富的地点与主体。地理学家和其他领域的研究者试图沿着家园的物质文化与家庭生活的日常实践来弄清情感家园到底是怎样的，并试图揭示个体记忆、群体记忆和家庭经历之间的相互作用。在这一章中，我们介绍了大量方法，用于研究现在与过去的家园物质地理与想象地理。更为重要的是，我们探讨了家园物质地理与想象地理相互结合的方式，比如，借助同家园物质文化相联系的意义与价值，解读家庭日常生活的文本和视觉材料。我们在很大程度上关注定性的素材与方法，因为我们关心的是受访者的情感回应和家园的物质特征。同时，我们也介绍了同住房和家庭有关的定量研究。在第三章中，我们会更为详细地探讨家园、住房和家政之间的关系。

　　我们对家园的研究提出了更为广泛的方法论问题，如开展研究的地点、在家附近甚至家中开展田野工作所面临的特殊挑战。与其将田野工作视为分散的、有距离的，不如将家园与日常的家庭生活看作开展研究的重要地点；而那些第一眼看起来就让人感到舒适的地方，不一定是令人熟悉的。研究私人的、隐秘的或者没有文献记载的想象的与物质的家园空间是十分有意义的，但也困难重重。

我们会在余下的章节中使用本章介绍的资料与方法。比如，在第三章中，我们会考察家庭建筑、家中访谈，作为家园的屋舍所具有的物质文化，以及家庭劳动的住房市场和货币价值。在第四章中，我们首先探讨家园、国家与帝国所具有的两种意象，接着运用大量历史与文本资料进行阐述；此外，还会讨论电影《漫漫回家路》(*Rabbit-Proof Fence*)。在第五章中，我们会考察家园的跨国地理，并将这样的跨国地理与访谈资料、生平故事、小说与物质文化联系起来。

## 研究文本框1 当代印度小说中的家园

艾丽克丝·巴莉

我的研究主要关注在当代印度小说中，家园的意义与其存在的问题。我之所以选择文学作品作为分析的基础，是因为我想挖掘出在更为广泛的印度社会、文化与政治背景下，这些小说是如何处理家园问题的。

在刚开始做这项研究的时候，我广泛阅读了翻译成英文的印度当代小说，目的是感受不同的家园主题。在阅读过程中，我发现，印度的很多小说都有内省的特点，男性与女性作者都会把家园视为私人空间。家园既是一个用于生活的物质空间，也是一个承载着情感的象征空间，如安全感、怀旧情结和牺牲精神，同时还是家庭成员与国家的一种隐喻。此外，把"家园"作为研究主题，为我提供了一个重要的观念。通过这一观念，我能对印度的小说

83

展开分析,因为家园是一个与许多问题相纠缠的概念,如殖民主义、民族主义、性别、阶层和种姓。为了探讨这些问题,我延伸出以下问题:

- 这些小说的家园主题是什么?
- 在印度,殖民主义与民族主义的话语如何构成了家园观念?
- 印度小说如何遵从或颠覆这些话语?
- 这些话语在不同层面,包括地方、国家和国际层面,是如何呈现的?

为了解答上述问题,我除了整体考察印度文学领域,还关注某些具体的小说,展开了更加深入的分析。我特地选择了某些作者的小说,如阿米特·乔杜里(Amit Chaudhuri)的《自由之歌》(*Freedom Song*)、萨布哈德(Shobha Dé)的《湿热难耐的日子》(*Sultry Days*)、阿尼塔·德赛(Anita Desai)的《极速盛宴》(*Fasting Feasting*)和《高山上的火焰》(*Fire on the Mountain*)、莎玛·福特哈里(Shama Futehally)的《塔拉巷》(*Tara Lane*)、拉杰·卡马尔·杰哈(Raj Kamal Jha)的《蓝色床单》(*The Blue Bed Spread*)、潘卡·米舍尔(Pankaj Mishra)的《罗曼蒂克史》(*Romantics*)、斋史里·米士拉(Jaishree Misra)的《远古的承诺》(*Ancient Promises*),罗因顿·米斯特里(Rohinton Mistry)的《微妙的平衡》(*A Fine Balance*)。我选择这些小说,一方面是出于自己的兴趣——我喜欢这些小说;另一方面是因为这些小说呈现出许多有趣的家园问题,吸引着我展开更深入的讨论。这些问题包括:

- 对家园的不满与懊恼——渴望离家出走。
- 对过去家园的怀念——可能与特定时期有关,如童年;或者与特定的地点有关,如乡下。

84

• 家园的割裂——某一重大事件导致的流离失所，如迁移或空间上的拆隔。

• 家园中的日常生活节律——家庭生活、成长与婚嫁。

这些主题具有哪些更宽泛的意义？事实上，第一个主题——对家园的不满——在这些小说中很普遍，并以不同的方式被呈现出来。比如，《高山上的火焰》的主角，年迈的寡妇楠达·考尔（Nanda Kaul），对家庭和婚姻生活充满抱怨。我对她这种怨愤的诠释不仅和其个人境况联系了起来，还指向了更宽泛的问题，如自我的冲突性想象、女性在国家中的地位，以及家园与家庭中的日常生活。因此，利用家园的主题，我展示了印度小说是如何将印度从个体与家庭的层面延伸至更宽泛的国家意义层面的。

艾丽克丝·巴莉是杜伦大学的地理学暂任讲师，在本书出版前刚获得了博士学位。其博士论文的题目为《在印度的家中：当代印度小说中的家园地理》（*At Home in India: Geographies of Home in Contemporary Indian Novels*）。

## 研究文本框 2　边缘地带的记忆工作

凯特琳·德丝尔薇

落基山脉（Rocky Mountains）丘陵地区那些摇摇欲坠的小屋和地窖遍布一个世纪以来的居住遗迹。这就为我攻读博士学位的研究提供了一个不太可能的场景。我打算深入探索这些被废弃的家园的物质文化。凌乱不堪的家园给我的研究带来了诸多挑战。各种各样普通的家具与农具混在一起，分散着我的注意力，让我

85

很难厘清思路并找到一种可行的研究方法。我把自己的研究定义为拯救一项文化的记忆，而不是讲述一部特定的历史。研究方式更像是家园考古学的方式（尽管在很长一段岁月中，老鼠和细菌已经把这里糟蹋得不堪入目了）。虽然从表面上看，这里是那么杂乱不堪，但这些事物呈现出的结构依然保留着过去家园所具有的复杂秩序。同时，该结构所具有的潜在意义也体现出这些事物同人的行动的关联，包括物质与符号层面的关联（Miller，2001）。我的研究路径就是如何在这些家园废弃物中想象性地重构当时的物质记忆。

如果说，物质世界同自我意识和家园的形成是密切联系在一起的，那么这样的观念会促使人们对事物背后的人展开研究（Buchli & Lucas，2001）。如果某事物既不需要被刻意记住，也不需要被展示出来，那么它就不值得被保留下来。我发现的这些事物都在无止无尽地耗费着人的劳动力。抽屉被塞满了余料，让人回想起各种修修补补的事情（见图 2-6）。还未用完的毛线被卷成一个个线团，唤起了一种以家庭为核心的向心力。一本表面光滑内里却被老鼠啃得坑坑洼洼的《国家地理杂志》上摆放着矿土烧成的罐子。矿土是从遥远的山区收集而来的。罐子里满是发霉的交货记录，上面记录着农场以外的世界，让人浮想联翩。此处的某些物件还让人想起曾经失去家园的逝者，以及那些从未有过家园的前辈。满是灰尘的墙壁上的剪报，有时浮现出田园生活的景象——雏菊盛开的田地上摆放着一桶新鲜的牛奶，脸颊红润的孩子追逐着野兔。其他事物则揭示出家园不稳定的根基。储藏根块植物的地窖里出现了难以计数的所欠款项、到期款项、抵押款项的凭证，以及少量银行结账单。这些生活于大萧条时期的人留下来的只有一堆七零八落的弹珠，和一幅家中厨房的图画（图2-7）——这座临时住宅中心沐浴在黄色蜡笔渲染的厚重灯光中。

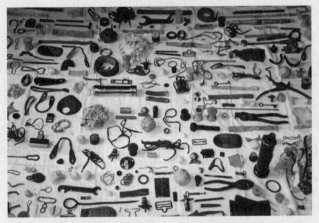

图 2-6　家里抽屉中的废旧物品[1]

图 2-7　孩子画的厨房[2]

---

[1]　凯特琳·德丝尔薇翻拍。
[2]　凯特琳·德丝尔薇翻拍。

87　　　　这种永远"无法忽略的凌乱"刻画出我试图在家园的废墟上拯救的那些记忆（Smith，1988）。此处没有完整的故事，有的只是许许多多零碎的往事。遗留下来的事物与往事让家园变得如此复杂，并且充满矛盾性结构：喜爱与厌恶、扎根与不安。这些散落在边缘地带的事物，从被完好保存下来的相册和纪念品展示架所表征的记忆库中摆脱了出来，铭刻着曾经的他者所具有的回忆。

　　　凯特琳·德丝尔薇是开放大学地理学科的研究人员。她在博士论文《拯救的仪式：在蒙大拿的家中留下记忆》（*Salvage Rites：Making Memory on Montana Homestead*）中发展出一套方法，用以诠释被遗留下来的物质文化。她也在研究分配与社区公园的历史、当代艺术实践的地理，以及美国西部遗留居住区的遗产管理。

# 第三章

# 居住：作为家园的房屋

家园与房屋通常是联系在一起的，难以区分。家园是一个地方，一 *88* 个寓所，一个人们得以栖身的庇护地。在第一章中，我们介绍了两种对家园与房屋关系的批判。第一，家园不一定与房屋有关，人们对家园的想象可以与无数个地方联系起来，也可以有不同的地理尺度。第二，由于房屋与家园的关系已然形成，这样的关系就不应该是一种设想，而应该被具体地加以分析。比如，建筑形式——房屋或住宅——如何和为何算作人们的家园？它们的社会属性与空间特征是怎样的？

在本章中，我们的研究重点在于房屋如何成为人们的家园，经历了怎样的形成过程。我们不打算通观所有作为家园的寓所和关于家园的想象；相反，我们会对作为家园的房屋提出一种批判地理学分析模式。第一部分主要探讨家园的经济学，追踪住房、经济过程和经济关系之间的多元化联系，目的是挖掘家园的经济意义，以及家园与劳动之间的内在关联。第二部分考察家园的标准或理想化的观念是如何在居住的结构中被物质化地呈现出来的，同时阐述"理想的"或"似家的"家园的社会空间特征。最后一部分讨论在人们的寓所与居住经验中，表现为"无家的"那些现象。这一章的整体内容其实是家园批判地理学的核心。我们除了关注物质性与想象性家园之间的关系以外，还会关注家园的身份政 *89*

治问题。由于多种形式的人类居所具有的空间布局与感知同强势的意识
形态息息相关，因此，这些布局与感知所构成的观念总是借助筑家的实
践反复被重铸。我们将借助以家园为基础的实践过程来阐述家园的社会
属性，并说明在人的行动中，这些属性被不断重铸的过程。最后，我们
会考察家园的政治规模。当然，后文的讨论更多是在房屋与家园的实践
中展开的，但我们也会关注这些场所与实践的多尺度问题。借此，家园
的范围既可以比房屋更大，超越房屋的范围，也可以小至人的身体具有
的尺度。

# 一、家园经济

由于家园同经济联系得十分紧密，房屋就成为展开各种经济关系的
基础与场所。例如，在多数社会中，房屋的供应总是以货币的形式体现
出来的，在另一些社会中则是以非货币的交换方式体现出来的。总体来
讲，房屋是一种商品。对于一些人而言，房屋是资产和财富的源泉；对
于另一些人而言，房屋成为他们致贫的原因。在这一部分，我们将考察
家园的经济意义与经济关系的三个方面：其一，对于国家和个人来讲，
住房具有的货币意义（由此，家庭与其他尺度的场所重叠起来）；其二，
以家园经济为基础，人与社会团体之间的社会、经济与文化特性的交织；
其三，以家园为基础的劳动。

## 1. 住房的经济意义

人们需要通过购买的方式，获得家园的物质结构。因此，住房的供

应就同更为广泛的资本积累和劳动过程的循环链条联系了起来。在很多国家，大量的资金被用于住房的建造与翻新。在美国，每年有近 200 万栋新住房被建造起来（US Census Bureau，2004）；在日本，每年约有 100 万栋（Web Japan，2004）；在澳大利亚、英国与加拿大，每年约有 20 万栋（HA，2004；ODPM，2004；Statistic Canada，2004）。住房建造提供了很多就业机会。大量统计数据显示，与住房建造有关的经济行为在不断增加。比如，在澳大利亚、英国和美国，与住房相关的行为带来的国民收入在不断上涨。另一个关于住房经济意义的统计是私有财产中住房所占比例。在澳大利亚，房屋财产平均占私有财产的近 60%，在美国则为 20%。在日本，私有财产集中在房产上的比例最高，达到 70%（Badcock & Beer，2000：97）。尽管在每个国家开展统计所使用的变量不一样，但这仍然可以表明一个事实，那就是家庭住房在国民经济与个人财富中占有很高的比例。

图 3-1 显示了经济意义在住房这件事上的重要性。尽管看起来有些夸张，但这张图恰好把人们的视野聚焦在了作为家园的房屋所具有的经济意义上。这样的房屋也是买卖的对象。在把房屋变成家园的过程中，比如在操持家务、带孩子、照顾家庭成员的过程中，人们需要不断购买各种商品与服务（见文本框 3.1）。这样的消费行为极大地增加了与居住有关的经费支出，也大大提高了家园的经济意义。事实上，有人指出，自 20 世纪中叶以来，与住房相关的支出对于资本主义的经济复苏来讲十分重要。例如，在一项关于第二次世界大战后澳大利亚住房的研究中，阿拉斯泰尔·格雷格（Alastair Greig）为图 3-1 起了一个名字——"把福特时代的容器统统填满"。这个名字意味着，家园就是容器，塞满了在福特主义制度下生产出来的各种大宗商品，如电冰箱、电视机、割草

机，等等。到了 21 世纪，与家园有关的消费依然占据着重要地位，与住房有关的支出持续上涨，尽管这一次是体现在家庭影院系统、个人电脑以及类似事物的开销上。

图 3-1　住房经济意义的多样性（广角镜下鳞次栉比的新建房屋），1952[①]

---

[①] J. R. 艾尔曼（J. R. Eyerman）拍摄，时代生活图片（Time Life Picture）和华盖创意（Getty Images）许可翻印。

## 2. 房屋所有权、社会分化与认同

有三种支付住房费用的方式：购买与住房自有化、向私人出租房屋（私租），以及向政府出租房屋（公租）。发达国家的房屋所有权是多样化的，如表 3.1 所示。与国家差异相关的是因房屋所有权而产生的社会分化。换句话说，支付住房费用的方式影响着阶层、认同、性别、种族和其他社会分化现象。房屋所有者（无论是拥有住房者还是购买者）通常都是有工作的白人，属于受过教育的中产阶级，并已步入中年。私租者，尤其是长期租住私人房屋者，往往是无职业的年轻人、合租户。租 *91*住公租房的人，他们的社会劣势更加明显（Badcock & Beer，2000）。所有权的分化可能加大社会的不平等，主要是由附加的社会与经济利益流向房屋所有者而导致的（Yates，2002：587）。不少国家在房屋所有权的某些方面实行税收优惠，房屋所有者可以通过住房获得资本收益，*92*进而提高经济地位。然而，私租者和公租者不拥有所有权的保障，也无法获得与住房相关的经济利益；尤其是在退休以后，他们可能陷入赤贫状态（2002：588）。

表 3.1 不同国家的房屋所有权占比 [1]

| 国家 | 房屋所有者（%） | 私租者（%） | 公租者（%） |
|---|---|---|---|
| 澳大利亚 | 70 | 24 | 6 |
| 英国 | 68 | 11 | 21 |
| 美国 | 65 | 30 | 5 |
| 加拿大 | 63 | 30 | 7 |
| 丹麦 | 60 | 21 | 19 |
| 法国 | 57 | 19 | 24 |
| 德国 | 39 | 42 | 19 |
| 瑞士 | 41 | 21 | 38 |

[1] 来源：Badcock & Beer，2000：2。

另一个与房屋所有权有关的现象是种族。就英国的住房选择与住房条件来讲，黑人和少数族裔"与占人口多数的白人相比，处于不成比例的劣势状态"（Ratcliffe，1998：807）。他们拥有的房屋所有权及保障少得多。同样，在美国，人们获得房屋所有权的途径是种族化的抵押贷款。由于歧视，黑人与少数族裔人口获得的抵押贷款极为有限，因此，他们不太可能成为房屋所有者（Holloway & Wyly，2001；Newman & Wyly，2004）。这种纳入与排斥的过程使房屋所有权与社会劣势之间的关系显得格外复杂，也尤为突出。

另外，还有一种与社会分化有关的房屋所有方式，那就是非法占有。非法占有指在没有取得房屋所有者同意的情况下擅自居住或改建住所。这种现象在大城市中广泛存在，如孟买、里约热内卢和内罗毕（Neuwirth，2004；Smart，2002）。由于其不合法性，非法占有往往存在于本节所探讨的正式经济制度之外。纽沃思（Neuwirth）认为：

93　　非法占有者创造了巨大的隐性经济——非法土地占有者、非法租赁者、非法商人、非法顾客、非法建造商、非法劳工、非法经纪人、非法投资者、非法教师、非法学童、非法乞讨者、非法亿万富豪等非官方制度。（2004：10）

所有权和租赁之间的权属划分涉及重要的文化方面的购买，特别是在所有权方面。所有权和家园的概念密切相关。所有权更多是指对家园的所有权，其含义高于房屋所有权的层面。也可以说，所有权与家是近义词。那些购买房屋的人有能力营造一个家园，并且是一个安全、舒适和温馨的家园。所有权能够使人们营造出"属于自己掌控的、安全的、有地位的家庭生活，并且这些是通过获得房屋来实现的"（Rakoff，

1977：94）。所有权还是国民身份的象征，这一身份建立在特定家园含义的基础之上（参见第四章）。

通过筑家实践，所有权的划分及与其相关的身份认同不仅得到了再现，而且表现出相互冲突的一面。家园的所有权带来的财富积累，是基于性别的筑家实践的结果。住房研究专家提出一个概念，叫作"住房阶梯"（housing ladder）。它指出，位于较差地段的小型且便宜的住房通常处于最低的社会梯级上，位于较好地段的大型且昂贵的住房则处于更高的社会梯级上。很多人都在自己的住房生涯中不断沿着这一阶梯向上攀爬（见文本框 2.2）。道林（Dowling）研究了温哥华的房屋所有者，发现沿着这一阶梯往上攀爬的过程主要取决于家庭中的女性劳动。女性对房屋进行的装修与翻新保证了某栋房屋能获得的巨大经济收益。因此，女性自发且有组织地向更好的区位转移。在更极端的情况下，女性成为自主建造者或项目经理，监管住房的新建工作，以确保经济利益的最大化。这一案例表明了筑家实践是如何巩固家园主流意识形态的，尤其是家园所有权带来的经济利益。同时它也表明了家园意识形态的另一种建构方式，即女性与家园产生关联，并不是通过一个个家庭，而是如案例所说的那样，通过获得自主建造者或项目经理这类更多同男性关联在一起的职业或身份。这就使得家园的性别层面显得更加宽泛了。

筑家实践还可能同家园所有权的主流含义发生冲突。低收入群体往 *94* 往通过自己建造房屋的方式来绕开资本主义的住房供应体系。例如，在 20 世纪初期的多伦多，工人阶级成为房屋所有者的方式就是自己建造房屋（Harris，1996）。同样，在 20 世纪 50 年代的悉尼，工人阶级家庭主要依赖自己的劳动以及亲朋好友的劳动来获得房屋所有权。有人回忆道：

　　我们用弹药箱浇筑混凝土来建柱子。由于找不到石棉水泥，我们不得不买一些小的挡风舷挂在外面。房子盖起来后，我们会再建一个车库。我用能找到的木材来搭框架，父亲和洛伊丝（妻子）帮我把它们立起来。当孩子大一些的时候，我们需要增加一些房间。20世纪50年代初，我们很容易找到建筑材料，还可以搭建房屋的其余部分……在这里，洛伊丝就是我的帮手。她给木材涂木馏油[①]，运来一桶水，然后合成水泥来修筑过道。（Allport，1987：104）

　　非营利机构长期致力于帮助低收入者获得房屋所有权。很有名的一个非营利机构是"人类的栖息地"（Habitat for Humanity）。自1976年以来，该机构组织志愿者在世界各地建造了175 000套住房，并捐赠了大量资金与建筑材料。凡是需要住房的家庭都可以向该机构提出申请。如果申请被接受，该家庭要向该机构支付押金，并每月按揭付款。这些家庭还必须为自己和其他人盖房提供相应的劳动力。"人类的栖息地"采用了自建住房的模式，通过住房者自己的劳动来帮助他们获得房屋所有权。自建住房的模式还延伸至通过提供劳动来帮助他人建造住房。

## 3. 作为工作场所的家园

　　作为家园的房屋还是一处生产与工作的场所。当做饭、打扫卫生、带孩子等家务劳动出现在家庭以外的世界中时，它们就成为能够获得报酬的工作。但是，属于亲属之间相互照料的家务劳动，通常是没有报酬的，也不会被纳入国民收入账户（Luxton，1997）。人们计算家务劳动的时间成本的方法是多种多样的，对此不乏争论。尽管如此，几乎所

_95_

---

① 木馏油，一种用于防腐的液体。——译者注

有的方法都指出，以家庭为基础的无偿劳动产生了巨大的经济和时间成本。例如，经济合作与发展组织（OECD）中的 12 个成员国的统计结果显示，成年人花费在家务劳动上的时间（平均每周 26 小时）比在外工作的时间（平均每周 24 小时）还要长（Ironmonger，1996：45）。各种各样的方法最后都以不同的方式指出，家务劳动所产生的价值与市场产品所创造的价值旗鼓相当（Ironmonger，1996：52）；有些还反映出，个人可支配收入的 60% 都应该用来支付家务劳动（Luxton，1997：437）。

家园被当作工作场所时，性别是导致分化的关键因素。大多数家务劳动都是由女性来承担的。在荷兰，女性承担家务劳动的时长平均为每周 35 小时，男性仅为 20 小时（Ironmonger，1996：52）。在英国，父亲平均每周花在洗衣、做饭、打扫卫生、带孩子、购物上的时间是 23 小时，母亲花在这些事情上的时间却多达 62 小时（Chapman，2004：105）。那么这种以家务劳动为基础产生的分化，就在其他方面带来了不平等，如对女性参与有偿工作和接受教育造成限制。有人认为，应该重新计算家务劳动的时间。20 世纪 60 年代与 70 年代见证了人们为争取家务劳动的工资而展开的政治运动（McDowell，1999），但也有人认为，家用科技已经为繁重的家务劳动减了负（见文本框 3.1、研究文本框 3）。

## 文本框 3.1　家用科技

科技设施和科技进步长期以来一直被用于家庭的维护与再生产。19 世纪末，室内水管、燃气、电灯和中央供暖设施等为家庭营造出舒适的环境，大大降低了人们的体力劳动强度（Rybczynski，1988）。到了 20 世纪，家用科技在家庭中更加普及。

96 洗衣机、电冰箱、吸尘器、洗碗机是家用清洁的必备工具，微波炉和食品加工机改变了烹饪的方式，而电动工具和割草机的使用减少了整理花园的劳动量（Chapman，2004：101-102）。制造商和政府都在不断宣传这些工具能节省体力，但事实究竟是不是如此，很少有人验证过。对于路得·施瓦兹-考恩（Ruth Schwartz-Cowan，1989）来讲，家用科技的运用在很大程度上增加了家庭劳动量，对于女性来讲更是如此。尽管这些科技让打扫和做饭的过程变得简单而省力，但同时也提高了期许值。因此，衣服比以前洗得更频繁了，微波炉调动起人们对灵活、即时烹饪的需求（Chapman，2004：103）。托尼·查普曼（Tony Chapman）总结道："家用科技的出现在节约时间成本方面，是福也是祸。"（104）

家庭生活对理性科学的应用是家用科技的另一种表现。不仅仅是在使用层面，家用电器包含的理性元素也体现在人们的行为与道德层面上，这就带来了家务劳动与筑家实践的变化。在20世纪初期的澳大利亚，家园被定义为一种"理性"的家庭环境，"人们将科学原理与工具理性运用于家庭的运作和人际关系的处理上"（Reiger，1985：3）。

> 人们努力将科技应用于家庭中，把家庭主妇定义为"现代的""高效率的"家庭工人，改变生育模式，将避孕、怀孕和分娩置于有意识的、通常专业的控制之下。人们也在卫生学的指导下进行哺育，认为这既是生理上的哺育，也是心理上的教育，还使性行为从谨慎和私密状态中暴露了出来。（1985：2）

另一个至关重要的家用科技产品就是电视。电视作为一种媒    *97*
介，不仅展示了家庭生活本身（见文本框2.7），还是一种可以在
家中收看并融入家庭生活里的科技。有时，电视机占据了家庭的
核心位置，看电视对于很多人来讲成为家庭核心活动之一（见后
文对家园与老年人的讨论）。电视机的使用取决于家庭规则和惯例
以及父母与孩子之间的沟通与协商（Silverstone, 1994：38）。另外，
电视机的使用还受性别因素影响。戴维·茉莉（David Morley）发现，
男性几乎掌握了收看电视的主导权，控制着"节目的选择、收看
的方式和与电视相关的话题"（Morley, 1986）。电视还让家庭变得
可以被影响和渗透，因为它将外面的公共世界带入了家庭内部：

> 电视作为一种信息媒介，扩大和改变了家庭的影响，也
> 以看似可信的方式把世界各地的新闻带入家中。各种各样的
> 话语及图像信息造成了不同的认同、信任与困扰，影响着或
> 增强了家庭成员同邻里与社区之间的关系，也把家庭成员更
> 长久更牢固地封闭在日益私人化与商品化的家庭世界之内。
> （Silverstone, 1994：50）

如今，电脑和互联网等其他家用科技都在不约而同地强化着
上述功能（Holloway & Valentine, 2001；文本框5.3）。

并不是所有家务劳动都是不计报酬的。比如，19世纪末，英国或
其他地方的中产阶级家庭得以正常运转，都是依靠用人的有偿劳动。在
下一部分中，我们也会对此展开论述。50年后的今天，经历了用人数
量的下降之后，一些研究表明，有偿家务劳动（或家务的外包与外购）

再一次在中产阶级群体中出现了上升趋势。最近一项统计表明，在英国，目前从事有偿家务劳动的约有 60 000 人（Cox & Narula，2003；Gregson & Lowe，1994）。某些特定类型的家务劳动比其他类型的家务

98　劳动更容易被外包出去。在一项针对澳大利亚人的综合研究中，毕特曼（Bittman）等人发现，一些家常菜的外购（下餐馆吃饭或直接打包带走）已经变得非常普遍。同样地，聘请保姆的费用不断上涨。保姆通常是在家中工作的。露易丝·格雷格森（Louise Gregson）和米谢丽·劳尔（Michelle Lowe）研究发现，英国大多数中产阶级父母更愿意聘请保姆而不愿意把孩子送到保育员那里去。也就是说，他们更愿意让照看孩子的事情发生在自己家中，而不是发生在别人家中。各种类型的照看工作，如护理、照顾老人和统一照看孩子，报酬通常都不太高。1998 年，一项英国政府调查研究显示，早教员工的平均工资位列 774 份被调查职业的第 757 位。杰拉尔丁·普拉特指出："在美国，为一个家庭停车的收入都比为一个家庭带孩子的收入高。"（2003：581）只有一小部分家庭会聘请外人来打扫卫生、洗衣和整理花园。尽管有偿家务劳动的数量正在不断增加，但还是远远谈不上普遍增加。

　　由于家务劳动出现的地点是在"家"中，家又是一个常被理解为私密的、熟悉的，且由非经济关系构成的空间，那么有偿家务劳动总是会被视为一种不一般的工作（Cox & Narula，2003）。尤其是雇主（房主，以女性居多）和雇工之间的关系会因家的想象与意识形态而产生多处重叠和错置。这样，雇工和房主之间就呈现出一种若有若无的熟人关系。"朋友般的"协商关系得以在双方之间建立起来，目的是让雇工觉得这栋房屋亲切、不陌生，可以自由地使用房屋内部的空间。有雇主认为：

如果和一名雇工生活在一起，对我来说很关键的是，他/她就成了家中的一员。因此，第一印象就是"放在那里的任何一件物品都是你的"——这是自然而然的事情，如电冰箱、电视机或其他东西。（Cox & Narula，2003：339）

根据科克丝和纳露娜的观点，更可能出现的一种情况是，房主对待雇工就像对待自己的孩子一样。他们会给雇工规定某些空间与时间的使用规矩，包括何时何地能够接待客人，以及雇工只可与孩子一起吃饭，不能与大人一起用餐。

这些不同类型的有偿家务劳动均表明了超越家庭范围的家庭关系，以及家庭与公共领域建立起联系的多种方式。雇工在家中的行为，比如保姆的日常行为，将一个家庭的再生产过程延伸至外界，超越了既定的家庭成员与家的空间范围。第五章会讲到，有些时候，家庭再生产的过程还会跨越国界。这些行为会将非亲属类的关系带到家的范围之内，尽管原则上是雇佣的劳动关系，但也会泛化成国与国之间的关系。文本框3.2讨论了一些以国家为基础的照看关系所具有的家庭观念。国家机构的管理使有偿家务劳动变得十分有规律。其他类型的家庭雇佣关系同样将家同外界的工作领域联系在了一起，其中包括以家庭为单位的服装制造行业。这一行业在20世纪初期蓬勃发展，到了21世纪依然兴旺（Pearson，2004）。在家工作的方式——办公室职员在家办公，通过通信设备与办公室相连——也变得越来越多样化（Ahrentzen，1997）。这些案例表明，家不仅是生产场所，还是实现社会再生产的场所。

*99*

## 文本框 3.2 家庭照看工作

　　家是一处主要通过亲属关系给予照料的场所。随着过去几十年西方国家健康与福利事业资金的削减，非亲属关系类型的照料工作日益增多。生病的人往往在家中就能享受到专业的医疗看护；认知障碍与罹患精神病的人也能同家庭成员生活在一起，要么在家中，要么在有家庭成员陪伴的机构中；晚期病人也往往在家中去世而非在临终关怀医院中（Dyck et al., 2005）。不管政府部门的政策还是人们面对疾病、死亡和残疾的态度，都不断推动着"社区照料"的出现，也对主流家庭观念提出了挑战，尤其是家所具有的"私密"观念。

　　以家庭为基础对晚期病人的关怀照料为我们思考家园的性质提供了极好的案例。在美国，自 20 世纪 80 年代以来，在家中去世的人越来越多。这与临终之人护理经费的变化有关，也与对健康关怀理性认识的变化有关（Brown & Colton, 2000）。把家作为临终关怀的场所是很矛盾的。迈克·布朗（Michael Brown, 2003）对西雅图临终关怀的研究表明，当不和谐的传统事件，像死亡事件出现的时候，物质性与想象性的矛盾便会产生。与临终关怀医院一样，家也被视为一处既好又坏的地方。这是一处令人熟悉的非制度化场所，但也存在难以缓和的家庭紧张局势。当家成为临终关怀的场所时，它既会让人觉得舒适，也会充满难以控制的变数，比如当陌生人（公共机构提供的护理师）出现的时候，或者某位亲戚来探望的时候。因此，家中的临终关怀往往是专业护理和非专业护理同时出现的地方。

　　对于伊莎贝尔·蒂克（Isabel Dyck）和她的同事来讲，家一旦

*100*

成为长期健康关怀的场所，就会表现出矛盾性。"家同时体现出了私密与公共、个人与社会的特征。"（Dyck et al.，2005：181）家变得越来越开放了，有时会接纳健康专业人士。家庭成员受控于他，因为他照管着每一位成员的日常所需。尽管如此，营造家园的行动依然在进行着。蒂克回忆起一位尝试让自己的卧室变得更加个性化的女士。她通过搭配衣物和床上用品来让卧室显得更加温馨，同时突出自己的个性；她调整床的位置和朝向，好让自己能立刻看见进入卧室的人。总体来讲，这样的空间既是"似家的"，在有些方面又是不那么"似家的"；既给人以归属感和依恋感，也体现出疏离和冷漠。

## 二、"似家的"家园

在人们对于家园的想象中，最核心的要素都被理想化了。比如，某些住宅结构和社会关系被想象为"更好的"，更适合社会的，是人们追求的理想。正是这些住宅结构和社会关系，成了"似家的"家园的核心要素。媒体宣传的、大众文化流行的、公共政策推广的话语，展示出一种主流的"似家的"观念和意象。它们主要描绘了位于郊区的由异性所组成的核心家庭，及其营造出的归属感与亲密感。家庭成员均居住在彼此分开的、属于自己的房间中。首先，我们将着重刻画理想的家园应处的位置，以及它们应具有的样式。其次，我们将利用家园批判地理学，对"似家的"家园提出怀疑并进行更为复杂的思考。我们会集中讨论筑家实践、竞争和物质形态上的变化。

*101*

　　理想的家园具有历史与文化上的特殊性（Oliver，1987；文本框3.3）。在当代西方的居家语境下，理想的家园通常位于郊区，是一栋位于城乡接合部的独栋或联排别墅，以家庭的形式呈现并归个人所有。这种房屋通常被视作最容易成为家园的寓所。郊区房屋建造的理念可以追溯至维多利亚时代晚期的英国，那时公共领域与私人领域逐渐开始分离。19世纪，大多数城市居民在市中心靠近工作地点的位置建房安家，而这些房屋基本上都是排屋式公寓。这种连接在一起的居住形式受到了中产阶级的强烈批评，部分原因是它没有考虑到公共领域与私人领域的分离（Davidoff & Hall，2002）。最终，位于新地点的全新住房样式和社会关系因郊区铁路的发展而诞生了。新地点远离了拥挤的工业城市，位于开阔的乡村地带，是后来筑家实践及其社会意义的关键要素。位于乡间的家园意味着亲近自然的积极价值观，尤其意味着大自然最有利于养育后代的信念。远离城市办公地点的位置也意味着家与工作领域在社会与空间上的分离。如果家园是从工作中脱离出来得以喘息的地点（尽管第一章对这样的划分有所批评），那么郊区的家园正体现出了这种分离。郊区的房屋设计反映出这种分离的理念，以及中产阶级家庭的生活观念，并在空间上将公共与私人、男性与女性区别开来（Madigan & Munro，1999a）。

**文本框3.3　作为想象性与物质性的舒适场所的家园：重读维托尔德·雷布钦斯基的家园**

　　维托尔德·雷布钦斯基（Witold Rybczynski）谨慎地为他的书起了一个名字，叫《家园：一部简短的观念史》（*Home: A Short History of Idea*，1998）。这本书着重介绍了家园的物质表现，并从多学科的角度把家园带到了众多学者面前。它采用的理论与实证方法多种多样。雷布钦斯基认为，家园、个体和家庭之间的联系是理所当然的，并浪漫化地对待这些联系：

> 家庭幸福太重要了，以至于超越了专家理解的范畴。这样的幸福总是关联着一个家庭或一些个体。我们需要重新去发现舒适的奥秘，因为离开了这样的奥秘，我们的居所就只是一台机器而非家园了。（232）

尽管如此，雷布钦斯基的这本书还是道明了家园批判地理学的两个关键要素。

他首先通过举例的方式从地理和历史的角度展示了家园的意义。他追溯了现代家庭的"史前史"：从那时那地开始，因什么样的社会条件，现代家庭得以出现。家园包含多个要素：个人隐私、家庭生活（domesticity）、亲密关系，以及对于雷布钦斯基来说最重要的温馨舒适。家园作为开展家庭生活的私密空间，源于18世纪。当英国的住房容纳的居民越来越少的时候，家园就不再是办公场所了，而是变成了表现个人私密行为与亲密行为的地方。"亲密"这一概念之所以被强调，是因为人们对待孩子的态度发生了改变。孩子占据了房屋的某一空间，在很长一段时间内，他们不再被当作成年人看待了。居家的方式也被人们看作家园环境重要的一方面，甚至是引以为豪的一方面。雷布钦斯基追溯了18世纪荷兰的房屋，在那里，家具成为主人展示财富的方式，家园也成为家庭这一社会单元的所在地。而温馨舒适成为家园的意义，是最后才出现的，位列个人隐私与家庭生活之后。尽管老式的家园不乏温馨舒适，但其意义并不明显：

*103*

房间里悬挂着名贵的挂毯，可以保暖。穿戴奢华的绅士与贵妇坐在长椅和凳子上，侍臣们会花上足足十五分钟的时间献上欢迎致辞，让人昏昏欲睡、毫无知觉地进入漫不经心的亲密氛围之中。

舒适被泛泛地定义为"轻松愉快的感觉"。雷布钦斯基对舒适的这一界定应该是站在了居住者的立场上，而不是建筑师、工程师或者室内设计师的立场。舒适的家具是同一些装修得很安逸的角落一起出现在客厅里的。在法国，"坐"成为一种表达舒适的方式（比如，人们坐在一起听音乐、聊天、打牌），新设计出来的"逍遥椅"便因迎合了享受"坐"的时间而普及开来。到了19世纪90年代，现代家庭的观念及其核心要素开始变得普及。

同样，19世纪90年代，科技设备的出现（中央供暖、室内供水、电灯）促进了与家园有关的现代家庭理想的形成，把我们带到了雷布钦斯基批判家园地理学的第二个方面——阐述观念、技术与实践三者在营造舒适的现代家园过程中的内在关联。在我们的论述框架下，他阐述了家园的物质、想象与筑家实践三个层面之间的相互关系。物质的变化是极为关键的，尤其是技术的发明以及建筑师和室内设计师开展的工作。同样重要的还有家园的想象层面，以及何为家园的观念层面。此外，每个房间是如何使用的也十分重要："每一个房间的意义是什么？因为房间是开展特定行动的场所，所以会被人们的所思所想界定。"（219）比如，家园的机械化更利于舒适生活的开展。技术的发展，主要是电力供应，提高了生活的舒适程度：

现代家园中很多理所当然的事物都是在那个时候出现的，像小面积的住房、高度合适的工作柜台、安装大家电节省的很多不必要的步骤和仓储的组织方式。(171)

在雷布钦斯基看来，曾经的家园比现在的怡人得多。当今现代主义的房屋内饰，因其"显而易见的严肃"，将家园的物质性、想象性与实践性之间的关系排除在外：

它代表了一种意图。这种意图并不主要在于引介一种新的风格与样式——这是最低层次的含义——比如，改变社会习惯，甚至改变舒适家庭生活的潜在意义。它拒绝了中产阶级的传统，导致了问题的出现。它不仅拒绝奢华，还拒绝舒适；不仅拒绝拥挤，还拒绝亲密。它对空间的重视导致对隐私的忽视，就好像它指向了工业化的外观和材料，远离了家庭生活本身。(214)

这段话的问题在于，筑家实践以及舒适、隐私和家庭生活观念被认为是比样式和风格更重要的因素。但是，雷布钦斯基的探究的重要意义在于发现了家园的物质地理学与想象地理学之间的关系。

20世纪，郊区住房作为理想的家园，仍然是不同领域的意识形态的产物，重视作为社会基石的核心家庭的关系（见文本框3.4）。在第二次世界大战后很长一段时期内，政府的大量政策也助推了这种意识形态的普及。在美国，国家住房政策推动着郊区住房的大规模建造，以及它们的理想化宣传（Checkoway，1980）。同样，在澳大利亚，郊区住房的建造被鼓励成为提高国家生育率的一项政策（Allport，1987）。

---

### 文本框 3.4　20 世纪郊区住房的设计

艾莉森·拉维兹（Alison Ravetz）提醒我们："郊区的住房和郊区化让 20 世纪更具有标志性。"（1995：18）尽管在 20 世纪，全世界的社会与经济变迁都极为深刻，但郊区住房的基本形式却从未发生变化。它仍然被想象并建构为核心家庭的模式，是工作之外得以短暂喘息的地方，也是个人社会地位的标志。尽管如此，它仍然存在三方面的微妙变化。首先，虽然整个西方社会的家庭规模已大幅度减小，但郊区住房的面积却增加了。美国新建住房的面积，从 20 世纪初期 800 平方英尺[①]带一个浴室，增加到了 21 世纪初期的 2 250 平方英尺带两个半浴室（Hayden，2002：194）。自 20 世纪 80 年代以来，这种变化的步伐日益加快。20 世纪 80 年代中期，澳大利亚的人均住房面积为 150 平方米；到了 2004 年，飞快增加至 200 平方米［澳大利亚统计局（Australian Bureau of Statistics），2004］。其次，郊区住房的外在风格与品位也发生了变化。比如，最初莱维敦（Levittown）的住房设计被称为鳕鱼角，用这个名字是为了与过去的住房联系起来（Kelly，1993：117-118）。莱维敦有第一批被大规模建造出来的郊区化住房与家庭，是研究郊区化家庭的极佳案例。最后，随着家庭生活的变化，郊区住房的设计也发生了变化。图 3-2 是基于 20 世纪澳大利亚的郊区住房而绘制的图示。20 世纪中期，公共场所与私人场所的分离意味着家庭成员及其活动的分离。这渐渐让位于 20 世纪 80 年代大型的开放计划型的

---

[①]　1 平方英尺约等于 0.09 平方米。——译者注

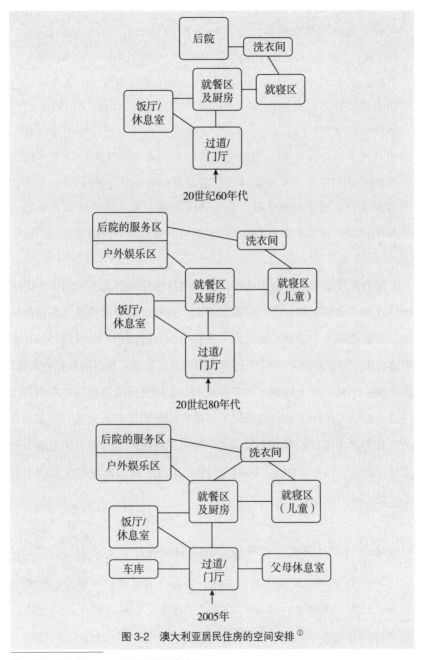

图 3-2 澳大利亚居民住房的空间安排 [1]

---

[1] 结合多维（Dovey，1992）的调查改编。

设计，并与共享空间的设计一起开展（Dovey，1992；Madigan &
Munro，1999b；Attfield，2000），表达了一种生活在一起的理想家
庭观。20世纪90年代以后，这一变化则不那么明显了。在开放计
划型的设计依然风靡的时候，又出现了代际分离的现象，以专门
的"父母隐居"（parents retreats）的形式体现出来。这些空间的典
型特点在于子女的房间靠近父母的卧室，而不同于广告中宣传的
那种为成人设计的家庭空间。这些房屋的设计还体现出家庭成员
与孩童空间需求的优先性。但这种设计基本上没有为非家庭成员
提供空间，也忽略了为人们工作与家庭以外的行动提供空间。

*106*

　　在郊区住宅被当作理想的家庭模式被社会化地建造起来时，市区居
住模式却不太可能符合正统的家园观念。这些住房与其说是为家庭提供
的，不如说是为非家庭式的性别关系提供的，并由中产阶级以外的社会
群体占据。市区中的家园同样具有不同的空间形式。其空间并非分离的，
而是在一小片土地上修建了许多间寓所，不同寓所之间有共用墙和共用
过道。在特定的历史和地理语境下，这样的公寓住宅不太像一个家。在
美国和英国，这样的观念不仅同中产阶级试图按照自己的想法建造出理
想的家园有关（Marston，2004），还同人们对高层公寓的负面印象有
关（见文本框3.5）。

## 文本框3.5　公寓，似家与无家的国家和社会建构

　　对于20世纪的大多数人来说，高层公寓总是被理解为一种家
园的缺席。原因之一在于，高层建筑通常是由政府修建的，主要
用作公共住房。在20世纪中期的英国、美国和澳大利亚，政府清
理了市中心由劳动阶层的住房构成的邻里社区，取而代之的是一

幢幢高层建筑。澳大利亚墨尔本高层建筑的建造过程表明了一种非家园的空间建造同社会政治条件的关系。在 20 世纪中叶的墨尔本，政府致力于清理劳动阶层住房密集的市中心。这些区域被视为贫民窟，常常引发社会恐惧。人们担心那里是疾病的源头，也是道德没落的起点。这样，高层建筑就成为劳动阶层新的住房，因为它们能高效地为该阶层的众多人口提供安定的住所（Costello，2005）。高层建筑所体现的现代性特征使人们认为它们为社会提供了较高的、能被公众接受的道德标准和声誉。高层建筑成为一种家园模式。但是好景不长，在第四十五个高层建筑街区被建造出来的时候，这种建筑开始被人们视为一种无家的存在：

> 高密度的住房会导致家庭的崩溃，犯罪和各种社会问题的涌现……这是对孩子的成长不利的环境，并衍生出个人隐私得不到保障的处境。总体来讲，由于住在连后花园都没有的房子里，这些人就被抛入一种闲散无事的危险处境中。（Stevenson et al., 1967: 8）

换句话说，关于家园的想象很快又同这些居民的负面印象结合在一起。在美国和英国，这样的结合进一步与老生常谈的种族问题关联起来（Murray，1995）。

在讨论高密度公共住房的时候，人们特别强调的是疏离感。因为疏离，所以人们很难体会到家园的存在，或很难在这些寓所中营造出家园。从理论上看，家园批判地理学把我们的注意力同时引向了归属感与疏离感。某些研究，尤其是那些特别关注筑家实

*108*

践的研究，需要同时认识到这两个方面。一个典型的案例是人类学家丹尼尔·米勒所做的研究（Miller，1998）。他在伦敦北部针对市建住房展开了调查。尽管这些房屋建得不高，但却构成了人口密度很高的"天街"（street in the air）。它们和其他高层建筑一样都被妖魔化了。有些居民觉得，这些房屋显得那样清冷荒凉，疏离感是那样强烈。此外，米勒还发现，这些居民不愿意或者说没有能力改进当地的物质环境。对于另外一些居民来讲，这种潜在的让人疏离的环境演变成为一个值得归属的场所，最明显的表现是厨房的装修和改造。有些厨房变得明亮鲜艳，包括各色擦拭茶杯的抹布、装饰品和窗帘。这些事物把人们的注意力转移开来，使得人们不去关注房屋带来的疏离感。还有一些人干脆把厨房彻头彻尾地改建了一番，使其更像私人空间。于是，这种原本让人疏离的房屋便因物质条件个性化的改进而成为一个家。

*109*     家园具有怎样的意义，取决于社会、地理和历史背景，以及家园本身的物质样式。其中一项关键差异在于，家园在欧洲大陆首先是同公寓联系在一起的；然而在英国，家园的意义却同相互分离的公共与私人空间联系在了一起。在 19 世纪的巴黎，家园是将公共与私人领域联系在一起的地方和理想，这一特点体现在公寓所具有的形式上。在那一时期的巴黎，公寓并非最普遍的建筑样式，但是却与家庭场所的主流观念产生了共鸣。法语的"房屋"（maison）一词所具有的意义，那时还被建筑师和其他人延伸至多种占用方式的租赁性建筑物中（Marcus，1999：27）。在巴黎，家园是通过公共与私人空间在很多方面的相互融合而非分离来界定的。也就是说，家园同工作与贸易的场所是相互融合的，而非相互分离的。作为私人化建筑的公寓，在大小和建筑材质上与公共建

筑类似。同样，建筑的外部（公共）与内部（私人）在风格上也是相似的，而非对立的。公寓的内部在设计与呈现方式上，同公共场所（如商店）的内部风格极其相似。沙伦·马库斯（Sharon Marcas）描述道：

> 样品簿式作家总是喜欢将公寓房同商店、咖啡厅和剧场做对比，并从这些商业的、市政的建筑中提取元素，对公寓进行装修……原因在于，咖啡厅、餐馆和商店的内部采用了与家园相同的装修原则和建筑材料。商业空间与公寓看起来十分相似，公寓为公众提供了餐馆与出入口。人们通常把镜子安放在平板玻璃店铺橱窗的后面来映照人行道，就好像把镜子悬挂在客厅。（1999：28）

一百年之后，挪威的住宅吸纳了郊区住宅的特点与筑家实践，但有一点不同：这些特征与实践都出现在公寓中，而非独栋房屋中。20世纪 80 年代，一项针对挪威工薪阶层女性的民族志研究（Gullestad，1984）对家园如何既作为家庭又作为社会生活的实践场域展开了描述；还描绘了家庭与外部空间之间边界的产生与维持、公共场域和内部的私人空间，以及持续不断的（性别化的）公寓装修和改造。女性在公寓的 *110* 厨房中与他人建立起人际关系，强化了"似家的"和得体的含义，并在不同的阶层之间造成社会分化。在不同的民族语境下，公寓同样可以成为家园。

# 三、理想家园的社会关系

理想的家园不仅指一栋风格独特的建筑，而且指向特定的社会关系。后文，我们将对这些关系进行概述，着重于家庭、性别、阶层、种族和性取向层面。我们的讨论远远谈不上面面俱到，目的在于阐明家园的多种特征，以及借助筑家实践的过程，围绕理想家园展开的再生产、再加工及其产生的相关辩论。

## 1. 家园与家庭：性别、性取向与年龄

理想的家园体现出以家族和家庭为基础的性别关系。我们可以想象，郊区家庭以及其中各种实践的展开通常都将女性塑造成母亲的形象，她们承担了基本上所有的家务。房地产广告往往就是这样塑造家庭形象的。关于这个问题，没有比露易丝·乔森（Louise Johnson）谈论得更加清晰的了。在墨尔本郊区新建住房的广告中，房屋宣传册上的照片大多都会把女性刻画为家庭主妇，她们的职责在于照看孩童，或料理其他方面的家务活，如洗衣服。这些女性还可能会被刻画得很性感，要么睡在床上，要么把人们的视线带入其他房间。相反，男性会被塑造成另一种形象。他们要么在娱乐房里，要么在车库或后院中。筑家实践，尤其是家务劳动与哺育，共同强化了家庭的性别视角，并把这种视角延伸出去，引发了诸多争论和冲突（见文本框 3.6 以及图 3-3）。简言之，家庭劳动的性别分工让女性成为承担日复一日家务责任的主体。这样的职责营造出一个似家的环境。女性比男性承担更多的做饭、打扫卫生、带孩子和管理每日家务运作的任务。男性的职责则在家庭之外，尤其是从事那些自力更生的劳动。然而，在理想家园营造的背后，隐藏着众多家庭暴力和女性真实的居家体验。关于这些问题，我们将在下一部分中讨论。

## 文本框 3.6　特百惠

1939 年，艾尔·瑟拉斯·特百（Earl Silas Tupper）在美国成立　*111*
了第一家特百惠公司，并生产了第一件特百惠商品（Clarke，1997；
Clarke，2001a）。到 20 世纪 50 年代，特百惠成为郊区居民的标志，
并作为大众家庭的消费品，传递出女性的特定价值观。克拉克写道：
"时尚粉彩的设计与和蔼可亲的女主人传达出美国郊区中产阶级白
人女性的志向与渴求。"（1997：133）特百惠不仅是美国家庭常用
的物品，而且通过在家里举办的特百惠派对被女性推销。1954 年，
20 000 名女性加入了美国的特百惠派对，担任产品经销商和经理。
克拉克指出，特百惠派对"会抵制在家庭场所之外举办的女性派
对⋯⋯它们以派对是在家中举办的为由，提出女性的话语权不会
受到限制与剥夺，并承诺不会限制女性对其他事物的兴趣"（145）。
虽然特百惠派对以保守的方式强化了女性的传统角色，但克拉克
却认为，它也导致了"一种实用主义式的、积极主动的家庭主从
关系"（145）。

图 3-3　在家里销售特百惠产品①

---

①　安和托马斯·达米盖拉作品集，由美国历史博物馆档案室许可翻印。

*112*  性别化的家庭观念也在公寓的建造中体现出来了，尽管是一种隐性而非显性的体现。澳大利亚墨尔本新公寓的开发商正视了女性居住者的非家庭性别身份（Fincher，2004）。他们谈到那些没有孩子的女性有着更多样的生活方式，赋予了了自己所生活的城市更多的价值。她们把在家中开展的活动，特别是饮食这件事，带到了公共场所。换句话说，这些地点让女性拥有了母亲这一角色以外的更多角色，并让家庭行为超越了公寓所界定的范围。尽管如此，这样一些性别化呈现依然有其狭隘之处，即忽略了独自待在公寓中的年轻女性和年老女性。这些性别化实践总是受制于各种各样的冲突和调和。

郊区家庭的物质地理与以家庭为核心的家族性别关系相契合，但也存在争议。房间中物品的选择及摆放位置，比如家具，则是将房子营造为家庭环境的实践的一部分。从亲戚那儿继承的，或被赠送的物品，会成为一个家庭的永久象征。同样，经常由女性来操心的家庭照片的选择、保存和摆放等事情，让她们扮演着母亲的角色。在吉莉恩·罗丝看来，女性可以借助家庭照片营造一个似家的环境，让人感到这样的环境就是典型的家。但是，照片还可以用于另一个目的，那就是让女性把家庭空间延伸至家庭外部。家庭照的展示可以把家庭成员同亲朋好友联系起来。这样的联系可以在其他地点和过去的时光中展开（见图3-4）。以邻里为基础的母亲行动也会让一个家庭向外部空间延伸，尽管延伸的范围是在邻里内部（Dyck，1990）。母亲相互之间分享资源，如带孩子的方法，会把街道变成家庭场所，并营造出更为安全的邻里环境，还可以减少母亲的负担。事实上，在詹姆斯（James）和南茜·邓肯（Nancy Duncan）看来，郊区家庭的一个定义就是，郊区本身就是家庭。在意象与实践的层面上，郊区的邻里社区拥有家庭的典型特征，包括私人的而非公共的空间，中产阶级的栖居地，具有女性化特征（女性的半边天），具有社会排他性。

图 3-4 使家庭物质化 [1]

性别意味着在关注男性的同时也关注女性，但是目前对男性在家庭中的性别角色的研究较少。约翰·托什（John Tosh）的历史研究表明，维多利亚时代的中产阶级家庭是塑造资产阶级男性角色的重要场所。尽管在今天，像做饭、打扫卫生、抚养孩子等家务劳动，男性承担的分量比女性少，但是维持家用与解决家庭难题的任务常常落在男性的肩上。我们还观察到，对于男性来讲，家庭与工作会带来空间与情感上的严重分离（Massey，1995a）。马西对在剑桥高科技部门里工作的男性展开的研究表明，工作场所为其中的一些工人提供了家中的休闲功能（Massey，1995a）。最终，许多社会都将男性界定为养家糊口的主要角色，这令他们在还未找到工作的时候，无法安心待在家中（McDowell，2000；Peel，2003）。安·瓦利和玛丽贝尔·布拉斯科（Ann Varley & Maribel Blasco，2001）在对墨西哥展开研究时发现，由于老年男性年轻时大部分时间都花在了工作上，家庭对他们来说就变得陌生了。他们

*113*

———————————
[1] 萝宾·道林拍摄。

感到自己是负担，拼命想要在家里找到自己的新角色。

　　瓦利和布拉斯科对老年人的研究启发我们去关注一个更普遍的问题，那就是随着人们年龄的增长，他们对家园的想象与渴求也会发生变化。"地方的衰老"（ageing in place）带来的后果就是家园的意义发生了变化，而老年人正经受着这样的变化。约翰·帕西瓦尔（John Percival，2002）研究了英国老年人每天使用家庭空间的情况，颇有意义。老年人在家中"体验家庭空间并做出评估的时候，会使用三个标准：是否有利于形成惯例、责任与反思"（Percival，2002：747）。家园常常能给人带来持续的稳定感，并能让人实现自我界定。在这一过程中，家园本身也能实现自我维持。家园是记忆储存之处，其中各种各样的事物都能唤起人们对家庭成员与过去往事的回忆。尽管老年人的身边并不时常有孩子的陪伴，但他们还是会持续不断地扮演父母的角色。如果看到成年子女和孙辈们能够舒适地在家中过夜，他们会感到心满意足。最后，帕西瓦尔提供了一些信息，邀请我们去想象对于老年人来讲，怎样的寓所才算是家，它应该具有哪些特征。一方面，寓所中的特定部分，比如起居室或舒适的扶手椅，能构成最具有家庭氛围的空间；另一方面，对于某些老年人来讲，尤其是在他们的行动能力下降的时候，家就成了他们全部的世界。家成为他们观看世界的地方，他们可以坐在床边看看花园和过路的行人（745）。如果说家可能成为一间有局限的寓所，那么家同时也可能与更广大的世界产生联系。并不是所有老年人都是在家中独自生活的。在墨西哥，不少老年人生活在修女经营的被称为"阿斯洛"（asilo）的住宅中（Hockey，1999）。正如我们将在最后一章中勾勒的，这样的住宅往往以一种无家的方式为人们所体验。根据瓦利和布拉斯科的研究，阿斯洛的制度设定对于住在其中的人来讲是有问题的，人们不可能把这里视为家："它增强了家的特征，这反而使它不受

欢迎，因为人们不习惯被剥夺自由。"（Varley & Blasco，2001：133）

几乎所有理想家园的观念都是以异性结合为核心的。例如，位于郊区的住宅，不会被想象为同性夫妇或单身人士的领地（Costello & Hodge，1999）。异性恋的实践使得这样的规则得以维持。人们对于同性恋的刻板印象也将他们置于市中心而非郊区［见电视节目《粉雄救兵》（*Queer Eye for the Straight Guy*）］。但男同性恋和女同性恋都可以在郊区建造家园。安德鲁·戈尔曼 - 默里指出了同性恋如何以自己的方式重新诠释郊区的空间（见研究文本框 4）。郊区住房观念同样可以是同性恋式的。戈尔曼 - 默里认为，同性恋的家园可以出现在很多地方。比如，他们可能以离家的方式出现在酒吧中，在远离寓所的地方营造出归属感与亲密感，其他邻居或朋友的房子同样具有这样的功能。对于那些与父母住在一起的年轻同性恋来讲，他们会因各种异性恋的假设与规则感到不自由。吉尔·瓦伦丁（Gill Valentine）记录了很多种家园不一定会成为年轻同性恋避风港的因素。事实上，对于一些同性恋来讲，家是一处幽闭之所，他们的性取向会遭到家长的猛烈抨击。这就使得他们在家中感到不适，甚至觉得家不像一个家。

对于一个家来讲，孩子很关键，尽管孩子不是家庭的主要维持者和经营者。郊区的家庭往往是被家长控制并沿着代际线划分空间边界的。伍德和贝克详细分析了伍德家客厅的细节，探究"对于孩子来讲，除了作为充满规则的场所以外，家还意味着什么？每天早上醒来，他首先想到的就是哪些事情该做，哪些事情不该做"（1994：1）。通过与孩子的沟通交流，以及孩子主动融入这些规则，"家庭规则"变得直观起来。文本框 3.4 提到了将房屋划分为儿童区和成人区的问题，可以通过筑家实践得到扩展。道林研究了悉尼的郊区家庭。比如，一个家庭把车库改

*115*

装成孩子们的生活空间。这个车库不仅是玩耍的地方，还是孩子们吃饭和看电视的地方。在这栋房子里，孩子们不被家庭空间所接纳。

通过对不同国家的情况进行研究，我们看到了关于孩子的各种各样的家庭空间与尺度。在苏丹，由于生活条件所限，孩子们拥有一大片被视为家园的地区。他们可以在离家很远的地方自由自在地闲逛（Katz，1993：2005）。在纽约，孩子们的家庭空间则越来越被束缚在房子里。20世纪中叶，在英国、美国和澳大利亚，邻里社区被视为供孩子娱乐玩耍的安全场所。但是到了20世纪晚期，人们开始关注邻里社区的安全和孩子相互间的竞争，于是孩子的时间被管控得越来越严（Valentine，1997）。对于许多生活在西方社会的孩子来讲，家庭空间日益被局限在房子里，对邻里空间的使用变得越来越少。对于某些孩子来讲，家是充满恐惧、暴力和虐待的地方。此外，家庭内部空间日益成为孩子玩乐的主要场所。主要原因有三：第一，逐渐被压缩的后院面积；第二，室内活动，如电脑游戏，越来越成为孩子主要的娱乐方式（McNamee，*116* 1998）；第三，对户外陌生人的恐惧（Valentine，2001b）。因此，家庭对于孩子的复杂性并不亚于成年人，家庭是"似家"却又令人感到"无家"的地方。

## 2. 家园、种族与阶层

除了以异性相结合的核心家庭为基础，以及与此相关的性别关系以外，正统的家庭观念还同阶层与性别的想象联系在一起，特别是同中产阶级白人相关。我们在第一章中讲过，把家园视为避风港和单独私人空间的观念同许多非洲裔美国人的家园体验并不符合。这类家园观念还直接或间接地强化着国家的政策与经济过程，限制了有色人种拥有住房的权利，以及建造家园的途径。比如，在种族隔离的时代，南非城市政策强制驱逐非洲人口离开城市，拆除已建造起来的非正式住房，安设大量障碍防止非洲人在城市中建造家园（Lee，2005）。澳大利亚和美国的排斥不是大张旗鼓式的，而是根据种族规定不同的抵押贷款限制。我们在第一章中已经对此做过讨论。

在不否认这些观念及其物质形式的种族主义基础的情况下，家园批判地理学还把我们引向对这些观念的抵制和改造上。尤其是美国的一些学者指出，郊区家园的位置与想象也一定程度上属于非洲裔美国人。1940 年，大约有五分之一的非洲裔美国人居住在西部和北部大都市周围的郊区（Wiese，1999：1596）。不管什么样的人，他们的郊区之梦都是如此相似：美好的生活、更开阔的空间、更清新的空气，以及房屋所有权。一位居民说道："我有五个房间，它们全都由油炉供暖。我还有一台电炉，有从井里抽出来的冷水和热水。这些全都要付费。"（Wiese，1999：1495）但人们营造家园的方式以及设施却存在隐隐约约的不同之处，包括家庭生活物资储备的重要性 [ 通过园艺类的工作，参见尼古拉德斯（Nicolaides，1999）对郊区工薪阶层家庭的研究 ]，以及（尤其对于女性来讲）家庭与工作之间的关联。大体上，在美国部分地区，我们可以见到"非洲裔美国工薪阶层郊区梦"的实现（Wiese，1999：1502）。

丽贝卡·李（Rebekah Lee）关于南非的研究案例，为人们理解家 *117* 园在物质层面上的种族化提供了新的启发。在种族隔离时期，为南非黑人提供的住房是被大批量生产出来的，而且属于社会控制过程的一部分。尽管住房是大批量生产的产物，并且黑人人口流动性极大，但他们不仅增加了而且改造了住房。他们建造的家园超越了砖石水泥房屋本身的限制（Lee，2005：613）。通过对开普敦两代非洲女性的访谈，李提出，这些家庭成员努力改善家庭的过程，是要打造一种更加牢固的都市存在感。一个家庭刚搬进来，就开始糊墙，装天花板，铺地板（如木地板、瓷砖），安装内门。这就让他们的房子看起来不再是政府提供的简陋屋舍了。后来，20 世纪 90 年代出现了更加迅猛的变革，反映出人们对所有权的安全意识。大型后院被用来增设更多的院落结构或分院落，与整栋房子连接在一起，营造出一种"空间感"。这样的改造使"她们的家园看起来就像第一代城市女性（这些房屋的第一代居住者）雄心壮志的成果，也是她们在城里扎下根来的证明"（629）。

社会阶层是另一种在家园中被复制和引起争议的社会关系。郊区家园被视为中产阶级文化观念的体现，如住房的所有权，也是物质成就和生活稳定的象征（Gurney，1999a）。正如本章分析过的其他社会认同一样，阶层的观念也通过筑家实践被不断复制。中产阶级的身份认同绝非一种自然而然的属性，而是建构和实践的产物。例如，在广告中，我们可以看见郊区家园同个体的阶层身份之间的关联。在 20 世纪 80 年代的悉尼，住房的阶层地位通过以著名郊区命名的住房来体现（Mee，1993）。郊区住房所有者通过共同的措施来维持居住空间的排他性。在温哥华，前院的草坪和植物，以及均质整齐的房屋外观等，都能让人们觉察到屋主的阶层和地位。如果有人偏离了这样的规范，就很容易被邻居说三道四（Dowling，1998b）。

筑家实践同样能造成阶层之间的变化。纽约的莱维敦是众所周知的美国第一个被大规模建造起来的郊区（Kelly，1993）。威廉·莱维特（Willian Levitt）通过福特制生产模式建造了莱维敦的住房，包括提前制造出房屋的重要组件。莱维特还为"工薪家庭"建造了房屋，结果是房屋建得太小、太简陋。随着家庭规模的不断扩大，收入逐渐稳定，居民对房屋实施了大规模改造。人们增加了房间、车库与仓库，重新设计了厨房和起居室，将阁楼改成了卧室。但房屋的改造不仅在于扩充面积。在定制家园的过程中，"居民还把独创的多样性与和谐共处的社区结合在一起，这便是 19 世纪郊区的主要特点"（Kelly，1993：17）。换句话说，住房的物质改造巩固了莱维敦中产阶级的特质。

郊区家园的中产阶级理念也被应用在了公共政策的制定中，以重新建构工人阶级的生活方式。贫困人口的生存环境往往被视为非家园式的存在，或者道德和审美上的缺陷。同时，郊区家园又总作为承载着道德、审美与家庭可接受度的，甚至更高级的存在被建造起来。因此，郊区住房在改变工人阶级生活习惯的不同背景下被设计出来。这尤其体现在 20 世纪中叶英国与澳大利亚市政或国家的供给房上（Turkington，1999；Bryson & Winter，1999）。人们普遍认为，如果改变了工人阶级的住房结构，中产阶级体面的价值观和道德权威就会随之而来。例如，客厅和正规的起居空间的出现鼓励工人阶级家庭将公共活动与私人活动区分开来。在澳大利亚，拥有前门庭院的家庭能将街道的公共生活和家庭的私人生活分隔开来。由于工人阶级居住在郊区样式的房屋中，因此不免与这种家园观念发生冲突，但同时又复制着这一观念。在澳大利亚的郊区，公租房中的居民往往把客厅当作卧室。居民的自豪感则源于前门的庭院（如图 3-5 所示），就像温哥华的郊区居民那样。凯西·梅伊针对郊区家园的公租房谈道：

图 3-5 郊区的前门庭院 ①

　　从很多方面来看，我的童年几乎浸泡在典型的郊区生活方式之中。我的父亲靠打工维持家庭开支，我的母亲是一名家庭主妇。母亲干活非常卖力，这就使我的家庭维持在当下的标准上。在翻看童年幻灯片的时候，我想起了当时的家是多么整洁啊！母亲每天在家里吸尘除灰、洗衣拖地、熨烫衣服，这样才把整个家庭维持在这样的水平上。父亲在家的时候，通常待在男人的空间里，像花园和棚屋。就像住在"绿色山谷"（Green Valley）里的大多数人一样，他靠干杂活创造家园，并不停地打理房间。经营家庭的活计还包括让家变得更具个性化的劳作，比如，在墙上挂上装饰画和各种装饰品。这样，这个空间看起来就像是我们的家了。（Dowling & Mee, 2000: 286）

119

————————

① 凯西·梅伊许可翻印。

有关家园的理想观念，对于以地理学的方式去理解家园来说显得十分重要。在多数时候，郊区住房往往被设定为家园所在地，因为它们的居住形式明显同家园的主流意义相吻合。它们是从公共领域中分离出来的避风港，是充满亲密家庭关系的空间，并且具有温馨舒适的意义（文本框3.7展示了其他类型观念的案例）。在这一部分，我们阐述了家庭的观念如何营造出郊区住房，以及如何体现在居民每日的筑家实践中。然而，家园批判地理学通过家园观念的物质表现提醒我们关注其中蕴含的权力关系的建立和抵抗。因此，郊区家园成为改变工人阶级对家园的感知的工具，也成为他们使用家园和建造家园的方式。郊区家园还意味 *120* 着主流家庭观念的强权压制，尤其是在性别、性取向和种族层面上的压制。筑家实践以极为复杂的方式挑战并改造着这种排外的家园观念。

## 文本框 3.7　郊区家园的社会与环境的可持续性

对郊区家园的建造方式与环境批判已成为人们关注的焦点（见研究文本框5）。对郊区家园的不断建造被视为一种环境方面的不可持续状态。大面积的现代郊区住房导致不可再生资源被大规模开发，如水、石油和天然气。随着生活与卫生标准的不断提高，能源的使用量也在不断增加，人们对冷和热的忍耐力不断下降。人们在户外也渴望享受大自然，因此便把舒适、卫生和便利放在了首位，而不是重点关注环境本身的可持续性（Kaika, 2004; Shove, 2003）。在文本框3.4中，我们勾勒了女性主义的批判，与此同时，人们开始关注郊区住房的社会可持续性，尤其是其较高的购买门槛以及所有权依赖。郊区住房的高价把购买人群限制在了小范围内。

上述问题引发了不少回应与反响，大多数声音来自非营利部门。比如在英国，郊区国家伙伴关系（Suburbia National Partnership）把郊区住房的可持续和可再生纳入了国家议事日程。根据该部门的观点，尽管有86%的英国人口居住在郊区，但在城市复兴的讨论中，郊区却不见了踪影：

> "郊区"这个词蕴含着一些特定的意象，比如绿树成荫的街道，一个安全、适宜栖居的地方。这些意象掩盖了郊区的真实问题，比如购物中心的不断减少、交通网络的贫乏、当地就业的不景气、部分学校升学率的降低，以及犯罪率的升高。

121

其他的回应着重于家庭建筑层面。20世纪80年代，一个纽约的设计团队提出将郊区和城市的住房结合在一起，以缓解人们对独栋家庭住房的渴求和城市土地紧张之间的矛盾。"高层家园"（Highrise of Homes）项目试图建造十层楼的高层建筑，其中每一层都类似一个小村子，建有街道和一定数量的房屋。这样，"在打造多层建筑花园空间的同时，就能让城市的景观具有个性身份"（Wakeley，2003：147）。但是这群设计师通过《纽约客》所做的调研表明，这样的建筑提议并不受欢迎，不少人评价这样的设计简直是"可怕的""粗俗的"，奉劝他们"还是把郊区的住房留给郊区吧"。伦敦最大的住房协会之一，皮博迪信托公司（The Peabody Trust），凭借自身拥有的 20 000 个家庭的业务量，成为设计可持续住房的中流砥柱。例如，贝丁顿零能耗发展项目（Beddington Zero

Energy Development, BedZED）是伦敦南部的一个多用途开发项目，
涉及 82 个家庭，拥有 1 600 平方米的工作空间。它被设计成了能
源高效、环境友好的地方，使用的是可循环、可回收和可再生的
建筑材料。

# 四、无家的家园

我们在第一章中曾谈到，对"有家"和"无家"的思考是一种让人
同时感知家园的归属感与疏离感的重要方式。我们还谈到那些表面上看
起来"无家"的地方却被人们以在家的方式体验着；以无家的方式被人
们感知的地方却也可能被正式界定为家园。换句话说，家园可以以不同
的方式被营造，由不同的居所来体现，如学生公寓（Kenyon，1999）、
旅途车队、移动之家（见文本框 3.8）、敬老之家（Hockey，1999），以
及棚户区。尽管如此，对家园的感知也被限制在这些空间之内。艾琳·米
弗林（Erin Mifflin）和罗伯特·威尔顿（Robert Wilton）在关于加拿大
安大略省的研究中发现，对于房客来讲，租住的房屋很难成为家园，因 *122*
为"租住的房屋缺乏一些家的基本特征——避风港、私密性、自由掌控
权、永久性，等等"（Mifflin & Wilton，2005：418）。在这一部分，我
们会用三个情境来对无家的家园进行阐述，并讨论建造家园的各种方式
所导致的无家性，如身体残疾、家园的意义、住房问题、家暴和无家可
归的现象。

## 文本框 3.8　移动之家的有家性（homeliness）与无家性（unhomeliness）

　　所谓移动之家，指可以到处流动，能够在任何地方居住下来的家园。在美国，这是一种越来越流行的居住方式，也是越来越普遍的筑家实践方式。20世纪90年代，移动之家为1300万美国人口提供了居所，涵盖了四分之一的新建住房（Wallis，1997：vi）。这种居住方式被人们称为"旅行车队"（caravans）或"挂车"（trailers），它们就像公寓一样，很好地诠释了国家的调节作用、筑家实践，以及什么样的住房建造才算家园的限制性观念。

　　移动之家最早是在20世纪30年代开始流行的，主要方式是旅行车队和蓬式挂车。第二次世界大战时期，其移动程度大为下降，原因在于美国政府改用了大约20万辆房屋式挂车（house trailers）为大量国防生产中心的工人提供住处（Wallis，1997：90），同时为战后在核设施基地工作的工人提供住处。20世纪后半叶，人们见证了移动之家的日益盛行，"居所的流动性越来越强"（Wallis，1997：133）。它们可以出现在私人土地上，也可以出现在景区或者退休者的小区里。尽管移动之家流行了起来，但将其作为家园的观念依然没有树立起来，而是充满了负面描述，公众也不把这种居住方式视为正常家园中的居住方式，因为它是暂时的、不具有永久性的。政府和商家也把这种居住方式夸大为一种无家可归的形式。在许多城市中，人们要求规划不同的区域来安置这些移动之家，以便使它们形成居民区。直到20世纪80年代，银行才对购买移动之家的人提供融资服务。

　　尽管移动之家给人以无家的印象，研究却表明，居住者采用了很多种方式把它营造成理想的家园。独立的而不是挤在一起的家用设施提供个性化的空间；过道空间的设计变化为人们提供了私人卧室；现场增建的一些附加物为人们提供了更大、更舒适的空间。对于居住者来讲，移动之家同样是理想的家园，比公寓还要理想。沃利斯采访过的一位居住者说道：

> 我过去住在一个很棒的公寓中，尽管是暂时的，但是很不一样。每当我回到家里的时候，心里总有一些失落感。这里不是我的家，这些家具也不是我的。我尽量不让孩子去碰那些家具。我们在那里感觉不到自由……相反，在一辆不错的挂车里所感受到的自由，比住在城市或郊区的公寓中感受到的多。（1997：187）

此外，欧洲的"旅行车队"也表现出一种筑家方式，体现在他们"微型之家"的寓所样式上（Southerton et al.，2001）。

## 1. 残疾、住房和家园的意义

住房研究、家园设计与家园文化研究都很少关注身体残疾带来的影响，包括家园的物质化和对家园的想象。最近的一系列研究，包括"住房质量、残疾与家庭生活"的专题研究指出：

> 对于很多残疾人来讲，寓所的物质环境不利于满足他们的需求，不利于他们融入其中，也不方便他们在房间里的移动和对家庭

空间的使用。事实上，大量的住房设计，都是以满足健全人的需要为前提的。（Imrie，2004a：685；Imrie，2005）

*124* 对不少人来讲，身体的残疾会导致情感上的无家可归。伊姆里（Imrie）认为，其中一个原因在于，住房设计的前提是居住者的身体是健全且健康的。比如，厨房设备的标准高度是以正常人的站立身高为参照的，而不是以坐在轮椅上的高度为参照的；"楼上卧室与洗手间同楼下日常起居空间的分离，只符合正常人自由上下楼梯的能力"（2004b：751）。

对残疾人来讲，无家的体验不只体现在住房的设计上。伊姆里指出，家园对于这类人来讲，还可能是限制与隔离的场所。对护工的依赖，意味着他们失去了独立性，也失去了对家园的掌管能力。此外，基于对家园的感受和经验，"残疾人的理想家园观念与物质、生活、家庭现实之间存在着紧张关系"。

> 如果说家园为人们提供了隐私、卫生、安全和其他方面的理想条件，那么这样的供应对于残疾人来说是附加了条件的、不安全的，他们会因身体限制而感到挑战无处不在。（2004b：760）

一些参与伊姆里研究的受访者说，他们感受到了一种"家园的束缚"，觉得家园不是让人独立自在的地方，而是需要依赖他人的场所。对残疾儿童家园体验的研究更进一步表明了这种无家的体验。克里斯丁·欧德曼（Christine Oldman）与布里欧尼·贝利斯福德（Bryony Beresford）开展的亲子访谈表明，其中存在一种家园疏离体验。一名受访者简明扼要地说："我们从来就没有一个家。"另一名受访者提到，带着两个有学习障碍的孩子，觉得家简直就是一个大监狱。这些残疾的孩子则说自己"总是摔倒、碰伤、磕磕绊绊，一点也不喜欢家中经常发生事故的那些地方"（2000：437）。

人们应该调整和适应家园设计，避免残疾人沦为麻木不仁的设计作品的牺牲品，帮助他们不用依靠他人也能开展家庭生活（Imrie，2004b：756）。厨房可以建造得更适合残疾人使用；房屋的地面可以改建得适合轮椅移动；一些家具可以卖掉，好让房间显得不那么局促；有些墙壁可以打掉，好让内部空间变得更大一些。有一个家庭在房屋的内部实施了改造，以满足孩子的需求，也更新了人们对家园的认识：

> 如果你有一栋令人操作自如、行动便利的房子，那么它会像茧一样把你包裹在里面。现在，不论发生什么事情都没关系。在一栋不是自己的家的房子里，你如何做出一个艰难的决定？在这样的房子里待上 24 小时，我们就会发现她是一个与众不同的孩子。她在一夜之间就可以信心倍增。我无法向你描述黛比的不同之处。（Oldman & Beresford，2000：439）

这种改变耗资不菲。很多残疾人都收入微薄，对自己的住房缺乏掌控力，那么，这种无家的体验会进一步被放大。

## 2. 家庭暴力

尤其对于女性来讲，家园不仅是舒适和安居之所，还可能变成充满暴力和虐待的地方。拉切尔·彭（Rachel Pain）写道："针对女性的暴力事件大多发生在家中或其他私密空间与半私密空间中。一份关于城市强奸案的地图精确显示，在房间里发生的强奸案比在小巷和公园里发生的次数要多得多。"（Pain, 1997：233）根据英国妇女援助组织的观点，所谓家庭暴力，就是一种与肉体、心灵、性与财产相关联的暴力行为，通常发生在亲密的、以家庭为基本形式的关系之中，构成了一种胁迫与控制的关系。换句话说，尽管家庭暴力常常出现在家中，但它的关键内涵在于人与人之间的关系而非地点。我们会在第五章中谈到，被雇佣的家政工人也常常在一个家庭中遭受暴力和虐待，但这不算家庭暴力。英国犯罪调查表明，2001 年至 2002 年，英格兰和威尔士共发生了 63.5 万起家庭暴力案件。受害者中，女性分别占 81% 和 57%，比其他类型案件中女性受害者的比例都要高。其中，仅有不到 35% 的受害者报了案。在英国，已有 400 个为女性提供保护的避难所，第一家为男性受害者提供帮助的避难所 2004 年年初才成立。男性同样会遭遇家庭暴力，既有来自异性的也有来自同性的；但是相较于女性而言，他们在家中遭受反复攻击的比率低得多，而且较少出现重伤，也很少有材料表明他们会在家里感到恐惧不安。

126

　　家庭暴力也是造成女性无家可归的罪魁祸首之一。根据《庇护所》（*Shelter*）2002 年的报告，40% 的无家可归女性最初都是因为家庭暴力离家的。家庭暴力不仅导致女性无家可归，还常使家庭妇女感受不到家的温暖并处于危险之中。宝拉·梅丝（Paula Meth）认为，当从家庭暴力的视角出发理解家园的时候，我们更需要关注那些细致入微的差异。梅丝在研究南非德班市（Durban）家庭暴力、无家可归现象以及处于危险家庭中的女性时，对现存的研究家庭暴力的三个假设展开了批评：第一，在研究家庭暴力的时候，"家被视为正式的物质本体"；第二，"家是私密空间，与外界公共空间相分离"；

第三，"在家庭暴力研究中被确定下来的住所往往仍被视为居住者的家"（2003：317）。对于受访女性来讲，"她们表现出来的脆弱、不安全、暴露和非正式的特征，表明她们所遭遇的家庭暴力不能采用西方学者认为合适的方法去研究"（327）。在西方语境下做访谈，人们常常会提出这样一些问题："你把门锁好了吗？你有没有找个地方躲起来？你有没有把孩子藏好？……你有没有找一间避难所？你有没有考虑过搬家？"（357）这些问题都有一个假设，那就是对于这些处在危险之中感受不到家的存在的女性来讲，家是不适合她们待的地方。这反映出人们在研究家庭暴力现象时没有从一种批判性的角度研究房屋（包括卧室）的空间状况。由此，梅丝还提出一些应当加以思考的问题："这是否是正规的住房？这栋房屋的结构是不变的吗？所谓卧室，真的是一间卧室呢，还是只是一栋小房子里隐藏在窗帘背后的什么空间？门是否装了锁，或者根本连门都没有？"（319）

## 3. 无家可归

在对"无家性"展开研究的过程中，无家可归是另一个很重要的现象。无家可归不仅包括单纯的不在家中，它还是一种在家与不在家交织的情感与结构。无家可归的一种情形是"没有住房"，"包括没有栖身之所，或得不到慈善机构提供的容身之处"（Kellett & Moore，2003：126）。要搜集无家可归的确切数据是很困难的，但据估计，美国平均每晚约有 60 万人无家可归，南非约有 150 万人，印度约有 1 850 万人（Kellett & Moore，2003：125）。造成无家可归的原因很复杂。詹妮弗·沃奇和迈克·迪尔（Jennifer Wolch & Michael Dear，1993）认为，其中包括经济因素，如去工业化、最低工资水平的下降、福利国家的政策重

*127*

组（尤其是精神病治疗的去机构化和经济适用房供应量的下降）、城市可购买住房数量的下降，以及其他多种原因，像家庭暴力，尤其是针对女性的家庭暴力。灾难事件的爆发也是造成无家可归的重要原因，像地震、洪水、飓风。比如，2005 年 10 月，巴基斯坦北部发生的地震造成250 万人无家可归；2004 年 12 月，亚洲发生的海啸，仅在斯里兰卡就造成 50 万人无家可归。除此之外，还有大量人口被强制驱逐出家园（见文本框 4.6）。无家可归的影响十分普遍，沃奇和迪尔说道：

> 对于无家可归的人来说，维持生计耗时耗力，而且压力巨大。每天，他们都要面对获取食物、住所和其他生活必需品的现实压力。很多时候，他们不得不同官方机构协商，忍受不人道的服务与规则，还会遭遇拘捕和坐牢的风险。他们的身心遭受着食物不足、休息不够、缺乏医疗资源等折磨。（Wolch & Dear, 1993：246）

但是，没有住房（houseless）和无家可归（homeless）是两个不同的概念。有物质性的住房并不代表有家。孩子如果从小在缺乏照顾的环境中长大，或生活在充满虐待的家庭氛围中，自然不会把居住的环境视为家，尽管有檐遮雨，有墙避风。但对于这样的孩子来讲，离开充满暴力的家庭会漂泊无依。凯特琳·罗宾森（Catherine Robinson, 2002）为我们提供了住在悉尼的乔斯（Josie）和安迪（Andy）的案例。这两名少年没有住房，住在政府提供的有两间卧室的廉租房里。在他们眼中，这里不是家，而是一个充满暴力和恐惧的地方。债主常常上门威胁，亲戚也常来寄宿，一连好几个星期都不离开。

128 　人们意识到了没有住房同无家可归之间的区别，联合国也把无家可归定义为"缺乏社会属性与亲密的人际纽带……由此造成在任何一个地方都缺乏归属感，而非仅仅是没有住的地方"（UNCHS/Habitat，2000）。不管出于怎样的好意，这样的定义都旨在把无家可归视为一种"极度的匮乏状态"（Robinson，2002：31）。无家可归意味着没有住所，没有共同体的纽带，没有自我的意识。但是，家园批判地理学尝试在这两个极端定义之间寻找第三条路。这两个极端定义，前者把无家可归视为没有住处，后者又视其为缺乏归属感和认同。艾普萝·维尼斯（April Veness，1993）认为，无家可归是一种"无家"（unhome）的现象，试图在不适于建造家园的情境下或空间里建造家园。下面是三个例子。

在美国，如果没有住房或房屋质量不达标，就可能被界定为无家可归。但是，住房缺乏和房屋质量不达标都是由政治与文化来界定的，比如人们能否获得足够的水和电，等等（Veness，1993）。这样界定的问题在于，社会中的一部分人把自己的标准强加给了其他人。同时，这些标准根本不适合大多数贫困人口的生活现实（Veness，1993：322）。维尼斯描述了位于特拉华州（Delaware）农村地区的艾达（Edda）女士的家。这里不妨说说其中的细节：

> 她的家是移动之家。她在一辆车里睡觉，在另一辆车里做饭，其中还有储藏衣物的地方。另外还有一间棚屋，里面堆放着各种物品。这个家看起来好像没有所谓的中心区域。艾达女士"客厅"周围散落着几辆废弃的轿车（其中一辆用作鸡棚），几台处于不同维修状态的冰箱，一台旧除草机和一台洗衣机，各种各样的沙发和椅子，以及杂乱堆放的瓶子、罐子和塑料制品。这个家的旁边立着一根电线杆，松垂的电线为其中一辆车提供源源不断的电能。还有一

组电线穿过草坪，延伸到了外面，这样，艾达女士就能在户外使用家用电器了。艾达女士没有电话，也不开车，每天穿过庭院，在猪舍边用手压泵抽水，再用这水冲洗户外的厕所。（Veness，1993：328）

129　　这就是艾达女士的家。她在这里感到心满意足，觉得自己是名副其实的主人。

　　无家可归现象还关联着收容所里的空间。和其他居住形式一样，人们也不会把收容所描述成家。收容所的方方面面都充满了像许可条例一样的公共性规定，比如，禁止某些行为（吸烟），禁止某些人进入私人空间（闲人免进）。在公共和私人的范畴之外，维尼斯还阐述了家园观念是如何融入收容所的设计中的。20 世纪 80 年代，收容所的设计成为社会学界与建筑界的一大问题。人们拟建了很多新型收容所，都不约而同地采用了独栋家庭住房的模式，就像我们在第一章中所讲到的。人们想通过这样的设计营造出"理想"的家园环境，并重塑无家可归者的行为，尽管这并不是建立在筑家实践或他们的家庭理想的基础上的。举例来讲，人们在收容所里分别为家庭和非家庭居住者设计出不同的空间，也为孩子和大人设计了独立的空间（Veness，1994）。但是由于规则的介入和外界的期待，"模范之家"反而沦为了"无家"之家。例如，在特拉华州的一个收容所里，人们不准在客厅里穿鞋，也不许相互帮忙照看小孩（Veness，1994：162）。在功能与设计上，这里是一个家（狭义的家），然而实际上并非一个家，因为它辖制着人们的自主性和自由性，人们在这里无法独立自由地使用空间。维尼斯也剖示了收容所如何擅自将居住者界定为"从不曾有过家的人"。

以无家可归现象为基础，我们要借用无家之人的家园感，思考有家和无家的现象，这是我们对此展开思考的最后一种方式（见文本框3.8）。正如吉尔·瓦伦丁所言："无家可归者建构起来的人际关系、社会网络和空间具备大量的家园意义（如寓所、身份和归属），即家的属性赋予了住房传统的形式。"（Valentine，2001a：101）无家可归的人以各种方式营造出了家园感和家的归属感。例如，伦敦一处庇护所中无家可归的青年，谈了这里如何能为自己提供安全、独立与自由。他们在这里与其他居民交往，营造出家的氛围。然而，这里依然是"无家"的家园，因为这样的归属感既不长久，也不完全符合他们理想中的家园形式（Kellett & Moore，2003：133）。

## 文本框3.9 家园、无家可归与《大事件》

《大事件》（*Big Issue*）杂志的两则讨论关注了家园问题。第一则是在伦敦出版的《家园的大事件之书》（*Big Issue Book of Home*，Ephraums，2000），里面包含照片、诗歌和关于家园的文章。第二则是2005年在南非出版的《大事件》杂志中的照片所展示出来的家园问题，包含阐述家园的随笔和引文。这两份出版物着重强调同一个主题，即"家园的意义是什么"，同时大范围罗列了针对此问题的答案。这些答案来自《大事件》的发行商、作者、摄影人员，他们以文本和图片并置的形式呈现出了家园的多种可能性。有时候，这种并置的形式会出现在同一图像之中，就像在戴维·戈德布拉特的摄影作品中，一名小贩站在告示牌的旁边，告示牌上则印着约翰尼斯堡豪华住宅的广告（图3-6）。

*130*

图 3-6　小贩，2002 年 8 月 21 日 [1]

　　这两份出版物绘声绘色地传达了伦敦和南非在有家与无家的经验与意义上的异同点，并展示出有家与无家的各种形式：寓所、家庭、人行道、监狱、景区，两个地方不同的政策背景。南非《大事件》的编辑詹姆斯·加勒（James Garner）写道：

　　　　许多南非人都具有一种迁移（displacement）的家园感。根据《大事件》发行商的说法，这种迁移的家园感，一方面源于他们曾为了找工作，离开农村老家在城里建造新家的历程；另一方面源于在种族隔离时期，他们被迫从一处迁移到另一处的经历。这成了留给我们的遗产。土地的开发正在尝试慢慢解决过去的混乱。（Garner, 2005）

---

① 戴维·戈德布拉特拍摄并许可翻印。

在这两份出版物中，家园被描绘成令人恐惧与充满希冀的地方，也是从此逃离与向此而逃的地方。例如，开普敦销售《大事件》的小贩杰拉丁·马提尔达·罗德（Geraldine Matilda Rhode）说："过去我和孩子们住在平房里，但因为付不起房租，就搬到了街上。我梦想自己能有一个不大的房间，能让我和孩子们都觉得安全和自在。我很想有一个能被称为家的地方。"（Big Issue，2005）相比而言，菲·提尔曼（Fi Tillman）把大街描述为"另一种不同形式的家……每年，这个大型的家都会收容成千上万名儿童"。"你以为我希望有一栋二层的、有四间屋的、有中央空调和热水的房子吗……才不是呢，我渴望那些腐蚀的记忆消散，渴望能感受到他人对我的接纳，就像朝我敞开怀抱的大街一样。街上冰凉的石头不会向你应许太多东西，只会不求回报地为你卸下沉重的担子。"（Tillman，2000：81）

131

# 五、结 语

在这一章中，我们详细讨论了理想家园同物质环境（寓所）之间的关系，关注了家园的想象如何作用于中产阶级、白人、同性恋与核心家庭的社会关系，以及如何以郊区独栋住房的物质形式体现出来，这些都是理想的，或者说是有家的家园。当我们以家园批判地理学的视角去观照这些既存观念的时候，它们就被解构了。首先，我们关注了各种类型的体制，以及个体生产与再生产这些观念的过程。个人、企业和国家以真实和象征的方式将这些寓所建构为理想的家园，并借助流行文化的方

132

式呈现出来。由此，我们着重强调了理想家园的政治意义，以及它同国家建设目标、种族与城市空间政策、土地开发政策之间的关联。同时，作为家园的房屋也具有政治意义。它与权力关系关联在一起，是不断奋斗和抗争的结果。主流的家园想象总是存在内部的冲突，有时候会通过建造家园的方式被改写与再生产出来，成为一种身份认同的形式。其次，我们阐述了不同尺度的似家的住房。郊区的住房设计以及它们传达出的理想家园观念，把家园禁锢在了房子里，也把公共领域同私人领域分割开来；相反，公寓里的公共与私人之间的界限模糊得多。与此同时，郊区的家园营造，尤其是围绕着养育的家园营造，往往把家园的领域延伸到房屋以外的世界。对于无家可归者来讲，家园的尺度就是身体的尺度。有家与无家的多重尺度问题，把我们带到了本章第三个，也是最重要的问题的讨论中。那就是，有家和无家之间不存在截然分明的界线。为了阐述的方便，我们刻意把家园分为了有家和无家两个部分。令人吃惊的是，两者存在共通共融。郊区的住房可以给人无家与疏离的感觉，比如在充满家庭暴力的情况下，在同性恋、双性恋的家中。所谓无家之处与无家的体验，像移动之家或临终关怀医院，却可能是能让人感受到承诺与归属的地方。在后面的两章中，我们会把视角扩展到寓所的尺度之外，先看看关于家园、国家与帝国的问题，然后再讨论跨国家园的问题。在后面的案例讨论中，我们会继续延用有家和无家这种二元视角。

## 研究文本框3　冷冻的空间：技术与家庭生活的地理学

海伦·沃特金斯

*133*　　　我是在家里办公的，因此家务活、家用物品和家用电器充斥我的研究和日常生活。我的书桌、椅子、电脑、烧水壶、咖啡杯和电冰箱支撑和约束着我的日常生活。这些事物在社会生活中是

如此常见，不知不觉就融入了人们的家庭与生活规律当中。出于对这些事物的历史、功能和意义的好奇，我尝试拨开它们平凡的面纱。这层面纱将这些日常之物和它们蕴含的科技隐藏在了平淡的视野中。

我长期对家庭感兴趣，家中的物质文化、实践、科技、分类和陈列物也就构成了我的研究内容。我硕士期间的研究主要围绕"组织"（curating）家园而展开，地点是在剑桥凯尔特人的院落中（Watkins, 1997）。创建者坚持认为，体验艺术最好是在家庭环境中进行，敞开家门迎接来客，而非在博物馆的纯净氛围中开展。这个"家庭制造的"公共艺术作品，展示着自然事物和家用设施，使公共性与私人性复杂地混合在了一起，与每日的生活惯例共同组织起一个家园。最近，我还参与了一项关于可持续家庭科技的研究项目，着重关注厨房和浴室中的烹饪、洗涤和带孩子工作，资源密集型器具的标准化，以及对生活规律的重塑。

我在读博期间主要研究有关英国家用电冰箱的地理学。我思考冰箱如何塑造人们做饭、用餐、供应食物的过程，以及这些过程反过来又如何影响人们对电冰箱的使用，甚至包括这些过程怎样建构起了一个个家庭、个体、相关知识和性别认同。人们起初仅用电冰箱来储存食物，之后，它自然而然地被用作告示板或展示空间。我认为，冰箱具有双重的家庭特征。有一句谚语说：在交流与创造的地方，人人都是艺术家和诗人，这样的地方甚至包括冰箱门所构成的类似网页的世界。在冰箱门上，人们可以发布信息、写诗、张贴孩子的绘画和家庭小窍门。我认为，冰箱所具有的家庭意义使得冰箱门成为既亲切又暖心的空间。

*134* 　　其他地方的家用电器同样激起了我的兴趣。我在思考，如果电冰箱不能（或停止）满足人们的需要，会发生什么？电冰箱会去哪里？它们会不会把家庭也偷偷带走，或对家庭实施重新配置？我跟踪考察了电冰箱的整个循环流通的过程，包括被修理、再回收、被清理、被毁掉以及被保留的过程。一台台电冰箱通过维修铺、回收设备、垃圾场、粉碎机、仓库甚至博物馆进行着各种各样的循环。伴随着这些循环的是人们对电冰箱的定义。电冰箱这一具体的事物在厨房电器、历史工艺品和脏乱的垃圾之间不断地游走着，变换着自己的角色。

　　我没有想到自己的项目会成为电冰箱观照下的家庭研究。但一个明显的事实是，电冰箱从人们习以为常的地方脱离出来的状态所引发的不适感，带出了各种与位置和家庭有关的问题。其中一个案例是"冰箱山"（fridge mountain）危机。2002 年，氯氟化碳减排的立法引发了这一危机。当时，人们处理了大量过剩的电冰箱，导致不那么引人注目的电冰箱成了人们关注的焦点。另一个案例是在博物馆里展览的电冰箱。我对家用电器在伦敦科技馆里被布置、陈列和保管的方式进行了考察，注意到一个问题，那就是家用科技在展示工业科技的国家博物馆中是否具有合法地位。

　　由于电冰箱与更广大的低温运输系统存在关联，因此，它就诠释了更为复杂的、相互交织而又向外延伸的时空多样性。电冰箱还展示了家的范围，以及不同尺度的家园之间的重叠与交织，呈现出了细菌衰变的微观地理（腐臭的黄油、蔫黄的生菜），以及资源利用、臭氧减少和环境变化等全球性大问题。冰箱牵引着我的思绪，超越了家园的范围，但最后，我还是会回到厨房里，回到家庭的日常生活中，回到我们赖以生存的必需品上。

　　海伦·沃特金斯是英属哥伦比亚大学地理学博士。她的研究方向是家庭的空间、物质文化、历史与科技、实践与文化的呈现。最近，她参与了曼彻斯特大学可持续家用科技的 ESRC 项目（项目编号：332 25 007）。她的博士论文《电冰箱的空间：家用电冰箱的旅程》（*Fridge Space*：*Journeys of the Domestic Refrigerator*）探讨了英国电冰箱的文化历史和地理。

*135*

## 研究文本框 4　同性恋和双性恋之家：家庭的偏离

安德鲁·戈尔曼-默里

　　我对家园的研究主要关注一些被质疑的性关系。人们的研究已经极为广泛地切入了非正式的性关系之中，以此来界定家园的概念。比如，恩格（Eng）指出："丧失家庭的焦虑在同性恋和双性恋的文化项目与社会议题中是一个核心问题，并且在物质层面上有所体现。"（1997：32）对同性恋、双性恋流动状况的分析，极为关注性少数群体实施迁移的方式。在这样的方式中，人们呼唤一种家园观念。研究同性恋和双性恋迁移的人已经建立起一个"同性恋和双性恋家园"的概念，同性恋和双性恋也都在朝着这个目的地迁移（Weston，1995；Waitt & Markwell，2006）。那些与"同性恋和双性恋离散性"（queer diaspora）相伴随的研究工作，已经把这种性少数群体的迁移行为理论化为一种"归家"的方式。

　　我的研究项目没有纠缠于"家乡"或"归家"的想象地理学，而是主要关注人们活生生的具体体验，以及物质层面的建构和社会方面的实践。这些过程为同性恋和双性恋群体提供了一处家园：在性少数的行为基础上，家园是如何被建构起来的？这个家园又是如何抵制异性恋，并巩固他们的性差异的？在做此研究的过程中，我尽量把家园地理学和性别地理学结合起来。在性别地理学中，家园总是以消极的方式被建构起来的。

　　比如，家园一直被设定为一处遵循异性之间社会规范的场所，排斥同性恋和双性恋的身份认同，性少数群体无法在这里得到完全的隐私保障（Johnston & Valentine，1995）。我的研究主要是为了揭示家园对于性少数群体的意义何在，并且阐明特定的社会实践如何培育出了家园特有的身份认同。同时，家园地理学采用了女性主义文学作品来呈现如下事实：家园不仅与性别有关，还同阶层和种族息息相关，进而引发认同问题。这些问题决定了人们建造与使用家园的方式。我打算通过研究家园性别化来增加不同层次的身份认同。这意味着，尽管家园是散乱的被异性恋的规矩所定义的场所，但其他性别取向的人依然可以借助对异性恋规范的抵抗实现家园的建造。这将对围绕空间和性的相互渗透的辩论做出重要贡献，从而引出迄今为止被忽略的家园在相互交织的关系中的重要性。

　　这里的讨论对家园的概念用得比较松散。家园是一个多维度的概念，包含物质、社会和象征的维度，甚至包含相互冲突的含义，范围也从家庭扩展到了四处流散的状态（Blunt & Varley，2004）。家园不是空洞的记号，其松散性和灵活性体现出内涵的丰富性。家园也不仅仅是一个物质性的地点，它是借助社会实践和个体的依附被建构出来的。也就是说，尽管家园拥有现实的物质性维度，但它不会局限于预先设定的地点上，如物质性住房。此外，既然社会实践、社会行动与社会关系一开始就让家园超越了家庭的维度（Moss，1997），那么空间同样可以赋予家园一定的意义。上述这些概念可以帮助我们理解性取向不同的人与家园之间的关系。与其把家庭环境从外界空间分离出来，我更倾向于采用同性恋和双性恋人群采用的做法，就是利用居住空间使家园延伸出去，超越家庭的范围，进入外界的场域之中。由此，公共与私人的空间、行动就重叠在一起，共同营造出家园。

为了理解性取向不同的人如何通过社会实践与社会关系建造出家园与归属感的问题，我的研究通过一些分散的课题展开，并结合自传材料和访谈素材。它们包括男同性恋在使用家园时家庭空间与公共空间相互重叠的方式；因对身份认同的追求而进行的迁移和寻找家园的行为；在同性恋构建自信的身份认同的过程中，支持性家庭所起到的作用；青少年同性恋对家园与归属感进行重新映射的过程（他们把不同的地点纳入身份认同得以被肯定的依附层面中）；家园是身份认同的具体表达，也是身体实践的向外延伸；性取向不同的人以非正式的方式适应物质的家庭空间，进行无意识的使用；同性恋和双性恋的伴侣如何在家园中建构"夫妻"关系；房屋和邻里在家园建造中的相互渗透。这些问题将使人们更加明确地认识到家园在性取向不同的人及其文化实践中的作用和用途，从而对性取向与家园地理学产生新的理解。

安德鲁·戈尔曼-默里是悉尼麦考瑞大学人文地理学专业的博士生，着重研究澳大利亚同性恋和双性恋人群的筑家实践。他的一项研究旨在探索澳大利亚 GLBQ 人群寻找、建造和使用家园的多种方式。安德鲁对空间、地点与身份的女性主义和后结构主义范式有着广泛的兴趣，出版了三本专著:《公共历史评论》( *Public History Review* )、《社会与文化地理学》( *Social and Cultural Geography* ) 和《交通》( *Traffic* )。

## 研究文本框5　身体／家园／住房

路易丝·克拉布特里

　　我主要研究可持续住房、公民身份与可支付性之间相互叠加的关系，但如何开展研究是一个问题。如果从全人类的立场出发，那么将会非常混乱，因为人与人之间的关系相互渗透、充满矛盾，又彼此叠加，相互纠缠。伊利格瑞提醒我们注意人类的杂乱状况、相互影响，以及交织在一起的能力、欲望和偏见。穆菲( Mouffe ) 提醒我们，每一个群体内部都充满冲突，这是通过社会与个体建构、协商起来的，因此，公民身份应当包含这些特征。莫里斯( Morris ) 提到嵌入式和开放式的住房与场所，人们可以由此出发，而不被捆绑和阻挡。地下的根茎( Rhizomes )向外生长。在这一点上，伊利格瑞总结出男性需要建造家园，以确定那种不可名状的稳定性。由此，公共—私人被分割开来，一条分界线出现了，并紧紧地缠绕着个体。这些紧张的个体不断地同家庭操控、确定性和母亲的关怀发生冲突。何为家庭? 何为可持续? 何为公民身份? 或者，它们会以何种方式呈现出来? 带着这些尖锐的问题，我开始寻找处理家庭、自我、环境与经济层面问题的住房项目。这些问题是混杂在一起的，并在各自的领域中寻求着公正。

138

　　然而，任何事物都具有多样性，并带有嵌入性。这并不新鲜。我想我可以以任何一个事物都与别的事物相关为基础来写一篇论文。这就需要一定程度的筛选，需要将某些特定的人群进行归类。我可以围绕"根茎"的主题来筛选事物——包括群体、家庭、有公民身份的个体，但这一主题是否有点滑稽？或者，我为了迎合这一需求，要把很多事物隐藏起来——我们不妨称其为"理性"，它是启蒙运动的主要内容，相信一切事物都可以被集中、被操控。克服了现代性的二元主义，我们就能很好地言说边缘性、多样性、复杂性、渗透性和多重自我身份了。"根茎"及其相关概念都与此目的有关，约翰·拉斯通·索尔（John Ralston Saul）正沿着这一路径展开他的分析。

　　只要迅速转向，我们就会有很多种选择的可能性。家庭被视为多重自我身份在实施多样化可能的表达方式中形成的附属物。由于每个人的身体都具有可渗透性，容易被影响，因此，身体本身也在实施着多样化可能的表达方式。有可能的话，我想探索家庭与混乱的个体实施与扩张这些表达方式的情况。这些方式使我们现实处境里的生态嵌入性变得具有生机和活力。混乱不堪的人类、糟糕透顶的经济和渗透多孔的住房，在面对理性时发出了噼里啪啦的声音。

　　这看起来会是什么样子呢？一项调查研究关注了以下模型，包括公共住宅，生态乡村，合作社（公共的、私有的、半私有化的），社区土地信托，人力资产和双边抵押贷款，指出我们可以拟出应对这类问题的办法，同时采访了政府官员和主流的住房"操盘手"——开发商、规划师、政府资源提供者。我们以如下名义，如

*139*

对后消费主义再设计、再思考、再解释和再占有的名义，造访了具体的住房和住所，并采访了相关的支持者。只有借助这样的方式，我们才能不受因于和住房相关的整个领域，才能在这些杂乱不堪的事物中进行整理和挑选。这是一个难以支付的、不可持续的以及不公平的烂摊子。从日常生活所需要的物质（不包括 GDP 和消费成瘾），以及获取、占用和输送这些物质的方式，我们可以看到，这些构成了我们自由起舞的舞蹈，而不是帝国主义的华尔兹。难道不是吗？

路易丝·克拉布特里在过去八年①中先后执教于新南威尔士大学和麦考瑞大学，主要从事可持续性的教学和研究工作。她在麦考瑞大学人文地理学院获得了博士学位，博士论文为《混乱的人类、脏脏的经济和可渗透的家园：公民身份、可持续性与住房》（*Messy Humans, Dirty Economies and Leaky Houses: Citizenship, Sustainability and Housing*），其中有对可持续性与可支付性的记录……

---

① 此处的"过去八年"指从 1998 年到本书英文原著出版的 2006 年。——译者注

# 第四章

# 家园、国家与帝国

1857 年面向英国读者的两幅绘画作品蕴含着家园、国家与帝国三 140
者之间的关系，这也是本章的主题。第一幅画《旧英格兰的力量之源》
（"The Sinews of Old Englands"，图 4-1）由乔治·埃尔加·希克斯
（George Elgar Hicks）创作，用经典的方式表达出家园与国家的性别
空间。一对夫妇和他们的孩子被布局在家门口。男人有着强健的肌肉，
不仅象征着男性气质，还象征着英国——望着远方，渴望投入体力劳动
之中。女人则被刻画成家庭主妇，肩负着家务的重担，从门口可以看见
家被打理得井井有条。这幅画的标题指明了家园的特征，在男性的工作
和女性的家务之间构建起乡间的家庭生活，象征着理想化的英国民族观
念。家庭似乎是将国家想象为家园的不可或缺的场所。

对比另一幅创作于 1857 年的关于家庭的绘画作品《叛乱如何闯
入了英国人的家庭》（"How the Muting Came to English Homes"，图
4-2）。这幅作品将家庭描绘为充满恐惧与危险的地方。正如这幅画的名
字和躺椅上的盒子所展现出来的，家庭再一次代表了作为家园的英国。
这幅画没有以和平、舒适和有秩序的理想形式表现家园与国家，它呈现
的反倒是暴力和叛乱闯入家门，威胁到了家里的女人和孩子，隐喻整个
国家受到了威胁。和希克斯的画作一样，在这幅画中，家园是通过少妇 142
和母亲的形象来体现的。但是在这里，女性显得脆弱不堪、无依无靠。

部分是因为丈夫不在身边，只有挂在墙上的丈夫的画像。尽管画中家庭的陈设典型是英式的，但刻画的地方却是印度，这是对1857年至1858年之"叛变"的描绘。不管是在这幅作品中，还是在其他地方，英国统治下的印度所发生的暴乱及其严重威胁，都是通过脆弱的英国妇女、儿童和他们的家庭来呈现的（Tuson，1998；Blunt，2000b）。

图 4-1　乔治·埃尔加·希克斯的《旧英格兰的力量之源》[①]

---

①　私人收藏，收藏人未知。

图 4-2 《叛乱如何闯入了英国人的家庭》[1]

　　这两幅作品都展现出在象征层面上将国家作为家园的观念的重要性。《旧英格兰的力量之源》呈现出理想化的家园与家庭,《叛乱如何闯入了英国人的家庭》则展现出暴乱期间的英国家庭的脆弱性。后一幅作品之所以能够传达出 1857 年的"叛变"造成的威胁,很大程度上是由于希克斯的作品所代表的理想家庭和民族观念的广泛传播。此外,通过对印度的英国家庭展开描绘,家园与国家在 19 世纪不可分割地同更广大的帝国捆绑在了一起,由此展现出关于家园的想象地理学。

　　本章主要立足于国家和帝国的政治、生活经验以及民族概念,挖掘有关家园的想象的和物质的地理学。家园作为生活的场所和想象的空间,是流动的、充满冲突的,并不断形成和复制着国家与帝国的每日实践、物质文化及其话语。与其将家园视为私人的空间、从政治公共领域中分离出来的空间,我们更倾向于认为它是充满了政治的场所。不仅其

① 来源未知。

内部关系如此，它还同外部的国家与帝国这一更广大的领域有着密切关系。我们将沿着以下三条脉络挖掘家园、国家与帝国的批判地理学：帝国家园与筑家，故乡、民族和民族主义的政治，本土认同（indigeneity）、家园与归属。在每一条脉络中，我们都认为家园是充满权力和抵抗的地方。家庭同更广大的尺度——帝国、民族与本土政治——存在着高度的关联，并通过物质与想象的家园地理来表达和辩论。

对家园展开关系性理解，支持了我们当下把家园的物质地理学与想象地理学同"海外"和"无家"的地方与实践结合起来的做法，其中还包含在家园的层面上使民族与帝国概念化的途径。例如，罗斯玛丽·玛朗格丽·乔治（Rosemary Marangoly George）在研究关于家园的后现代小说时写道："家与国总是在与'无家''海外'与'距离'进行交锋的过程中获得自身的定义。"（George，1996：4）同样，埃米·卡普兰在研究美国的帝国主义与民族身份时写道："把国家视为家园的这种观念……总是不可避免地产生于帝国的政治、经济与文化运动中。这些运动在国内（家）与海外之间树立起边界，并使这些本已不牢固的边界变得更加动荡。"（Kaplan，2002：1）卡普兰指出，"domestic"（国内的）这一术语具有双重意义，既指一个国家的内部空间，也指一个家庭所具有的空间。这两种意义都同"foreign"（国外的）的意义相关，后者的意义也是不确定的。这两个术语的意义都并非中立的，而是"高度隐喻着家园与家庭、外部者与内部者、臣民与公民所具有的种族和性别特征"。我们将通过挖掘家园在帝国、民族主义和本土政治中的显著特性来探讨这样的隐喻。

第三章把家园视为容纳与排斥家庭成员的地点，本章则是对此内容的延伸。正像我们在第三章中所讨论的，以及针对图 4-1 和图 4-2 所讨论的那样，我们着重关注家园、国家和帝国三者关联在一起的方式。这些方式蕴含着性别和种族的意义，并以异性组合的家庭与家庭生活为基础。本章所有内容都是在研究家园的跨国流动。这样的流动既是活生生的经验，也是一种空间上的想象。本章还会考察在国家想象层面上，家庭与祖国之间激烈的政治互动的影响。这一主题也是第五章的重点，我们会在第五章中讨论现代世界中的跨国家园问题。

# 一、帝国家园与筑家

帝国权力的行使不仅依赖于其他地方的想象地理（Said，1978），还依赖于首府内部、首府与外部帝国和更广大的殖民地之间的想象地理。卡普兰称："国家的家园认同与外国和异邦的呈现方式密切地纠缠在一起……在帝国的语境下，国内的观念与国外的观念相辅相成。"（2002：4）这样的想象地理、国家隐喻同家园的物质性密切关联着。把国家视为家园的观念与实践不仅在物质层面上复制与重塑了帝国的空间，还借助更广大的帝国在家庭层面上被塑造出来。首先，我们会批判性地讨论家园、国家与帝国三者之间的关系，这一关系通过首府与更广大帝国的帝国式家庭空间呈现出来。其次，我们会列举两个案例以详细分析两个问题：美国的国家建设与边疆的家园建造，以及印度殖民地的英国家庭具有的冲突。

*144*

## 1. 家园、首府与帝国

在一些关于帝国的研究中，家园被描绘为限制人从而使人不断逃离的地方。例如，在展现帝国男性气质的作品中，远离家园的冒险是一个重要的主题，像约翰·托什（John Tosh）描绘的19世纪晚期英国男性"逃离家园"的作品，以及理查德·菲利普斯借助男孩子的小说研究远离家园、外出冒险的帝国空间。此外，关于帝国的性别研究，探讨了男人离开由异性组成的家庭，同其他男性一起生活的不拘一格（Ballhatchet，1980；Duncan，2002）。大英帝国广大的空间同样能使英国女性到比过去更远的地方旅行。一些女性脱离了家庭生活的方方面面，独自旅行，享受着帝国的权力。比如，玛丽·金斯利（Mary Kingsley）在19世纪90年代去了西非。当时，她的双亲离世，哥哥去了海外，她就从家庭责任中脱离了出来。尽管西非之旅使得金斯利走出了女性化的家庭，但她一回到伦敦，就会重新适恰地置身于女性化的家庭圈子里，当起哥哥的管家（Blunt，1994）。其他以家庭雇工的身份离家的女性，通常会得到各种移民社会圈子的资助。这些社会圈子为未婚的职业女性和中产阶级女性组织起了在殖民地的根据地（Kranidis，1999；Myers，2001；Pickles，2002a）。许多以传教士身份定居海外的欧美人士，不仅让当地人归信基督教，还在他们中培育起西方人的家庭模式（Comaroff & Comaroff，1992）。但是，大多数在帝国旅行的首府臣民是为了在那里与家人一道建造家园。帝国家园建造的物质实践复制和再现出国家与帝国作为家园的想象地理学（David，1999）。

145　　帝国家园的建造并非像帝国主义的影响那样，是一个单向的过程，仅仅从首府影响至外部的帝国空间。相反，首府的家园以及作为家园的国家的观念，总是在帝国的政治和冲突中不断被塑造出来的。例如，简（Jane）与约翰·卡马洛夫（John Comaroff）在研究英国人在西非的殖民传教活动时写道：

证据表明，殖民主义本身，尤其是殖民传教，在英国与海外现代化家庭模式不断形成的过程中起到了关键作用。这为其他地方的人提供了可参照的模板。历史学家对与非欧洲人在发展西方现代思想，特别是"家园"思想方面的接触进行的是轻描淡写的说明。（Comaroff & Comaroff，1992：39-40）

位于首府的家园，其物质消费和家庭开支也是在帝国主义的基础上被建构起来的。安娜·达文（Anna Davin，1978）的一个典型研究案例，揭示出帝国政治对维多利亚时期英国践行并表达母性情怀（motherhood）的影响，涉及公共健康水平、卫生条件与家庭经济状况的提升。这些方面把家庭的再生产同国家与帝国种族净化与精神力量的观念联系在了一起。正如安妮·麦克林托克（Anne McClintock）所言："对女性进行性别控制，提升她们的母性情怀，孕育出具有男性气质的种族以建设帝国，这样的观念被广泛认同为至高无上的，是掌管男性帝国政体之健康与财富的最重要方法。"（1995：47）此外，19世纪日用品消费的增长也反映和再生产出国家与帝国的家园观念，比如食品与纺织品等物质消费的增长，及由其引起的早期百货公司、广告数量和商品展销会场次的增加（Chaudhuri，1992；Richards，1990；McClintock，1995；Zlotnick，1995；研究文本框6）。

某些展览会，如1886年举办的殖民地印度展览会（Colonial Indian Exhibition），以及1908年首次在敦伦举办的年度理想家园展（Ideal Home Exhibition），场面十分壮观，体现出家园是培育和表现国家和帝国权力与认同的重要场所。在殖民地印度展览会上，流行歌曲《家，甜蜜的家》（"Home，Sweet Home"）在开幕式上被唱响。威尔士亲王（Prince of Wales）极力让来宾意识到："在未来，殖民地……是合法的，

*146*

自然会成为这些岛屿人口中更爱冒险、更加精力充沛的人的家园"（英国议会文件，1887：xx）。这场展览会在整个帝国范围内被广为报道，帮助遥远的英国臣民想象帝国之家与祖国之间的关系（Blunt，1999）。印度《加尔各答评论》（*Calcutta Review*）上的一篇文章反映出在这场开幕式上，家园所具有的民族与帝国的含义：

> 在这个伟大的时刻，在一万名精英同胞被美妙女声所演唱的流行小曲《家，甜蜜的家》感动得热泪盈眶时，我们不得不说这样的情感与音乐激起了我们最强烈、最深沉的民族热情。（Blunt，1999）

德博拉·瑞安（Deborah Ryan）解释说，从 1908 年开始，理想家园展"比国际展览会更强烈地表现出帝国的家庭观念，并赋予其人类学特征，把'原始'人描绘为家庭化的帝国臣民，而不仅仅是异域的他者"（Ryan，1997a：16；Ryan，1997b）。从 1926 年到 1933 年，帝国商品营销委员会（Empire Marketing Board）也在理想家园展中设立了展位，"鼓励消费者将帝国视为英国的'食品储藏柜'"。位于首府的家庭以及人们在首府的生活，很明显地受到了帝国臣民教化与不断增长的帝国消费的影响。因此，家庭成为物质与想象的地点，被赋予了国家与帝国的意义。在此，国内的再生产与家庭内外的权力关系紧密地联系在了一起。

## 2. 边疆家园建造与美国国家建设

从 16 世纪到 20 世纪，西方的帝国主义建立在首府与广泛的帝国之间人口、商品以及思想贸易的基础之上。在西印度群岛和美国南部实施的多样化奴隶制种植经济及其支撑下的帝国定居点的家园建造，也是实践帝国主义的根基。此外，帝国主义的范围还包括美国西部的边疆；白人居民构成的社会，像澳大利亚、加拿大、新西兰和南非；印度次大陆 *147*（长期并间或性地受到帝国主义的影响）。美国西部的殖民主义和现代欧洲帝国所打造的以白人居民为主导的殖民地，也不断依赖家园、民族、定居点及其景观所具有的家庭生活和性别化的愿景。例如，阿兰·莱斯特（Alan Lester）在讨论 19 世纪位于开普殖民地（Cape Colony）的英国居民构成的社会时写道："女性营造的令人熟悉的家园景象、家庭生活节律以及轻松愉快的娱乐方式，是这些定居社会不断得以复制的关键因素。"（Lester，2001：73）

美国边疆的殖民侵袭和定居点的建设同样激起了性别化与种族化的家园意象。例如，安妮特·科罗德尼（Annette Kolodny）写到，男性化的征服幻想总是建立在对田园生活与女性般的土地的渴望之基础上（Kolodny，1975）。相反，女性对殖民主义与定居地的幻想更多地被涂上了家庭的色彩，对未来家庭的想象总是伴随着对曾经家庭的回忆。在描写西部边疆时，科罗德尼认为：

> 她们对西方的憧憬，最核心的是对家园的想象，想象着更早时代的家园，尽管她们不承认这一点。新兴的工业化国家迅速地瓦解了家园的经济功能，导致女性活动的范围日趋狭窄，所以在西方社会迁移过程中产生的家庭小说认为，家园，尤其是家园中的女性传统角色具有实质性的重要意义。（Kolodny，1984：165）

　　珍妮特·弗洛伊德研究了北美盎格鲁移民中家庭妇女（通常被称为"先锋妇女"）的文字作品，对其中的家庭生活节律展开了分析，同时挖掘了这些妇女如何同更广泛疆域中的国家建设项目、安居工程以及原住民的流离失所产生关系（2002a；Floyd，2002b）。尽管如此，众多帝国家庭研究中的研究对象依然认为自己只是被雇佣的服务员或管理家政的用人，这些"先锋妇女"只是自顾自地从事着家务劳动而已。这些妇女的自传文学对于家园建造来讲具有十分重要的意义："对于移民定居点的建设项目和其中的家园建设来讲，自传式的书写具有至关重要的意义。对日常工作细节的描述，证明这些妇女参与了相关建设项目。"（2002a：10）

148　　正如科罗德尼和弗洛伊德的研究所表明的："家庭生活中的语言，是国家扩张的表现。"（Kaplan，2002：27）从 19 世纪 30 年代到 50 年代，"通过对印第安人的驱逐，以及第一次长期的对外战争，美国从墨西哥手中夺取了西班牙的边陲地带，顺带夺取了得克萨斯州、俄勒冈州、加利福尼亚州和新墨西哥州，一下子扩张了 70% 的国土面积"（26）。卡普兰通过分析以下两个问题，指出美国的国家与帝国扩张方式紧紧地与家园的观念捆绑在一起："彼此分离的意识形态如何打造出一个美利坚帝国？当美国的地理边界借助同墨西哥人和美洲原住民的暴力冲突而迅速扩张的时候，家园的观念又是如何被赋予一个国家的？"（26）卡普兰针对帝国国家建设时期，国内与国外具有的流动性和不断变化的差异，指出帝国家园的内在矛盾。通过分析凯瑟琳·比彻和萨拉·约瑟法·黑尔（Sarah Josepha Hale）的文字作品，卡普兰认为，家庭生活的话语表现出明显的双重悖论，即这样的话语不仅将女性影响力所及的范围扩展至家庭乃至国家之外，还将此范围限制在了"守卫国内边界上，以对抗'异族性'（foreignness）带来的威胁"。例如，黑尔作为颇有影响力的杂志《歌迪女士的书》（*Godey's Lady's Book*）的编辑，同时也是一位作家。她在 1847 年发起了一场运动，让感恩节成为一个全国性的节日。1863 年，活动的这一目标得以实现。这场运动发起于美国和墨西哥开战期间。"这一举动表明，黑尔让女性的影响力覆盖到了民族与国家的空间。这份杂志提供了详细的感恩节宴席筹备指南和食谱，以鼓动女性在这一全国性节日中群情激奋地庆祝，因为这一节日是民族扩张和团结的一场仪式。"在黑尔看来，感恩节是激励家庭与全国对抗"异族性"威胁的关键途径。她认为，这一威胁既存在于国界之外，也存在于国界之内。卡普兰解释道，对于黑尔来讲：

> 国家边界不仅是一种地理上的界线，同时还在国家内部排斥有色人种。从黑尔 19 世纪 50 年代的小说中，我们可以看出，感恩节通过如下方式政策性地界定了国家的范围，即将黑人（无论是自由人还是奴隶）通通视为与国家相对的外族人，并视之为与美国扩张边界相对的没有家园的人。（36）

感恩节的起源揭示出家庭与国家之间密切的关系，并使得国家起源 *149* 和民族统一的叙事具有了家园属性。家庭的内部空间、实践与成员关系使得国家与民族的家园观念得以形成，并不断被复制。这种家园观念显然具有种族性，强化了白人家庭的优越感和民族归属感，将黑人与美洲原住民排斥在民族家园的范围之外。尽管上述案例表明了美国中产阶级白人如何捍卫他们的家园与国家，并与国内外同时存在的"异族性"威胁进行对抗；然而，到了 19 世纪末，白人家中的装饰却明显体现出对"异族性"的痴迷。克里斯丁·赫根森（Kristin Hoganson）提到，从 1865 年到 1920 年，大量美国中产阶级家庭呈现出一种"世界主义式

的家庭观念"（cosmopolitan domesticity），主要表现为"兴高采烈地
购买异域风情的商品，并热衷于那样的格调，很大程度上只是因为这些
事物非常具有外国情调"（2002：57）。同时，在许多欧洲国家（见研
究文本框7），中产阶级女性热衷于"购买华丽织物做成的窗帘，以营
造出具有东方味道的'安逸角落'"（58）。家居装饰杂志介绍了各种各
样异国情调的室内装饰风格，营销商也"迫不及待地吹嘘着商品的外
国原产地，吸引人们纷纷购买"（64）。世界主义式的家庭观念在一定
程度上表达出居民自身的认同，使他们能够按照阶层的属性来区分自
己。但是，这种家庭观念——正如赫根森所言——也反映出这些人想要
把世界带进家中的企图："搜集与展示外来物品的做法，可以表明主人
开阔的眼界、广泛的阅历，以及与世界的交融。"（79）这样的交融是有
限的。世界主义式的家庭观念的基础依然是国与国之间政治与经济关系
的不平等。它不仅与帝国主义是同谋，而且依赖于帝国主义。赫根森总
结道：

> 这并不意味着一种基于全体人类同胞的信仰，也不意味着对其
> 他民族和文化的深度理解，更不意味着对外来移民有敞开国门的意
> 愿。那些为了异族的"本真"（authentic）风格被破坏而发出哀悼
> 的艺术专家正好促发了这一观念，即世界主义及西方知识、开放性
> 与现代性的确切证明。那些不断混淆也不断搭配着外来事物的人制
> 造出了异域的味道。那些搜寻和筹备适合自己口味的进口物品的人，
> 能够以自己熟悉的方式驯化（domesticate）外部的世界。他们拒
> 绝看见其中的真实差异，继续维护着已有的特权。（80）

150

### 3. 印度的英国家庭

不同于美国的边疆社会或其他形式的居民社会，位于印度的英国精英家庭通常拥有长期的基础，但是此基础又是暂时性（Gowans，2001）。居住在印度的英国女性以及她们在家中扮演的妻子和母亲的角色，具有复杂的政治意义。很多地理学家、历史学家和文学批评家都对此展开了研究（Sharp，1993；George，1996；Grewal，1996；Blunt，1999；Procida，2002；Buettner，2004）。大多数帝国评论员都同意这样的观点，即英国女性在印度承担起母亲和妻子的角色——被称为"太太"（memsahibs）① ——对建立合适的英国家园家庭生活来讲至关重要。在这些评论员看来，英国女性在印度扮演的家庭建设者的角色不仅对殖民统治者合法性的复制来说至关重要，也对家庭与社会的再生产和殖民统治者伦理合法性的复制发挥出关键性作用。例如，《加尔各答评论》的一篇文章报道了1886年举办的殖民地印度展览会的开幕式，指出只有在印度的这些英国太太才能缓解丈夫的思乡病：

> 他们是一群工作诚恳、热爱家庭的男士。他们最大的幸福就是陪伴在身边的那位令他们健康快乐，生病时照顾他们的妻子。这些妻子每天都精心周到地照料着家庭。所有到场的人都是我们英国的男士，他们深爱着自己的妻子，地地道道的英国妻子。（Blunt，1999）

但是，有一些评论家认为，这些待在印度的女性和她们的家庭导致了排外性的英国家庭与社会生活圈子的出现，激起了统治者与被统治者

---

① "memsahib"一词是旧时印度仆人对欧洲已婚女性的称呼。——译者注

之间的种族敌意，最终使得大英帝国走向衰落。不少评论家用 1857 年至 1858 年的"叛变"来论证这种排外性圈子的出现。

151    正像图 4-2 所刻画的，"叛变"给英国统治者造成的严重威胁十分生动地在这个家庭的崩溃和妇女、儿童的命运上体现了出来。这样的现象在坎普尔市（Cawnpore）尤为突出（Blunt，2000b）。在勒克瑙市（Lucknow）连续五个月的围攻中生存下来的英国女性，在家庭中经历了极其严重的冲突（Blunt，2000a）。这些女性所写的日记加起来有六本书那么厚，不仅详细记录了冲突期间每日的家庭生活，还呈现出帝国的冲突在家庭层面的展开（Bartrum，1858；Case，1858；Harris，1858；Inglis，1892；Germon，1957；Brydon，1978）。在围攻初期，女性日记中还记录着每天的惯常生活和帝国的统治。但是几天以后，形势急转直下，印度用人纷纷离开他们的英国雇主。军队牧师的妻子凯瑟琳·哈里斯（Katherine Harris）在日记中写道：

> 家家户户的用人都接二连三地放弃了日常工作。我们也会很快失去用人。可以说，摆脱雇主是目前的趋势，人们在不断失去用人。如果他们真的离开了我们，很难想象我们该怎么办。他们的无礼言行也开始暴露无遗，连最假惺惺的礼貌都没有了。昨天，我送走了家里的裁缝师傅。他很晚才来上班，我说了他几句，他就蛮横无理地回应我，还恶狠狠地瞪了我两眼。于是，我解雇了他。他二话不说，连工钱的事都没问一句，调头就走了。（1858：46-47）

对于哈里斯这样的中产阶级已婚女性记录者来讲，帝国的权力对家庭构成了直接的挑战。一开始，这些女性每天都要沏茶、打扫卫生、洗衣、做饭，尽管一些军人的妻子来印度就是为了干这些家务活的。大多数日记记录的都是家务劳动如何繁重、如何分工，以及新的家庭惯例，等等。约翰·凯伊（John Kaye）在那段时期写道："我们女性并非不光彩，只是觉得自己生活在奴役之中。"（1876：354）

　　1859 年，随着"叛变"被镇压下去，乔治·阿肯森（George Atkinson）的畅销书《四十盘"咖喱饭"或"我们站上"的社会生活要素》（"Curry and Rice" on Forty Plates; or, the Ingredients of Social Life at "Our Station"）重新在一个虚构的名叫"卡博布"的偏远小站确认了帝国主义与家庭的权威（Atkinson，1859）。印度家庭中的英国女性形象是这本书刻画的核心。尤为明显的是，正如图 4-3 所刻画的，英国女 *152* 性同仆人待在一起的画面象征着家庭尺度中的帝国权力。这与"叛变"

图 4-3　《法官的妻子，特米里克太太》，乔治·阿肯森，1859 [1]

―――――――――

① 摘自《四十盘"咖喱饭"或"我们站上"的社会生活要素》[ 伦敦：约翰·B. 戴（John B. Day）]。

时期很多英国女性的刻画完全相反，那时候呈现出的是家庭的崩溃和她们被奴役的状态。1858年以后，大英帝国在印度的权力重建，以多种方式同家庭联系在了一起。玛丽·普罗西达（Mary Procida）描述了英属印度的"政治化的帝国家园"，写道："殖民者最具私人化与亲密性的空间源于他们自己被帝国的需求所殖民。"（2002：56；Stoler，2002）

生活在印度的英国女性围绕着家里的物资打转。回忆录、口述史、文学作品和家庭照片揭示出"家园中的帝国主义"和女性的家庭管理规则（见文本框4.1）。在远离英国官员居住的"孟加拉式的平房"以外，有许多被划分出的供印度用人及其家人居住的地方（见文本框4.2）。这样，就以家庭尺度为基础重新设定了种族之间的距离，并巩固了殖民主义的都市生活。英国人的营地和市民边界线与当地印度人居住的城市之间保持着很远的距离，而这样的距离超越了印度用人在英国家庭中工作的日常基础。在初版于1888年的最著名的家庭指南中，芙洛拉·安妮·斯蒂尔（Flora Annie Steel）和格蕾丝·葛迪娜（Grace Gardiner）写道，印度的英国家庭应该体现为：

*153*

> 一个文明的团体，父亲和孩子，母亲和用人，雇主和雇工都能习得自身的那些道德责任。当做到这一切时，家庭成员，尤其是女性的才干，才能自然而然地发挥和表露出来……我们绝不想吹嘘一种世俗的桀骜不驯，但是，若离开了尊严和威望，印度人的家庭绝不可能比印度帝国更容易在一种和平的环境下被统治起来。（Steel & Gardiner，1907：7，9）

生活在印度的英国家庭和他们的用人一起照相。这样的照片让帝国在家庭的内部与外部同时被复制了出来，如图4-4所示。

图 4-4 科罗内尔（Colonel）与科顿（Cotton）女士在印度的家中，1887[①]

## 文本框 4.1 家园中的帝国

　　"家园中的帝国"指在家庭范围内行使帝国的权力与权威的
方式，尤其是女性行使这种权力与权威的方式。这一术语也被 19
世纪美国作家广为使用（Kaplan，2002）。露丝玛丽·马兰葛莉·
乔治（1996）关于英属印度"帝国家庭"的一项研究也使用了这
一术语。遗留下来的家庭指南、信件、日记、回忆录和访谈口述
史等资料，揭示出英属印度"家园中的帝国"几乎充满对用人的
管理和对抚养孩子的担忧这类事情。19 世纪晚期，规模较小的家
庭可能有 10 到 12 名仆佣，规模较大的家庭则拥有不少于 30 名仆
佣。到了 20 世纪 20 年代，不少于 12 名仆佣的情况极其普遍（Barr，
1976；1989）。相反，在英国本土的家庭中，雇佣 3 名或 5 名以上

*154*

---

[①] 不列颠图书馆许可翻印。

仆佣的情况十分罕见。在印度，仆佣的数量之所以会更多，原因在于种姓制度的限制。也就是说，不同种姓的仆佣只能做特定范围之内的事情。除了奶妈（主要责任包括照顾孩子和做女主人的贴身女仆）以外，英国家庭里的仆佣全都是男性。

在大英帝国的想象中，印度仆佣被视为家中的外人。安·劳拉·斯托勒（Ann Laura Stoler）写到，"当地"的仆佣在帝国家园中占据着很复杂的场域：

> 他们既虔诚，又不那么正大光明；既值得信赖，又好色邪荡。这些"当地"的仆佣占据并构成了一个危险的性别场域，扮演着核心的道德角色……正是他们的驯化方式把中产阶级家庭中的私人劳动，心照不宣地置于自己暴动反叛的双手之中，也置于他们毁灭性的掌控之下。（1995：150）

斯托勒接下来谈到，"当地"的仆佣就像孩子般被对待：

> 被种族目光所凝视的他者无一例外地被等同于儿童，这成为一种很便利的代表，为帝国主义的监护、纪律与家长作风的特殊监禁和控制提供了道德辩护。（150）

在为住在印度的英国女性写的家庭指南中，印度仆人不仅被幼稚化对待，还被置于低人一等的社会地位上（Blunt, 1999）。[仆人自己的经验与观点往往在档案中没有任何记载（Burton, 2003）；但在斯托勒与卡伦·斯特斯勒（Karen Strassler）的《爪哇的回忆之作》("Memory-work in Java")中，斯托勒对荷属东印度群岛荷兰雇主的爪哇仆人进行了访谈，并对这些材料展开了分析。]

　　家庭指南中关于如何在印度抚养小孩的建议中，最尖锐的还是种族、阶层与性别方面的问题。英国小孩子通常会在父母身边待七年，然后被送到学校接受教育，或为了健康被带到山间的避暑地。大多数家庭指南都建议母乳喂养，只在特殊情况下才请奶妈。请奶妈造成的焦虑在欧洲持续了很长一段时间，而且蔓延至整个帝国。在欧洲，医学界关注的是小孩可能会吸收奶妈的"性格特征"，这就导致劳动阶层的母乳会稀释贵族与中产阶级的血统（Stoler，1995）。20世纪初期，由于受种族与阶级观念影响，很少有人请印度奶妈［有部电影讲述了20世纪50年代在喀拉拉邦（Kerala），一个英国家庭聘请了英裔印度奶妈的故事。见莫谦特-艾佛利（Merchant-Ivory）制片公司出品的《科顿·玛丽》（Cotton Mary，2002）］。关于在印度抚养英国小孩的种族焦虑远不止出现在婴儿期，人们广泛争论着印度人、英国人或英裔印度人是否适合被雇为保姆或奶妈的问题。在最畅销的家庭指南中，斯蒂尔和葛迪娜写道："尽管当地也有不错的仆佣，但与经过良好训练的英国保姆比起来，她们有着不一样的哺育方式和知识，也没那么可靠。而且，当地的仆佣通常管不住孩子。"（1907：166-167）类似地，在一本1923年出版的家庭指南中，凯特·普拉特（Kate Platt）指出："把孩子交给当地仆佣抚养很容易让孩子养成坏习惯，变得没有礼貌，还会以令人意想不到的方式成长起来。"（1923：138-139）英国父母还担心，由英裔印度保姆带出来的孩子会有奇奇怪怪的口音（Blunt，2005）。

156

## 文本框 4.2　孟加拉式平房

　　安东尼·金（Anthony King）在研究跨国家庭居住的孟加拉式平房（Bunglowe）时说："这种房屋的名称和形式都源于印度……印地语或马拉地语中的'Bangla'一词的意思是'孟加拉的'。"（King，1984：14；King，1997；Glover，2004）安尼·坎贝尔·威尔森（Anne Campbell Wilson）在1904年写道："在印度，位于平原上的这种孟加拉式平房是正方形的单层房屋，屋顶也是平的，四边是带柱的走廊。"房屋有很多扇门窗，便于空气对流，外面是露台，可以乘凉。根据莫德·迪韦（Maud Diver）的说法："孟加拉式平房在建筑上十分精简，英国的房屋则十分复杂。这种房屋不是为了悦人眼目，而是为了躲避毒热的太阳。"（1909：61）

　　很多英国女性都想把她们在印度的孟加拉式平房改造成似家的场所。例如，碧翠克斯·斯科特（Beatrix Scott）1910年来到印度，非常钟爱"漂亮的小房子，那里的地毯和窗帘是那样匹配"。她深情地回忆道：

　　　　由于普遍的思乡情结，英国人通常会把家的四周和房间尽量布置得和英国乡间家庭一样……带着玫瑰印花棉布软垫的椅子，印着玫瑰花蕾的黑色软地毯，缝着活页式大玫瑰的乳色窗帘。然后，我打开包裹，取出自己的照片和家私。我真的是太爱我的家了。

　　20世纪70年代，帕里（Parry）太太在讲述五十年前于印度的生活时，也描述了她似家的孟加拉式平房：

我们在平房里的生活，就像在家里一样……这是一栋迷人的孟加拉式平房，布置得非常舒适。当我们晚餐后待在一起时，客厅的场景如果在电视机里被播放出来……可能十分平淡无奇。两个人坐在火炉旁阅读，这样的画面在英国的乡间屋舍中并不罕见……墙壁上挂着各种油画，都出于古典绘画大师之手，装点着这家一般的屋舍。当然，除此之外，房间里还摆放着一大瓶鲜花。西班牙猎犬蹲在主人的脚旁，带着可卡犬那种特有的表情目不转睛地盯着篝火。压力灯泡在粉红色的丝织灯罩下散发出白色的光芒，让我们看不清远处地图所指示的位置。

德鲁西拉·哈林顿·霍斯（Drusilla Harrington Hawes）则认为：

更聪明的做法其实是像印度人那样装饰房间，也像印度人那样去生活，而不是想要在印度这种平房中疯狂地建造一个英伦式的家……但是这一想法在统治印度期间显得有些过分。

19世纪60年代，孟加拉式平房的家庭模式从印度流传到了西方社会，并伴随着郊区居民数量的增长而增长。如金所言："郊区的居住方式对于孟加拉式平房建筑的增长来说，起到了至关重要的作用。反过来，孟加拉式平房的建筑也构成了郊区生活的空间形式。"（1997：56）孟加拉式平房具有社会与建筑上的重要意义，原因如下。首先，它意味着在纵向与横向上空间形式的巨大变化。"过去，人们在城镇里挤在三四层的房子中，依靠轨道交通出行；

*158*

现在，人们更多居住在两层甚至一层的房子中，拥有更多的郊外空间，主要依靠小汽车出行。"（56）其次，孟加拉式平房代表着社会与建筑层面的变迁。"过去是很多户人家挤在一起，像英国乔治王朝和维多利亚王朝时代的排房，或者半独立式的别墅，以及北美地区的公寓、连栋住宅和褐色砂石建筑；现在则是一户人家住在一栋房子中，如现代独立式或半独立式的房屋或者孟加拉式平房。"（56）

金还对孟加拉式平房在当代的意义展开了分析，主要的研究地点位于具有多元文化的澳大利亚。他解释说，澳大利亚是当今世界郊区化程度最高的国家之一，孟加拉式平房体现出移民居住方式的变化："就像比现代移民更早的希腊人、意大利人、土耳其人、越南人和其他移民一样，中国人也搬到了这里的郊区，给本已多元化的文化景观增添了新的元素……盎格鲁-多铎王朝时期的遗迹已经被抹去，盎格鲁-印度-加利福尼亚-澳大利亚多元文化式的孟加拉式平房一步步演变成为大众化的中国式房屋。"[1997：77；也可见雅各布斯（2004）对电影《浮生》中居住在澳大利亚的中国人的屋舍形象的研究，以及米切尔（Mitchell，2004）对温哥华移民和精英郊区的"怪房子"（"monster houses"）的讨论]

在英属印度乃至其他地方，帝国主义的统治造就了新的居住形式。比如，山站（hill stations）就是一种独一无二的帝国式居住方式。它是离家较远的一个新家。从 19 世纪 20 年代开始，大英帝国就在印度境内选择海拔 4 000 英尺到 8 000 英尺的地方建造了 65 个城镇居民点（Kennedy，1996；山站遍布南亚和东南亚，如荷属东印度、菲律宾和日本）。位于喜马拉雅山下的西姆拉市（Simla）是历史最悠久、规模最大、最有名的山站，也是1864年至1939年英属印度的夏季首府。对于英国居民来讲，山站是最舒适的地方，主要是因为高山环境比平原环境更能为人们带来健康，对女性和儿童来讲尤为如此（Kenny，1995；Blunt，1999）。与山站相关的住房条件、社会生活、气候环境和景观因素都被英国人想象为印度境内最具有家乡氛围的要素（Duncan & Lambert，2003）。和其他地方不同，这里的房屋不是经典的孟加拉式平房，而是欧式建筑，通常是都铎王朝时期或哥特式风格的建筑，便于 *159*
夏季出租。它们的名字，像"苔藓田庄""常青藤峡谷""阳光河岸"，都能让人回忆起不列颠的家乡，就像用运输过来的物资尽其所能地营造出屋舍的家园氛围一样。斯蒂尔和葛迪娜认为，英国女性都要"在起居室里铺地毯，所有的房间都要挂上窗帘；钢琴、小桌子、舒适的椅子和各种小饰品……椅子靠背、桌布、壁炉架的罩子，可能还有一些装饰用的画，都是必不可少的"（1907：199）。一位带着三四个孩子的妇女和一名英国护工，他们的行李加起来可以装满十一头骆驼运载的皮箱。这仅仅是为了在山上布置一个临时的家而已。

　　大都市以及整个帝国的家庭生活都是在帝国政治的基础上瞬间被建立起来的，帝国的家园建造也是家庭和帝国再生产的关键场所。尽管如此，帝国式家庭同样是充满争议的场所，尤其是女性在远离家乡以后，在新的地方该扮演怎样的家庭角色的问题，以及作为帝国的臣民，她们和孩子、用人该接受怎样的教养的问题。很多学科都对帝国式家庭展开了研究，揭示出性别、种族、国家与帝国之间的相互影响，以及它们之间的冲突，尤其是这样的影响和冲突是如何在妻子和母亲的身上体现出来的。

# 二、故乡 ①、民族和民族主义的政治

## 1. 故乡、民族和家园的归属

家园的想象地理学与物质地理学在民族主义和帝国政治中体现出重要的意义——通常是借助把国家比喻为故乡来实现的。正如唐碧莎·魏特简（Thembisa Waetjen）所言："故乡的观念是对一个地方的社会、文化和历史内核的一种表达，也是对自然主权合法性的一种宣称。故乡也是历史记忆的景观，为被建立起来的共同体提供了真实的根植意象。"（1999：654）因此，故乡的观念与地方的政治、认同和集体记忆联系在了一起（见第五章跨国空间中的家园与故乡）。随着对家园及其景观的召唤，对"自然主权"的主张通常意味着对"国家（民族）主权"的主张，就如同故乡的观念一样——不管是过去记忆之中的、当下存在的，还是尚未被创造出来的——总是体现在民族空间中。在不同的语境下，家园、故乡和民族所具有的空间，总是铭刻着种族的地理学，呈现出接纳与排斥的画卷。

160　　　　在德语中，有一个术语叫"Heimat"（故乡），它是最能表达民族（和民族主义）故乡观念的词。戴维·茉莉写道："历史上，家园与故乡恐怕是纠缠得最紧密的两个观念。"（2000：32）德国人的心目中有"fatherland"（具有父性或男性意义的故乡）这样的观念，"Heimat"则是"理想化的具有母性或女性意义的术语"（Blickle，2002：ix）。20世纪30年代到40年代，这一术语被国家社会党广泛使用，表达建立在种族排外基础上的雅利安人的统治权。事实上，这层意义在法西斯主义

① 此处"故乡"的原文是"homeland"。这个词在本书中，因不同的语境被翻译成"故乡""祖国"或"家园"。——译者注

诞生前很久就已经存在了，只是在 20 世纪 50 年代末期开始经历一个政治与文化复兴的过程。克里斯多夫·维克汉姆（Christopher Wickham）在对"Heimat"的艺术描写展开研究的时候写到，这一术语已经不再同国家观念有任何联系了，更多的是唤起人们心中的归属与希冀，并"作为个体社会认同的一个参照点，或一套参照点而存在"（1999：10；也可见文本框 4.3，以及后文对"9·11"事件以来美国的国家安全性的讨论）。

## 文本框 4.3　南非的故乡

在有些地方，国家本身会创造出新的故乡。最臭名昭著的是南非作为种族隔离制的国家，以种族隔离政策为基础建立起来的故乡。魏特简写道："以'班图斯坦'（bantustans，即'故乡'）为基础对非洲人实施的领土再部落化，在种族隔离的语境下获得了全新且邪恶的意义。这一措施以最正确的姿态呈现出了进步的愿景与决心，并以少数民族成员为基础为非洲人创造出了独立的国家。"（1999：657）尽管种族隔离制构想出一种排外的以南非白人为主的社会，但此社会却是以廉价的黑人劳动力为基础的。魏特简接着说道："为了把非洲人口重新安置和组织在种族性的家园中，就需要对其流动性进行限制，压制他们的团结性和抵抗性，同时借助移民的劳动体制服务于资本的需求。"依据《城市区域法案》（the Urban Areas Acts, 1945）和《少数民族地区法案》（the Group Areas Acts, 1951），20 世纪 50 年代颁布的《班图官方法案》（the Bantu Authorities Acts）在每一个"班图斯坦"（自治区）都成立了种族性政府。"班图斯坦"的建立起到两方面的作用：第一，从 1960 年

*161*　至 1983 年，有 350 万南非人被重新安置；第二，"达成了班图斯坦政治精英的团结，而精英的权力明显来自种族意义上的民族性"（Waetjen，1999：658）。今天，在后种族隔离时代的南非，"自由阵线"打算为南非白人建立一个全新的独立家园。他们建立了一个小型的南非白人聚居点，叫作奥丽埃纳（Oriana），"目的是建造一个小型的南非白人天堂。这一勇敢或者说有勇无谋的信念，坚信某一天这里会变成南非白人的故乡"（Hope，2003）。另一个与此类似的是位于英国埃塞克斯郡的雅利安社区，这里同样是一处由白人构成的反动排外的乡村家园。它由英国极端右翼势力建造。殖民主义和自给自足的观念巩固了人们在奥丽埃纳和切姆斯福德（Chelmsford）附近建造白人家园的企图，这也是对之前更大规模的白人殖民主义事件的回应。[ 很显然，就像无政府主义者的居民点那样，不是所有乡村殖民点在政治上都是"反动"的，如 19 世纪在英国建立起来的怀特威殖民地（Whiteway Colony）。更多讨论见 Blunt & Wills，2000。]

将国家作为故乡的这种话语，通常以性别化地使用家园与家庭的意象为特征。安妮·麦克林托克说道：

国家往往从家园与家庭的空间中获得自身的形象。"nation"源自"natio"，意思是"出生、诞生"。我们通常把国家叫作"motherlands"和"fatherlands"。外国人"收养"了那些不是自己原生地的国家，把它们吞入以自己国家为主导的大家庭中。我们还经常谈论民族大家庭、"祖国"和原生地的概念。（Cowen，2004：762；Walter，1995；Radcliffe，1996）

与将国家具有的这种家园、家庭意象视为和蔼亲切的观点相比，德博拉·考恩（Deborah Cowen）认为，这些意象为"统治和剥削的生产与复制"（2004：762）提供了可能性与合法性。因此，"家庭意象是极具煽动性的隐蔽的意识形态，对社会与经济生活的构造施以了非常大的影响力"。

葛森·哈格（Ghassen Hage）在研究家庭意象同家园观念紧密联系在一起的方式时，把"家一般的归属"描述为民族主义者常用的话语。其中，国家等同于故乡，"是富裕充实的……是一个安全、使人高兴和令人满足的空间"。如果说，作为"fatherland"的国家意象同秩序化与权力化的空间对应起来，这一空间又以统治性和主权性的归属为基础；那么，家一般的归属则往往和"motherland"的国家意象联系起来，并获得自身的形象。根据哈格的观点，"祖国具有的一切性质都自然而然地（在家长式的话语中）同母亲联系在一起：保护、温暖、感动、哺育、安全"（Hage，1996：473）。母亲的形象总是象征性地处于国家认同和民族主义话语的核心，人民则被置于祖国的孩子，尤其是儿子的位置上。祖国常常被视为母亲般的主体，如母亲印度、母亲爱尔兰或母亲俄国（Lyons，1996；Thapar-Björkert & Ryan，2002）。把民族家园构想成"motherland"往往同对自然和景观的女性化想象关联在一起，并体现为真实的或虚构的典型女性形象。

## 2. 家园与反帝国主义民族主义

"Bharat Mata"，意思是"母亲印度"。这个词是印度反帝国主义民族主义的核心象征，也是 20 世纪 80 年代以来冉冉升起的一股印度民族主义力量，体现出女性化的性别特征和民族的家园象征（Corbridge，

*162*

1999）。然而在印度以及其他地方的反帝国主义民族主义政治中，家园是一个象征性的术语，并在物质层面上体现出了政治意义。例如，迪佩什·查克拉巴蒂（Dipesh Chakrabarty）和帕尔塔·查特吉（Partha Chatterjee）在分析孟加拉中产阶级家庭的物质特征，以及人们对这样的家庭的想象时，发现了其家庭空间和社会关系在形成民族主义政治时所起的作用。查特吉认为，孟加拉的中产阶级家庭中——作为女性参与其中的场所——充斥着对女性西方化的焦虑情绪和规训措施，这对反帝国主义民族主义精神力量的形成起到了关键性作用。他说："随着新兴民族主义家长制的合理化，以及由此形成的霸权的建构，家庭成为开展斗争的关键地点。"（1993：133；Walsh，2004）查特吉所做的一项有影响力的研究"对女性家庭化的再生产"指出，其方式主要在于把女性寄托在家中。

　　其他范围更广的研究也分析了女性在反帝国主义民族主义中所扮演的角色。这一角色既囿于又超越家庭的范围。也就是说，虽然这些家庭之间拥有不同的事物和不一样的特征，但是民族主义式的家庭——正如帝国与大都市中的帝国家庭一样——具有政治性的意义。苏鲁奇·塔帕尔-比约克特（Suruchi Thapar-Björkert）写道："不仅是公共与私人之间的界线变模糊了，家庭这一小小的舞台也成为女性意识逐渐政治化的重要场所。"（1997：494）在重新建构女性与母亲特质的过程中，政治化的力量被助长起来，家庭本身成了民族主义斗争的关键地点。斯蒂芬·李格（Stephen Legg）在研究1930年至1947年，位于德里（Delhi）的家庭在反帝国主义民族主义中的重要意义时说："女性在民族主义运动中起到的作用在于鼓励自身的加入，并试图将这一运动限定在家庭范围内。"（2003：7）李格说："女性促进了家庭的政治化，并维护了她们所处空间的力量。这通常被解读为沉默与服从。"（23）例如，她们把家庭组织为非官方的政治指挥部，身穿自己编织的衣物，或者用印度土布制成的服装。这是甘地运动时期采取的措施，也就是用印度制造的商品取代廉价的欧洲进口商品。

家园同样是民族主义政治记忆的重要地点。安东尼特·伯顿（Antoinette Burton）研究了20世纪30年代三位印度女性——加拉吉·马简达（Janaki Majumdar）、可妮尼娅·索拉吉（Cornelia Sorabji）和阿提亚·赫赛因（Attia Hosain）——的手稿。这些手稿以不同的形式讲述了对家园的记忆，呈现出一个历史性的场所。

> 它位于私人与公共、个体性与政治性、民族性与后殖民性之间的交界处。三个人的手稿都不约而同地专注于讲述家庭的建筑特色，以及家庭所具有的象征意义与物质现实。原因在于，她们都渴望看见住房与家庭在社会认同与文化形式中所具有的核心地位，并切实地通过自身的家庭生活与民族归属体验来达成这样的认识。（2003：4）

伯顿追踪了1935年加拉吉·马简达在回忆录中提到的家谱，马简达是一位知名印度民族主义者的女儿。对自己家族住地的描绘（他们在不同的地方居住过）表明，马简达的"家族史"乃"一些回忆性的散文，表达出她对家族曾经居住过的那些屋舍的眷念"（32）。伯顿指出，这则回忆录把家族史同民族史编织在了一起，试图"展现出印度民族主义的家庭谱系"（62）。正如英裔印度人在20世纪30年代试图建立独立的 *164* 家园与民族那样（见文本框4.4），家园对于帝国主义民族主义与反帝国主义民族主义政治来讲都至关重要。

## 文本框 4.4　英裔印度人在麦克拉斯基甘奇的家园建造

英裔印度人最早在世界上建造了规模最大的混血社区（见文本框 4.7、研究文本框 7），而且在独立之前，英国的 "fatherland" 和印度的 "motherland" 都共同地被视为家园（Blunt, 2002；关于公共政治话语如何从 "fatherland" 演变成 "motherland"，以及这一话语如何在英裔印度人的家里被复制出来并受到抵制，见 Blunt, 2005）。从 1933 年开始，印度在比哈尔市建造了名为 "麦克拉斯基甘奇"（McCluskieganj）的家园，但有些英裔印度人在那里感受不到家园的存在。印度独立以后，产生了更多的移民（Blunt, 2003c, 2005）。去往麦克拉斯基甘奇的移居者更多是受到恋乡情结的驱使，这一情结同时根植于英国和印度。1934 年，一篇刊登在《殖民观察者》（*Colonization Observer*）月刊上的文章描述了定居点的目标策划：

> 作为广袤的次大陆上唯一一个无家的地方，我们的社区首先是要建设自己的家园；其次，在我们自己的国家获得一定的利益，成为印度人，同时不失去我们作为盎格鲁 - 印第安人的身份；最后，通过联合，我们要为子孙后代开辟出全新的就业渠道。

麦克拉斯基甘奇承载着英属印度时期，英裔印度人独立的梦想，但同时也是向大英帝国效忠的体现。英裔印度人的这一家园意象和民族性构建依然能激发出印度人对家园的向往。正如麦克拉斯基甘奇的策划人欧内斯特·提摩太·麦克拉斯基（Ernest

Timothy McCluskie）在 1935 年所写：

> 每一个印度人，无论处在人生中的哪一个阶段，都可以
> 自豪地说，他拥有一块土地和一间小屋，并带着甜蜜的语气
> 称其为"家"……但是，唉，我们却出生和成长在这个很难
> 让我们拥有一个家的国度里。因此，我们的目标就是，"帮助
> 你拥有一个家"，让你拥有一个真正属于自己的家，并因此感
> 到快乐与自豪。（CSI，1935）

这种对家园的渴望可以用一个印度词"mooluk"来概括。它
指一个原初的归属之地，具有本真的身份认同，在印度为英裔印
度人提供了"家，甜蜜的家"（见图 4-5、图 4-6）。伴随着为英裔
印度人建造"mooluk"的渴望，麦克拉斯基甘奇的定居点通过诉
诸帝国父亲般的遗产获得合法性，把自己类比为澳大利亚、新西
兰和加拿大那样的白人殖民地，并在大英帝国的主权下为印度构
想了一个未来。英裔印度男人身上那种勇敢的气质，使他们如同
欧洲父辈开辟出大帝国一般，同样奋发图强地为殖民帝国贡献自
己的力量。这便支持了麦克拉斯基甘奇的独立之梦。但是，随着
欧洲父辈的血缘和集体记忆在英裔印度男人身上体现出来，印度
母亲先祖的形象常常就被涂抹掉了。与其呼唤出印度的祖先，印
度这个国家常常被说成"motherland"，其自然环境也常被女性化
术语加以描绘。英裔印度女性身上那种先锋家园建造者般的形象，
也意味着这些女性被纳入了欧洲殖民主义的集体记忆当中，仿佛
是对其他殖民地先锋女性形象的回应。通过与丈夫、父亲和兄弟

*166*

*167*

共同承担农业劳动和家园建造，英裔印度女性在塑造麦克拉斯基甘奇家园的过程中起到了非常关键的作用。这个家园既代表着故乡，也代表着一个民族，并且向大英帝国效忠。

图 4-5 《家，甜蜜的家》，1939[①]

---

① 艾尔弗雷德·德罗萨里奥许可翻印。

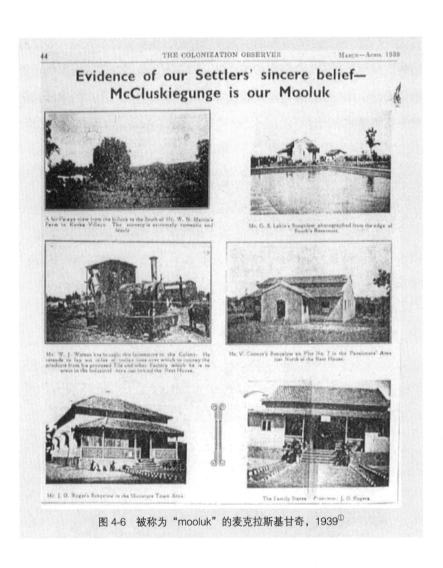

图 4-6　被称为"mooluk"的麦克拉斯基甘奇，1939[①]

### 3. 有安全感与缺乏安全感的家园、民族和故乡

　　家园与故乡都是蕴藏着力量的空间想象，言说着现代民族（国家）的观念。我们会在文本框 4.5 中谈到，毕力格（Billig）"陈腐平庸的民

―――――――――
① 艾尔弗雷德·德罗萨里奥许可翻印。

族主义"观念是通过与家园的关系来诠释的，主要关注如家园一般舒适的物质文化。在不那么陈腐的观念中，如家园一般的民族（国家）是借助"安全"这一术语进行诠释的。"9·11"事件以后，美国的家园安全政策就明显体现出这一点。

---

**文本框4.5　家园、舒适与"陈腐平庸的民族主义"**

　　葛瑞格·诺伯（Greg Noble）在研究大悉尼区西部中心郊区的工人阶层和中下阶层家中的珍藏品时，追踪了如何借助"家庭空间来表达国家经验"的方式（2002：54）。图4-7展现出国家象征物不但可以让家园变得更加温馨，令人更有归属感，还能表达出国家的家庭观念。诺伯认为：

图 4-7　格里特·福克马拍摄的《格里菲斯袋鼠，
弗兰克和皮耶娜·巴斯蒂耶农》，1987[①]

---

[①] 新南威尔士州立图书馆和格里特·福克马许可翻印。

"舒适""安逸"这类描述事物的词语，遍布于人们的谈话之中。这似乎能激发出这样一种观念：他们不但待在一个由自己的家庭构成的家园空间中，还能让更广大的社会空间变为如同家园一般的存在。(54-55)

除了对这些人积极的民族归属与民族身份认同进行采访以外，诺伯还有意研究这种"陈腐平庸的民族主义"是如何借助家庭的物质文化、日常生活、信仰以及习惯变得理所当然的(Billig，1995)。诺伯采访的这些家庭都"明显陈列着'澳大利亚'的象征物，包括风景画、装饰品、小玩意儿，等等。这些物品能激起人们对澳大利亚这一地方及其历史的想象"(55)，而对家园一般的民族观念及相关事物的共鸣，在很大程度上都隐藏在家庭中，成为一个背景。诺伯认为，这种"背景化"的过程，同时在家庭与国家两个尺度上支持了"家园是舒适的"这一观念。他说："我们对家园的感知程度……取决于我们将其中的事物抽出并使其成为熟悉空间的'无形'元素的程度。"(58)不同于国家安全政策的实施方式(图4-1和图4-2)总是要把国与家的关系鲜明地摆出来，每日生活场景与事物能让这样一层关系悄无声息、自然而然地显现出来。诺伯接着说："让家庭空间中的事物成为一个背景，不仅令家庭作为一个集体主义的居所空间变得理所当然，还能帮助我们理解国家的日常经验。"诺伯还写道，许多来自非英语国家的移民和他们的孩子"与那些沉浸在英裔澳大利亚祖先经验中的移民相比，常常体现出与澳大利亚国家认同不一样的关系"(61)。

艾琳·曼宁（Erin Manning）认为，对安全的渴求支持了家园与民族国家之间现代性与正规性的话语，以及相互之间既亲密又排斥的关系。这种对安全的渴求是通过集体恐慌和对他者的怨恨表现出来的，即对那些不属于我们、不确定以及不可预测的事物抱持恐惧心理。面临未知之时，对庇护的需求会导致国家边界、家园边界和自我边界的收紧（2003：33）。这一部分会探讨今日美国国家安全政策与家园的物质地理学与想象地理学是如何关联在一起的。我们认为，"国家、家园与自我的边界"相互交织在一起的方式，支撑着"本土"与"外邦"（foreign）的互斥性与冲突性特征。

"9·11"事件以后，"国家安全"（homeland security）这一术语在美国被广泛使用。美国国土安全部肩负着打击恐怖主义和其他威胁，保护国家安全的职责。很多学术中心也为了这一目的纷纷成立（如国家安全全国学术联盟、国家安全研究所）。地理信息系统（GIS）技术也被广泛应用于国家安全。另外，"世贸大厦遗址""家乡"这些词语都进入了每日生活的词典当中（Kaplan，2003）。尽管这些词语很流行，但很少有人关注这些词语本身的意义。当布什总统在"9·11"事件以后的演讲中使用这些词语时，卡普兰写道：

> 布什总统的讲话打击了那些不同寻常的指称美利坚民族的方式……为什么不是国家安全、民防组织、民族安全？到底有多少美国人，甚至多少激进的民族主义者会认为美国是家园？有多少人觉得美国是自己的国家、民族和家园，而不是把其他地方当作自己历史、种族和精神的家园？（2003：85）

威廉·瓦尔特斯（William Walters）认为，美国的"国家安全"乃"服务于有闲阶级的政治"（domopolitics）[1]的鲜明体现。他说道："鉴于政治经济学传承于想要以家庭的方式治理国家的意志，那么服务于有闲阶级的政治则渴望把一个国家治理得如家庭一般。"（2004：237）其中还涉及对公民、国家和主权之间关系的重塑，由此使"以家园的名义实施的国家安全措施"变得合理化。把一个民族国家描述成家园，调动起了"其与家庭、亲密、地点之间深厚的亲缘关系"：

> 在一个缺乏中心场所的世界中，家园就如同避难所。家园，作为"我们"的场所，自然而然地成为我们的归属地，显然并不属于他者。家园，成为国际秩序的空间——每个人都应该至少拥有一个家园。家园，也是我们必须捍卫的地方。我们可能会邀请客人来访，但他们是被邀请而至的，不能无期限地待下去。显而易见，他者，就是没有被邀请的人。非法移民和虚假难民都应该回去，回到"他们自己的家中"。家园，是一个应该得到捍卫的地方，因为家园中的事物（我们的财产）是值钱的，会被别人忌妒。总之，家园是一个安全可靠之处，一个亲密的场所，人们在其中团结一致、相互信任、无拘无束。（241）

换句话说，"9·11"事件以后，美国国家安全政策不仅合法化了，还被奉上了神坛。美国理所当然地变成一个需要被保护的大家庭，要确保它的安全和舒适。 *171*

"故乡"一词指人们与特定地方之间的历史联结，是近期才被美

---

[1]　"domo"在英文中指事业有成、追求舒适生活的职业人士，与劳动阶级相对。这代表了美国中上阶层的意识形态和有闲阶级的美国梦，也代表了美国的国家利益指向，即维护美国的价值观与生活方式。因此，"domopolitics"在此处被译为"服务于有闲阶级的政治"。——译者注

国广泛使用的。第二次世界大战时期的"家园防线"（home front），同其他地方一样，把美国刻画成了远离战场的安全之所。"冷战"期间，"国家对核威胁的反应……被称为'民防组织'，而不是'家园防卫'"（2003：85）。除此之外，卡普兰还指出，"家园"这一术语拥有如下含义："具有土生土长的和与生俱来的权利"，"具有共同的血缘、祖先和同宗同族的观念"，这与"美国传统的没有约束、四处流动的民族性"大相径庭。关于美国传统的民族性有这样一些表述："移民国家""大熔炉""西部前沿""昭昭天命"，"所有这些词语都表明了空间的移动性，而不是家园那样的空间牢固性与根着性"。卡普兰问道，为何在"9·11"事件以后，"家园"一词会在美国广为流传，尤其是在缺乏历史共鸣的前提下？由于将国家作为家园的基础在于其反面"国外"，卡普兰提出了一个更重要的问题："在把美国重新想象为家园的同时，什么样的'国外'观念被潜在地激发了出来？与祖国相对立的究竟是什么？外国？背井离乡？流散性？恐怖主义？"（86）究竟是什么危机让人们将国家视为家园？

卡普兰指出，把美国视为家园的关键因素同"美国国家力量的迁移与扩张"存在密切的关系。

> 要防止国外恐怖主义侵犯，维护国家安全与巩固本国在海外的力量。一方面，美国可以依照固定的民族空间范围收缩国境线；另一方面，它能同时扩张自身的范围，单方面地跨越国境线，侵入其他国家内部。（87）

简言之，正如瓦尔特斯所写，服务于有闲阶级的政治激发出了

"domo"所蕴含的意义，即对他者的"征服、驯化并使其服从，这是一种要驯服所有威胁到家园神圣性的力量的意志"（2004：242）。

> 服务于有闲阶级的政治不是要去建一座碉堡，四处修建围墙，*172*
> 给每扇大门都上锁，再升级报警系统。相反，这样的政治往往有向
> 外扩张的趋向，跨越国家的边界，甚至越过自己的后院，侵入邻居
> 的地盘，延伸至他人的家中、种族聚集区里（ghettos）、集结处、
> 大本营和贫民窟里。一旦这种政治开始延伸自己的触角，将某个区
> 域甚至全球都作为自己能介入的战略地，家园就变成了前沿阵地，
> 成为多种冲突相互交织的地点中的一个。（242）

换句话说，把国家作为家园的观念，在国境线内外都具有物质性意义。这种观念不仅赋予了打击海外恐怖势力以合法性，还强化了对美国人民的控制。《爱国者法案》（the Patriot Act）打击并废除了所谓外国人和移民的权利，卡普兰写道："当美国政府开始以国家安全的名义拘留并驱逐这些人的时候，家园的观念就成为导致移民者的生活极度不安全的罪魁祸首。"（2003：87）

"9·11"事件以后，美国种族冲突频发显然表明了这种家园的不安全性。据报道，"9·11"事件以后的两个月中，至少5人被杀，另外有1 000起"偏见事件"（bias incidents），此外还有大量未被报道的事件，如"种族羞辱、移民社会地位的不稳定，以及执法资源难以进入大量有色人种社区。这些现象都说明实际的'偏见事件'数量比被报道的要多得多"（Ahmad，2002：103-104）。穆尼尔·阿哈穆德（Muneer Ahmad）指出了仇恨暴力事件的性别特征，认为很多人"拥护美国国旗"

象征着一种"逼不得已的共同体狂热",就像把爱国主义符号"上帝保佑美国"闪闪发亮地立在前院（图 4-8），再系上黄丝带以纪念身赴海外的美国军人般逼不得已。美国国旗插满美国人的家，把家庭空间与民族家园的想象空间捆绑在一起。阿哈穆德认为，这样的"狂热"并不是面对种族压迫的唯一选择，并指出了在不同社区建立联盟的重要性。存在很多案例，如西雅图爆发了反自由贸易区的运动，多种族组织在芝加哥的一座清真寺周围成立了"和平圈"。

图 4-8 《上帝保佑美国》，俄克拉何马州，2001 年 11 月 [1]

阿哈穆德与卡普兰同时指出，国家的安全与非安全因素是紧密关联在一起的。对于卡普兰来讲，正是"祖国"这一观念激发了"未来会出现的损失、侵略和遗弃"，并具有不寻常的神秘与恐怖意味，"萦绕在所有陌生人周围，也萦绕在那些已熟悉的陌生幽灵周围，他们威逼恫吓着要把我们的国家变成和现在相反的样子"（2003：89）。卡普兰接着说："虽然国家安全措施极力把自己的国家当作一个家园空间，抵挡外部的

---

① 史蒂夫·利斯（Steve Liss）拍摄，时代生活图片和华盖创意许可翻印。

威胁，但它更明显地体现为取消内部与外部的界线，从内部与外部的威胁中看到祖国处于持续的紧急状态中。"（90）这样，家园与祖国就"时常处于紧急的状态之中"，而"大量的政府指令、军队和智库力量"总是会被调用，以守卫家园，保卫祖国免受外部威胁。德博拉·考恩说道：*174*
"'家园'这一概念被置于一个可怕的意义斜坡上。其意义可以从私人的居住地，一下子滑向邪恶的国家愿景，就像'国家安全'所具有的意义那样。"（2004：756）家园和祖国的不同尺度相互折叠在一起：

> 对成员资格、安全和秩序的痴迷，似乎不可避免地会使想象中的具有家园意义的祖国崩溃，并定义着每一个地点和每一个范围内的相似事物。事实上，这样一些民族归属的意识形态表达产生了"家庭生活"（"domestic life"）这样的概念。它既指向公共的国家意义，也指向私人的家庭意义。作为美国人，你需要明白，家庭与祖国是随时需要被守护的，两者都需要清晰的边界和严密的监控，都需要秩序和等级，都需要被统一和净化。（757）

女性杂志《歌迪女士的书》在 19 世纪发起的感恩节运动把家庭与国家联系在一起，作为它的现代回音，美国《妇女家庭杂志》（*Ladies' Home Journal*）在 2002 年的城市评级中评估了国家安全（Kettl, 2003）。恐怖主义与其他威胁揭示出美国国家安全政策在未来被实施的方式，以及非安全政策的持久性。意味深长的是，对于很多人来讲，祖国依然是一个无家之地。

## 三、本土认同、家园与归属

卡普兰通过观察发现，"故乡"（homeland）这一术语包含针对美国印第安人的"可怕讽刺"（2003：87）。我们会在本章最后一部分，考察殖民定居和国家建设引发的对印第安人的暴力剥夺，以及迫使他们和其他原住民搬迁到无家的家园的事件。道格拉斯·波蒂厄斯（Dougles Porteous）和桑德拉·史密斯（Sandra Smith）说：

> 不管是在 19 世纪的加拿大、澳大利亚、美国，还是在今日的南美、非洲、东南亚的热带雨林里，殖民主义与经济开发都造成了住所地理上的毁灭，导致大范围的搬迁、大量权利被剥夺，以及认同的丧失，但常被隐藏在看似有理有据的花言巧语之下。（2001：85）

175　　掠夺与被迫搬离的历史与记忆，对今天的社会公正、归属和家园政策有着重要意义。我们将分析家园被掠夺与动荡不定的地理状况，及其同城市与国家的关系。我们尤其会关注澳大利亚与加拿大，思考移居者的殖民主义与国家建设对原住民认同（indigeneity）、家园与亲密关系的归属感造成的长期影响。

### 文本框 4.6　住所毁灭

"住所毁灭"（domicide）这一术语是 2001 年由波蒂厄斯和史密斯提出的，指"由于追求特定目的，故意人为毁灭家园，给受害者造成痛苦的行为"（2001：12；Read，1996）。从单独的寓所到整体性的种族家园，由于各种原因，家园遭受摧毁："从为了经济发展和城市重建进行的战争，到道路、机场、水坝和国家公园的建设，通常，为了公共利益，家园会遭遇频繁的摧毁。"（2001：ix）波蒂厄斯和史密斯估计，全世界至少有 3 千万人沦为"住所毁灭"的牺牲品。他们区分了"极端性"的住所毁灭与"日常性的"住所毁灭。前者指"大量的、有计划的、非零零星星的措施，通常会对广大区域造成影响，导致大量民众生活方式的变迁"（64），如战争和本地居民的被迫搬离等。后者在全世界范围内持续发生着，会影响除了富人与毁灭行动实施者以外的个体。与极端性的住所毁灭不同，日常性的住所变化主要源于世界政治、经济所带来的通常意义上的改造措施，如"城市重建、经济结构重组或公共设施安置"（107）。

　　波蒂厄斯和史密斯认为，住所毁灭的受害者与难民不同。第一，大部分住所毁灭的受害者仍待在国内，难民则跨越了国境线（见第五章）。第二，难民大多是为了躲避战争或恶化的环境，其中躲避战争的难民会遭受住所毁灭。与自然灾害导致的家园毁灭不同，如 2004 年的亚洲海啸、2005 年美国的卡特里娜飓风以及同年的南亚大地震，住所毁灭直接源于人为因素，比如政治合作与官方项目。波蒂厄斯和史密斯认为，尽管住所毁灭与自然灾害都能反映出根深蒂固的社会不公，但是社会不公只是前者的"病因"（causal issue），而非后者的。

　　家园作为一个有意义的场所体现出来的重要性——"或许家园是所有地方之中最重要的"——是住所毁灭的核心概念。在参考了有关家园的作品中的人文主义传统后，波蒂厄斯与史密斯比

*176*

较了家园的两层含义：第一层意思是以向外的视角看待家园，把家园看成一个中心——"庇护所、财产领地、自由和安全的地方"；第二层意思是以向内的视角看待家园，关注"家园的认同"，将其与"家庭、朋辈、社区、依附、根性、记忆与怀旧"联系在一起。他们指出，家园具有的空间、象征与心理上的意义，意味着住所毁灭可能导致"地方依附与庇护被摧毁，安全与财产的丧失，自由被剥夺，认同的局部缺失，以及地方、家庭和社区的去中心化"（63）。

例如，住房权利与产权回收中心（Centre on Housing Rights and Evictions, COHRE）这样的国际组织，致力于"促进与保护每个人、每个地方的住房权利"。虽然住房权利与产权回收中心没有使用"住所毁灭"这个词，但是他们的工作旨在防止波蒂厄斯与史密斯在书中所描述的这种现象。住房权利与产权回收中心解释称："住房权是人类权利中最容易遭受侵犯的一种。联合国估测，全世界大约有1亿人完全没有住房，大约有10亿多人没有足够的住房。"那些被驱逐出家园的人就是住所毁灭的受害者。住房权利与产权回收中心把"强迫驱逐"定义为"在违反意愿的情况下，把人们从他们的家园和土地上赶出去。这直接或者间接地与国家有关"。这种现象在发达国家与发展中国家里均十分常见（见表4.1）。住房权利与产权回收中心认为，人们有权保护自己不被强制驱逐，这是更广泛的住房权利中的一部分。如表4.2所示，人们的许多其他权利也因强制驱逐而受到侵犯。

表4.1 国家合理化强制驱逐的理由

| 基础设施项目和发展的需要（如修建大坝） |
| --- |
| 重大的国际事件（如奥运会） |
| 城市再开发或城市美化工程 |
| 土地权利冲突 |
| 低收入群体住房补贴的减少或取消 |
| 武装冲突背景下的被迫人口迁移 |
| 民族或种族的分离 |
| 难民搬迁 |
| 公用土地的回收 |

表4.2 强制驱逐所侵犯的权利

| 住房权 |
| --- |
| 私有、家庭与房屋的互不干扰权 |
| 和平享有财产的权利——限制抵抗，许多被迫驱逐都是在没有事先警告的情况下出现的，强迫人们放弃自己的家园、土地和地上的所有物 |
| 尊重家园权 |
| 自由搬迁和自由选择居住权 |
| 教育权——搬迁导致儿童无法入学 |
| 生命权——强制驱逐引发的暴力常导致死亡，开发商为了得到土地会不择手段 |
| 人身安全权——被迫搬迁的人群很少能获得足够的住房或任何形式的补贴，这导致他们无法承受无家可归的风险，需要抵御更多的暴力行为 |

# 1. 强制驱逐

赛立德温·史帕克（Ceridwen Spark）说："本土认同的构成源于 *178*

一个人自然而然身处家园的观念。"（1999：58）现代欧洲帝国的扩张
导致澳大拉西亚（Australasia）①和美洲原住民的土地被强制剥夺。土
地被强占主要源于"无主土地"的谎言。在面临移居者的再次占有和殖
民主权对土地的再次征用时，原住民对土地的占有权与所有权通通被无
视。艾琳·莫丽顿-罗宾森（Aileen Moreton-Robinson）认为：

> 在移民进入澳大利亚之前，澳大利亚一直是一个拥有多元文化
> 的社会。大约有 500 多个语言族群在殖民者到来以前就已经拥有了
> 那里的土地。这些原住民生活在广袤的"国度"（country）里，不
> 仅拥有自己的"国度"，还不断传授着主权观念。"国度"在这里是
> 指领地 / 最初的土地或者一个人同一片土地之间的关系。原住民的
> 所有权观念来自梦境（Dreaming），他们从梦境中认识了存在论的
> 关系。梦境为先人们提供了原初的社会形态本应呈现出的样子，而
> 这一形态是由祖先们创造的。（2003：31；2000）

在澳大利亚和其他地方，"无主之地"的谎言被用来修饰土地占有
与使用的"合理性"（Johnson, 1994：147）。例如，科尔·哈里斯（Cole
Harris）认为：

> 19 世纪，在英属哥伦比亚，"保护区地理学"（reserve
> geography）的出现是普遍的定居者假设的产物，受到了殖民主义
> 国家的支持。殖民主义国家认为英属哥伦比亚的大部分土地都处于
> 浪费状态，有待生产利用，还认为那些当地人的土地使用效率很低，

---

① 澳大拉西亚，包括澳大利亚和新西兰在内的大洋洲及南部太平洋诸岛，尤其指其中
曾被英国殖民的地方。——译者注

应当采用更高效的生产方式……这样的假设，加上自我逐利的本性和权力的极度不对等，自然导致了当地居民的大部分土地被剥夺殆尽。（2002：265；Blomley，2004c）

到了 20 世纪 30 年代，1 500 多个小型保护区被建立起来，作为英属哥伦比亚的"当地人空间"，并长期意味着这些地方保留了原住民的生存与生计方式。哈里斯写道：

　　保护区现在成为呈现本土生活方式的主要地点，人们一年中的 *179* 大部分时间都在此生活——多数情况是一整年——比待在冬季村庄的时间更长。20 世纪初期，大部分人居住在独栋的木屋中。这些木屋主要是为核心家庭全年居住而设计的。从保护区出发，他们可以去往当地的生活资料采购点，但是同以前比起来，这样的地点明显减少了许多，原因在于大部分采购点都变成了私人财产，遭到了当地人的非法入侵。（2002：288）

澳大利亚、加拿大等国剥夺原住民的土地与生活权利，使家园亲密关系的归属成为更加尖锐的问题。莫丽顿-罗宾森写道："谁把澳大利亚称作家园，就意味着谁在这个国家有产业，并且是被其他人嫉妒的由白人保护的产业。"（2003：27）对于加拿大的情况，哈里斯说道："本土居民和我们比起来，有着更深刻的根性意识。他们在祖先传下来的土地上建立了自己的国度，理所当然地掀起了气势汹汹的纠正殖民主义所造成的极端不公正的运动。"（2002：303）

### 2. 无家的家园

殖民开拓者不仅强占了本土居民的不动产，还导致大量人口被迫从家园搬离。最臭名昭著的莫过于：

> 1838 年，美国军方包围了佐治亚州切罗基人（Cherokee）的领地，把他们围困在疾病丛生的营地里长达数月。他们用刺刀强逼这些人在整个冬季艰苦跋涉，于俄克拉何马（Oklahoma）山穿越了1 500 千米的崎岖山路。最后，15 000 名切罗基人在血与泪的征途中死去了四分之一。（Porteous & Smith，2001：78-79）

"尽管加拿大可能没有那种残暴的歧视和残酷的压迫，也没有血与泪的征程"（81），但依然存在其他形式的被迫搬离。例如，在英属哥伦比亚，当地的许多儿童被送往寄宿学校。他们在那里会"受到严格的时空管制和监视，被强制与本土性'断奶'，至少在原则上被重塑为英语文明世界的成员和现代社会的成员"（Harris，2002：269）。

> （澳大利亚）立法系统与国家政策都倾向于把本土居民排除在公民的范围之外，将这些人遣往保留地、救济地和养牛场，让他们每天都生活在监控之下……其他原住民被悄悄"偷"走，带到特定机构中，或者由一些白人家庭收养。（Moreton-Robinson，2003：33）

在 20 世纪前 60 年里，原住民与白人混血的后代被称为"被偷走的一代"。他们被迫远离自己的家园，被遣往寄宿家庭、教会学校或被白人家庭收养（见文本框 4.7、研究文本框 7）。仅仅在新南威尔士，就有 10 000 多名原住民儿童搬离自己的家。在整个 20 世纪，约有六分之一的原住民儿童从父母的家里被带走；在非原住民儿童中，300 人中只有 1 人有此遭遇（MacDonald，1995）。1913 年，北部领地（Northern Territories）达尔文市的卡琳"混血"家园（Kahlin "Half-Caste" Home）和爱丽丝泉（Alice Springs）的孟加拉平房同时开放，吸收半原住民血统的儿童进入白人社会，强迫他们搬离自己的家园，并切断他们与原住民文化和历史之间的纽带。在原住民保护政策的名义下，大部分孩子都被当地的警察从家园中带走。一些孩子企图逃回家（见文本框 4.8），但许多孩子再也没见过自己的家人（MacDondald，1995）。

## 文本框 4.7　家园、认同与混血

家园与认同之间的关系在混血研究领域是反复出现的主题。在过去关注"种族内部"的伙伴关系、亲子关系、抚养关系和领养关系的基础上，还出现了越来越多关于家园与认同的研究文本，延伸到了家庭关系以外，以挖掘人们对家园与认同更为广泛的感知。乔安妮·阿诺特（Joanne Arnott）认为："对于混血者来讲，最大的问题就是亲密关系的归属问题。"（1994：266）在一本名为《离散的归属》（*Scattered Belongs*）的书中，杰恩·艾菲温妮葛薇（Jayne Ifekwunigwe）写道："在去领地化的地方，混血者的地图和他们的家园观显然是多层次、多文本的，其中不乏矛盾。"（1999：xiv-xv）这种复杂多元的家园地图常常反映出个人甚至跨民族的认同感与归属感，就像很多自传题材，尤其是女性题材的作品所写的那样。比如，魏琳娜·哈苏·休斯顿（Velina Hasu Houston）写道："我是一名日本裔的美亚混血者，准确来说，

*181*

我的祖辈是黑脚印第安人和非洲裔美国人，我不属于高贵的民族……家是这个世界上的避难所，但却不能存在于一个物质性的地方或一个特定的社区。"（1996：276，278）

在对多伦多那些认为自己属于"混血种族"的女性进行采访的过程中，米内勒·马坦妮（Minelle Mahtani）认为，这一术语通过多种方式来表达"具有共同语言的家园"之意。这样的家园能营造出"新的向内涵括的地理现象"（2002：487）。马坦妮批评了"不宽容的消极性"话语，后者描绘"混血种族"中的个体，认为他们不得其所（out of place），没有被叫作家园的地方。在类似情况下，吉尔·奥卢米德（Jill Olumide）写道："对于混血种族的社会建构来讲，最显著的特征之一就是边缘性、离散性和国家归属的模糊性，由此导致这些个体不断游离并寻找着归属与被接纳。"（2002：5）其他研究则会关注，混血者面临的家园的物质地理学与隐喻的地理学及其认同的问题。例如，艾莉森·布伦特研究了国家独立前后50年间，英裔印第安人的家园政治，呈现出关于家园、民族与帝国的政治辩论。这些辩论在家庭的尺度中被复制与重构（Blunt，2005）。对于混血共同体来讲，每日家庭生活中的物质与社会关系都有着更为广泛的社会意义，就像英裔印第安人菜肴所体现出的特色一样。西式饮食习惯、家庭结构以流动的家园观念在民族认同上相互辩论着，同时呈现出对英国父亲般的认同和对印度母亲般的认同。

## 文本框 4.8 《漫漫回家路》

1996年，原住民作家多丽丝·皮金顿·加利梅拉（Doris

Pilkington Garimara）出版了小说《漫漫回家路》（*Follow the Rabbit-Proof Fence*）。这部小说 2002 年被改编为电影。小说和电影都讲述了加利梅拉的母亲（莫丽·克雷格）、妹妹、表兄和其他"被偷走的一代"的故事。他们在 1931 年被强制搬离位于澳大利亚西部吉嘎隆市（Jigalong）的家。三个女孩，分别是 14 岁、11 岁和 8 岁，从母亲的身边被带走，在珀斯市（Perth）北部穆尔河（Moore River）的原住民安置区里被当作用人来训练。她们设法逃了出去，步行了 9 个星期，1 500 公里，穿越沙漠。她们唯一的路标就是一条长长的防兔篱笆。加利梅拉说，这条防兔篱笆象征着"连接家园最坚实的纽带"："她们都在篱笆旁长大，它意味着爱、温暖和家。倘若走迷了路，只要找到这条篱笆，它就能带你回家。"（Barkham，2002）莫丽在逃跑 10 年后，再一次被抓住，同她的两个女儿一起被送往穆尔河的安置区。她与小女儿一起又成功逃到了吉嘎隆市。4 岁的女儿多丽丝却留在了穆尔河，和母亲分离了 20 年。

　　这部电影重点关注了多丽丝、莫丽"被偷走的一代"的悲惨命运。但是，电影遭到了保守派的强烈反对，认为其中包含反政府的观点。一位评论家说道，这部电影不仅表现出原住民被强制驱逐的境况，还深刻地反映出当下澳大利亚那些寻求庇护者遭遇的不公平："《漫漫回家路》中的孩子被拘留的场景尤其切中要害，就像联合国、罗马天主教堂、慈善机构和国际人权组织抗议政府对寻求庇护者所采取的措施，其中还涉及把孩子禁锢在荒漠营地里的行为。"（Barkham，2002）

　　当卡琳"混血"家园和爱丽丝泉的孟加拉平房分别在 1939 年和 1942 年关闭之后，大多数具有原住民血统的孩子都被送往了北部领地

*183* 的救济所，或者由白人家庭抚养。1957 年，墨尔本的一则报纸文章描述了杜特谢（Deutsher）一家从北部领地收养三名原住民女孩的故事："杜特谢先生昨晚说到，解决当地问题的方法就是把这些孩子带到白人家中，这样能使孩子们完全适应（社会）。"（MacDonald，1995）正如卢维娜·麦克唐纳（Rowena MacDonald）所言："其中一些孩子以原住民血统为耻，假装自己的生活是真正白人式的，或是其他民族的。还有一些孩子甚至不知道自己是原住民。他们从来不知道自己还有另一个名字、另一帮亲戚、另一个家园，他们从来都没听说过这些。"（MacDonald，1995：59）自 20 世纪 80 年代初期以来，原住民组织"链家"（Link-Up）就致力于

> 帮助这群人找到他们的原生家庭，他们的原住民共同体与文化……"链家"首先尝试让这些人与目前的家庭成员分开，为后面同原生家庭的团聚做好准备；然后帮助他们回到自己的原生家庭中；在他们第一次与原生家庭成员接触时给予陪伴。（Kendall，1995：72）

从 1998 年到 2003 年，"链家"已经帮助 887 个家庭成功实现了团聚。

1997 年，澳大利亚人权组织和平等机会委员会（Equal Opportunity Commission）出版了《带他们回家》（*Bring them Home*）一书，报告了两年内从家中被带走的原住民儿童和托雷斯海峡群岛的儿童的情况。报告引用的口述证据生动地传达出这些人被迫分离的痛苦、许多机构之家拥挤艰辛的生活条件，以及居住在白人家庭中常常会遭遇的性侵 [ 澳大利亚国家图书馆 1999 年启动了"带他们回家"的口述史项目。与报

告中收集到的机密证词不同，口述史项目旨在编制开放式的记录（Bird，1998）]。

　　由于目的是使孩子们在白人社会中被同化，因此，原住民身份不可能受到积极的肯定。许多孩子都有过因原住民身份、父母的血缘关系而遭受歧视、诋毁与拒斥的经历。与此目标相一致的做法是，这些孩子被告知，他们的父母要么抛弃了他们，要么死了。多数时候，原生家庭的成员根本无法同这些孩子取得联系。这无异于斩断了孩子们的根性，也意味着他们不得不受惠于机构人员的施恩，或养父母的哺育。事实上，很多孩子受到剥削和虐待。调查表明，只有少数孩子是幸福和安全的。但是，他们越来越依附于这些机构的人员或在领养家庭里感受到爱与支持。

　　"被偷走的一代"被迫与原生家庭分离所造成的影响是广泛且深远的：

　　调查显示，其影响在于不仅毁掉了孩子本身，还严重伤害了其父母、兄弟姐妹和整个共同体。一代又一代人持续地遭受父母和祖辈留下来的这一破坏性影响，因为他们不断地遭遇被迫搬离、被编制、原住民身份被拒绝的事件，甚至常常遭受虐待与精神创伤。

　　报告指出，"由于这些机构是强迫搬离的罪魁祸首，因此，它们应该向原住民道歉"；而且，应该设立"国家道歉日"。"这将给'被偷走的一代'和其他澳大利亚人一个机会，使他们记住过去的政策给原住民和托雷斯海峡群岛的居民带来的痛苦。"（Gooder & Jacobs，2002：

*184*

207）在报告发布的第一年，许多国家领导人、警察机关和教会团体进行道歉；1998 年，第一个"国家道歉日"正式设立，第一本"道歉书"被摆放出来，供澳大利亚居民在上面签字。尽管总理约翰·霍华德（John Howard）表达了遗憾与悲伤，但是他并没有表示歉意，因为澳大利亚政府"不支持向原住民正式道歉，这样的道歉意味着今天的一代人有义务去为前人的行为负责，尽管当时的行为是依据法律实施的，并被认为

*185* 可以给孩子们带去最大的利益"。海蒂·古德（Haydie Gooder）和简·雅各布斯指出，在这个不断调和的国家中，道歉政治颇具争议性，因为它与更广泛的关于归属与排他的政治有着密切的关系。

### 3. 家园与归属的政治

把原住民强制驱逐出他们的土地，让他们远离过去的生活，以及强迫原住民儿童离开自己的家庭，这些行为在当今澳大利亚与加拿大这样的国家中不断强化着家园与归属的不稳定政治。与同化的意识形态不一样，这样的家园与归属的政治体现出的是和解、社会公正与彼此共居。在这一部分中，我们将探讨移居者与当地人的家园与归属的政治性，以及他们在城市与国家关系中的具体表现。

在研究温哥华的城市土地与所有权政治的时候，尼古拉斯·布罗姆莱（Nicholas Blomley，2004c）关于强制驱逐（dispossession）和取代（displacement）原住民的研究令这座城市感到不安。所谓强制驱逐，"指移居者通过特定的程序获得土地的所有权，而这一所有权曾经归原住民所有"；取代"则指在观念上让原住民迁出城市，同时让白人安住进来"（109）。类似于其他国家的城市，温哥华是"叠加在一个网络上而建造起来的城市，这个网络中有古代的村庄、资源站点和象征性景观"

（110）。在安置区中，地方性动植物资源与土地资源的匮乏意味着，到
2001年，"加拿大有一半的原住民生活在城市里，有四分之一的原住民
生活在十个大都市地区"（113）。布罗姆莱分析了通过私有产权法征收
殖民所有权的问题，这一过程在城市环境中通常是以家园的形式体现出
来的。他写道：

> 简单说来，殖民地城市不能被看作一个本土空间，因为它们明
> 显是被占据的空间，建立在"追求进步"的基础之上。在探究欧洲
> 人对美洲人的征服时，帕特里夏·希德（Patricia Seed）分析了把
> 新世界描绘得理所应当的背后的各种文化差异。她指出，英国人
> 通过很多"世俗的行动"来宣称自己占有的领地。其中的各种事
> 物——房屋、篱笆和花园——都预示着所有权："英国人占据了新世
> 界，并自发地称其为自己的财产……通过把强有力的文化象征安置 *186*
> 在这片景观之中——房屋和篱笆——来实现这样的主张。"（Seed，
> 1995：19，25）

布罗姆莱认为，不管是在温哥华还是在其他地方，"原住民不仅在
历史上反抗过强制驱逐，他们还……持续不断地重新映射出本土性的
存在，提醒着人们随时可以看见的这座移居者的城市不仅在过去是他
们的土地，现在依然是他们的土地。"（2004c：131；Johnson，1994；
Jacobs，1996；文本框2.7）。

土地、所有权、占有权和归属权彼此之间在政治上是有冲突的，这
使得民族家园的观点显得摇摇欲坠。例如，肯·吉尔德（Ken Gelder）
和简·雅各布斯在分析澳大利亚的神圣性和身份认同的时候，挖掘了弗
洛伊德关于搅乱家庭和国家的神秘莫测的观念。他们解释道，这一观念

的价值在于"拒绝了一种通常的二元结构,人们常常在此结构的基础上
评价原住民与非原住民之间的关系。我们常说澳大利亚是移民者的国度,
但是这种'神秘莫测的观念'提醒着我们,非移居者的状态其实融入了
理所当然的占据和被占据的模式"(1998:24)。在厘清"财产与剥夺
财产、定居与移居之间纠缠不清的关系"时,吉尔德和雅各布斯分析了
若干则澳大利亚人的鬼故事(也可见研究文本框8)。例如,玛格特·纳
什(Margot Nash)的电影《空屋》(*Vacant Possession*,1996)讲述
了主人公蒂萨(Tessa,非原住民)回到植物湾童年老家的故事。吉尔
德和雅各布斯解释说:"这部电影紧紧聚焦于这个已经被遗弃和荒废的
家园。母亲去世以后,她再次回到了这里,精神创伤一下子显露了出来。"
(1998:36)蒂萨的脑海里不断浮现出年轻时怀上原住民孩子的往事,
以及父亲因种族观念对她施加的暴力行径。电影的高潮是蒂萨回来以后,
与父亲和一个名叫米列(Millie)的原住民邻居一起用餐的情景:

> 民族与家庭的创伤史全部呈现在了这张饭桌上,结局也充满了
> 哥特式的味道:一场突如其来的暴风雨震动了植物湾这个家庭的牢
> 固根基。这一绝望的三重奏……他们一起躲在地窖里,在那儿,父
> 亲、女儿和原住民与非原住民的邻居把过去岁月中的幽灵通通埋在
> 了地下。暴风雨掀走了房屋,仿佛强制性的剥夺应该平均分摊在每
> 个人的头上,这样,蒂萨的归家才显得完整、适恰。(36-37)

*187*

这部电影体现出的是"和解"的观念:

> 它十分自觉地呈现出了国家的处境,通过蒂萨的家宅,意象性
> 地展现出了澳大利亚这个国家本身……就像电影中所表达的,(再)

和解是在非原住民主人公归家的时候，既沉浸其中又抽身而出，既荣归故里又无家可归的状况下才得以实现的……也就是说，非原住民主人公只有借助后殖民主义的感知成为"原住民"，融入当地的景观之中，同时在财产被强制剥夺的情况下，才能与原住民达成和解。所有这一切都在植物湾寓所（和居无定所）的框架中得到了充分的展开。(37)

彼得·里德（Peter Reed）在他关于澳大利亚亲密归属的书中写道："当我尊重澳大利亚原住民特征的时候，我很想融入这片土地，既非占用这里，又非被这里同化。"(2000：15）他还问道："如果原住民依然遭受驱逐，他们的历史也得不到承认，那么对于我们这些非原住民的澳大利亚人来讲，如何才能名正言顺地爱这个国家呢？"根据对大量非原住民的澳大利亚人的个人描述，里德指出，在"澳大利亚的房屋"中，每一个房间"都不是被占有的，而是被分享的"。戴维·克劳奇（David Crouch）分析了里德的描述同文学性地描述澳大利亚居住情况之间的共鸣，尤其分析了蒂姆·温顿（Tim Winton）的小说《云街》（Cloudstreet，1998）。正如克劳奇所说："这里有一些令人焦虑的问题，那就是如何稳稳当当地移居，舒舒适适地居住；如何面对神圣性以及在大自然中、在土地上安家的焦虑。事实上，在移民到来之前，上述的境况就已经被破坏了。"(2004：49）克劳奇说，栖居的困难往往是借助"地表、土地和自然世界的生态比喻"来表达的：

　　字面意义上的"栖居"，是以本不属于我们的景观为基础的。这是一片真实的、神圣的、未被转换成其他意义的原住民的栖居之地。当这些原住民在向这一自然的世界欢呼致敬的时候，当他们宣

称这个世界既是他们的亲属，又是他们的文化时，我们怎能用所谓
"私人的神圣空间"或"地表""地形"这样的术语来传达出"栖居"
的意义呢？不知道这样的感知会对一个融入其中的人所体验到的幸
福感造成怎样的影响。（49-50）

# 四、结　语

188　　这一章扩展了家园的范围，超越了单纯的房屋，探讨了同帝国权力、
民族抵抗息息相关的物质地理学与想象地理学。这种地理学也同民族家
园和原住民政治关联在一起。贯穿本章的主题是家园的物质与想象是以
各种方式联系在一起的，而非彼此分开的，包括在家庭中建立与维护帝
国主义的观念，在反帝国主义民族主义政治中家庭空间被政治化，当代
所谓"国家安全"的内涵。在不同的情况下，我们讨论了家庭与国家之
间的双向作用及其在帝国这一更广的范围中的相互作用：一方面，在家
庭空间中，国家与帝国被复制与重塑；另一方面，家园的物质地理学与
想象地理学成为支持并表达更广泛的国家与帝国的中坚力量。换言之，
家园的空间与筑家实践在不同的尺度上都是密切关联在一起的。它们被
权力与抵抗塑造，也被"外族"和无家可归的想象形塑。

　　本章探讨了家园成为政治性场所的方式。通过分析家园的包容性、
排他性与内在冲突，我们想要质疑这样一个观念，即家园是既牢固又稳
定的地方。比如，帝国移民与国家建设往往导致原住民被驱逐，他们大
多被重新安置在无家的家园中。又如，美国等国家所提倡的"国家安全"
的现代观念，往往会以各种方式造成种族排外。在物质与想象的层面上，
如今的家园是一个能激起更为广泛的关于民族归属感的辩论的重要地
点。在第三章的基础上，我们认为，家园的政治与亲密关系的归属往往

是以各种方式被性别化、种族化的，并被既定的异性恋家庭生活方式所支撑。这种家庭形式不仅是以家庭本身为基本尺度的，也是以国家和帝国为尺度的。本章还在跨国的尺度上略微讲述了家园的意义，它既体现在帝国移民及其家园的建造上，也体现在同帝国国家建设相关的原住民认同政治上。第五章会关注当代史无前例的大规模搬迁与移民，考察跨国流动对家园、认同、家园建造和家国关系的意义。

### 研究文本框6　客厅里的龙：对家庭性别与中国物质文化的研究

萨拉·郑

从品茶到瓷器收藏，中国的商品在英国历来具有时尚特质。*189*性别认同的范式也通过这些商品被表达出来。我博士期间的研究，主要分析了19世纪晚期和20世纪初期，中国的物质文化在英国是如何传达女性特质的。一位女性在中式花瓶中插上鲜花，在绸缎做的窗帘上刺绣，身穿中式睡衣在中式软垫上休憩，这些行为具有怎样的意义？更明确地说，女性特质与中式物品是如何关联在一起的？这种同异域风情的潜在遭遇对英国的国家特性和性别建构具有怎样的意义？

这些家庭与异域风情的碰撞很快成为我研究工作中极其关键的素材。如果家庭是女性认同最重要的因素（Davidoff & Hall，2002），那么家作为一个摆设中式物品的地点，在性别、阶层和国家的关系中扮演着众多极其重要的角色。在方法论上，对家庭环境的分析成为我开展研究的十分重要的途径。探讨家中与女性具有最特别关系的那些空间，考察中国特征在这些空间里的呈现，从会客厅里的北京哈巴狗到玛丽女王玩偶之家里的中式起居室，需要极大范围的调查。

家庭的内部可以成为表达认同的基本场所，这主要通过物品的设计与布置来实现（Csikszentmihalyi & Rochberg-Halton, 1981）。我过去的研究关注一些收藏。这些收藏品能够具体化地呈现出人的自我，表达出深层次的文化与心理欲望，并使个体的界线从身体延伸至房间（Stewart, 1993; Cheang, 2001）。家园的建造也可以从这个角度来理解，即家园建造是自我多层次的、意义深远的对外投射。我的研究的跨学科性质——包括艺术、工艺、时尚、家具和室内设计——进一步强调了服装、室内设计和身份认同之间不可分割的关系。家园被营造为中国特质与英国女性特质相互碰撞的迷人舞台。女性物品的呈现和中式物品在内部设计方案印刷品中的使用，以及女性杂志本身都象征着强大的时尚阵列，女性的主体认同应该通过把房屋的内部打造为中式来进行设定。此外，小说《福尔赛世家》（*Forsyte Saga*, 1924）就展现了中式客厅，它们成为更深刻、更具体地借助想象的家园建造并反映出主人公道德的晴雨表。这样，"家园"就使人的自我特征在虚构与真实的过程中被赋予了强烈的特质，即故意将"作为自我的家园"用作舞台，使得家园成为自我刻意投射的对象。

中式物品的时尚感还同殖民主义战争与政治活力联系在了一起。对中战争导致货物与战利品大量流入；对于西方消费者来讲，当时中国经济的不稳定也降低了获取刺绣类商品的价格门槛。因此，19世纪晚期和20世纪初期，英国家庭里的中国织品、瓷器和地毯使得家园成为大英帝国特殊历史条件下的产物。帝国与家园、殖民地与家庭之间的变动性影响，意味着中式客厅能够被视为帝国女性代言人的象征。至少从原则上看，男性可以"远征"东方，女性只能留在家里布置中式房屋。这表明家园是一个让女性融入帝国的重要地点。我的结论导致我又回到"domestic"这个词的双重意义上:"国家"(民族)与"女性"。两者牵连着外部(outside/exterior)与内部(inside/inetrior)、家与自我之间的关系,总是提醒着我们英国女性的身份认同与帝国语境下的家园建造之间的关系。

2003年,萨拉·郑在苏塞克斯大学完成艺术史的哲学博士学位,论文为《英国女性的中国物质文化及其收藏(公元1890年至1935年)》(*The Ownership and Collection of Chinese Material Culture by Women in Britain*,*C.1890-C.1935*)。她现在是伦敦时装学院的讲师。最近,她的两个研究项目集中于挖掘时尚与物质文化所表达的自我边界。其中一个项目主要考察1860年至1950年,欧美家庭内部所使用的中国织物。这些中国织物总是被模棱两可地用在服装、室内软装、艺术品和小古董上。

*191*

图 4-9 《米拉·卡塞拉和她的两只中国松狮犬》,
《女性天地》(*Ladies' Field*),1898 年 7 月 23 日

### 研究文本框 7 混血继嗣中青年男子的家园与认同

阿凯利·阿米特

192 　　最近，在对混血小学生教育传承的研究中，迪克力（Tickly，2004）等人发现："黑白混血的小学生面临着一些很特殊的障碍，后者阻碍着他们取得理想的成绩。教师常用陈旧的视角去看待这些小学生，认为他们背后是破碎的家庭和令人困惑的认同，即半白半黑的加勒比身份认同。这使教师对孩子们不抱充分的期望。"为了回应这样的研究，同时也是为了挑战这样的成见，我对当下伦敦混血青年男子的家乡、家庭与认同之间的关系展开了考察。

　　我的研究是在一个更广泛的辩论中展开的，此辩论涉及家园与家庭、男性气质的体现、混血、认同和表演性（performativity）问题。尽管大量研究已涉及公共空间里的青年男性，也有越来越多关于家园与男性气质的文献涌现出来（Tosh，1999；Varley & Blasco 2001），但它们并没有涉及位于家庭的男性问题。与此同时，关于混血继嗣的认同、教育和抚养的研究常常集中于某些特定的群体，如女性、父母与孩童，并多集中在特定的空间里，像家庭与学校（Tizard & Phoenix，2002；Ali，2003；Blunt，2005）。尽管存在很多有价值的关于混血的自传文学和自传式的民族志（Ifekwunigwe，1999；Mahtani，2002），但是多集中在女性的生活与经验上。我的研究主要关注混血继嗣得以呈现出来的具体方式，以及根据表演性而被理解的家园地理。我对人种、种族性与民族性具有的表演性颇感兴趣，这类表演性与性别和性取向问题同时发生。我还研究了家园的物质与情感空间的问题。

　　我的研究主要考察混血继嗣在形构青年男子日常家庭生活时所起的作用。我特别关注青年男子看待家园与其他地方和其他生活领域之间关系的方式；看待自身与家庭成员之间关系的方式；以及家园的物质文化所呈现的方式，或能够抹去他们混血血统的方式。我计划采访就读于塔·哈姆雷特暑期大学（Tower Hamlet Summer University）的混血青年男子。恰好今年夏天，我在这所大学讲授关于人种和种族的课程。我会让这些男学生完成手写的或语音的日记作业。我还会采访两个负责混血继嗣机构里的官员和参与者，分别是"和谐人群"（People in Harmony）与"混合而居"（Intermix）。就像"混合而居"的网站所表明的，家园和家庭对于混血继嗣及其父母来讲都是至关重要的：

> 对于混血儿而言，可能有很多东西需要学习，包括对自我的了解，期待自己怎样被社会接受。对于混血儿的父母来讲，他们还需要理解孩子身上的跨文化需求，同时搜集尽可能多的信息，为孩子提供一种平衡的文化教养。此外，还应尝试教育跨种族的伴侣，让他们明白哺育混血孩子的过程中可能存在的困难。

我尤其关注对于混血继嗣中的青年男子来讲，他们是如何看待所谓"平衡的文化教养"的，以及这样的教养在家庭里得到了怎样的回应，或其本身如何施展压制。

阿凯利·阿米特是伦敦大学地理学系的博士生，论文是《混血继嗣中青年男子的家园与认同》（*Home and Identity for Young Men of Mixed Descent*）。阿米特针对青年男子的家园物质、情感与展演空间进行了访谈。

### 研究文本框 8　离奇怪怖的家：与鬼共居

卡伦·李普曼

*194*

　　我主要借助质性研究的方法考察人与居家空间那些情感性、非理性、不可名状的方面。我调查的是现代英国郊区所谓闹鬼的家庭，主要分析那些相信家里闹鬼的人与鬼的经验性互动。对这类经验的考察，能够揭示出居民与家庭之间互动关系的具体表现，以及情感与时空方面的呈现。家园不仅是物质性场所，也是一个范围更广的社会迷思与观念。

　　我一向对声称闹鬼的家庭颇感兴趣，不仅因为这种普遍存在的异常经验在大量的人群中反复出现，而且因为这类经验常常被其他人群不自觉地分享。这些经验同主流的知识定义相左，而且不能完全被归类为反文化现象，比如新纪元运动。

　　当下，文化与人文地理学开始致力于研究人与地方之间不可见的关系，我的研究论题也主要源于此。这是一种交叉的研究趣味，涉及情感、记忆和主体性的问题，还牵涉对自然与文化二元性的审视，地理学的再物化，以及朝着现象学新形式的进发。这些新的现象学观照着日常生活的展演与移动。

　　在人类社会中，家里闹鬼是一个年深日久的话题。从民间故事里的逸闻趣事，家长里短、亲朋好友之间的闲聊，到文学和电影的哥特式传统，它们对此都有充分的体现。尽管如此，在主要的人类学与社会学领域里，关于此话题的研究几乎不存在。文化地理学近日表现出对闹鬼现象的研究兴趣，主要集中于对公共大都市空间的考察，以挖掘鬼怪作为隐喻而非现实的存在方式。相反，这类研究会助长家园地理学物化与非物化文献的涌现。我选择性地对郊区家庭的经验进行了描述，因为郊区毕竟是多数人生活的地方。尽管有越来越多的研究注意到郊区复杂的词源意义，但人们普遍认为，郊区是乏味且同质化的地方。

　　研究面临的挑战在于，探索这种不可见的人类地方经验所采取的方法如何得到检验和反思。如果问题在于无法证明超自然现象的存在，那么我们如何实际化地看待鬼怪并把它们视为一种机制性的存在？我们如何思考鬼怪在家里与屋主之间的关系？

　　在刚开始读博士的时候，我产生了大量与此相关的其他问题，包括如何运用更广泛的技术性探索来记录鬼的存在和人们对闹鬼的回应，以及它们如何与非物质地理的（再）呈现过程联系在一起。这样的问题同对技术、地方与超自然信念之间关系的思考相契合。该关系既是历史性的，也是处在发展过程中的。

　　本研究还会思考：闹鬼会对已有的信仰和人们对待家园的态度造成怎样的影响？这种离奇怪怖的存在会对家园已有的具体的/情感性的经验关系造成怎样的放大效应，并对诸如所有权、共居和私有等不断出现的主题造成怎样的影响？伴随着闹鬼的经验，上述的关系会发生怎样的变化？范围更广的迷思、故事与信仰将如何影响和描述人们的闹鬼经历？房屋的传记、当前居住者对家园历史的感知以及他们的个人传记，相互之间会呈现出怎样的关系？个体与社会的记忆在闹鬼事件中扮演着怎样的角色？

　　通过民族志项目的课程，我期待得到上述问题的答案——至少构想出更多有意义的问题，由此得出更多具有创造性的方法论和更多有深度的案例研究。

195

卡伦·李普曼是伦敦大学玛丽女王学院地理学系的博士候选人，论文是《离奇怪怖的家：与鬼共居》( *The Domestic Uncanny: Co-habiting with Ghosts* )。她还是一名城市政策与环境领域的新闻工作者。

# 第五章

# 跨国的家园

本章内容围绕跨国迁移对在家与不在家、不止一个处所的家园以及 无家的感觉（情感）造成的影响而展开。在前一章中，我们介绍了与帝国的重新安置、建造家园相关的跨国家园地理学，现在我们把目光转向当代史无前例的迁移和再定居现象。本章将从具有跨国迁移经历者的视角来思索家园的问题，包括由于经济原因而离家的人，由于战争、迫害以及驱逐而被迫离家的人。此外，本章还会讨论迁移对那些留守家园的人造成的影响。我们会返回前面几个章节讨论过的主题，包括居家建筑与家政工作，家园与故土在物质与象征层面上的交集，驱逐与流离失所深刻而长期的意义。基于前面的讨论，我们会思考家园的物质和想象地理学，以及在国内尺度上关于家园的生活经验是如何通过跨国迁移、再定居以及资本和思想的跨国流动而被改变、复制与重塑的。我们认为，跨国的家园是在不断移动与不断定位的过程中，经家园与其认同的相互作用而产生的，并且是由特定地方与跨国空间中的家园营造和实践过程塑造出来的。

家园的多尺度明显地关切着跨国的家园，正如高楼大厦与孟加拉式平房所呈现出的跨国家园形态（见第三章和第四章），家园的多尺度性 还体现在国内劳工的跨国就业，流放者、难民和寻求庇护者的跨国再定居，以及他们栖身的新家、野营房和看守所中。我们不仅要关注流散的、跨国界的与全球性的想象如何影响（以及被影响）家园的日常体验与实践，还会探讨一些更为宽泛的问题，如家园的特定观念、意义以及地点等。其中一些问题被列入文本框 5.1。

---

### 文本框 5.1　家园与跨国迁移：文献中的问题

不断增加的有关跨国迁移、跨国社群和流散者的文献，引出了关于家园的重要而有挑战性的问题。

**布拉赫（Brah，1996）**

- 定居之地何时变成了国家？（1）

- 家园在何处？（192）

- 一个地点何时变成了家园？在家的感觉与立界标明某个地方归属于自己，两者有什么区别？（193）

**艾哈迈德（Ahmed，2000）**

- 在家意味着什么？一个人的离家会如何影响家园与在家的状态？（77）

**阿里与科泽（Al-Ali & Koser，2002）**

- 跨国社会场域和实践在日常生活中是如何表现出来的？（如果有）它们如何影响家园的具体概念？（7）

- 跨国社群的存在是否需要重新定义"家园"？对跨国迁移而言，家园在多大程度上不再同一个具体的地理位置相关联？跨国移民在多大程度上不止有一个家园？随着岁月的流逝，对家园的忠诚会发生怎样的变化？（8）

**艾哈迈德等（Ahmed et al., 2003a）** *198*

● 离家与对家园的想象之间具有怎样的关系？在迁移的背景下，家园如何被塑造出来？离开家园以后，返回家园又意味着什么？（8）

**佛伦（Fouron, 2003）**

● 家园作为不受国家主权约束的流动性概念，在 21 世纪是否会导致新国际主义运动的产生？（209）

　　如文本框 5.1 所示，有关家园及跨国迁移的研究引发了一系列重要的问题，这些问题动摇了家园作为固定地点的观点，同时瓦解了家园作为场所的固定性与单一性。再者，这些问题表明对家园的思考是跨越时空的。它常常被过去的家园记忆和未来的家园梦想所塑造，同时也带来了居住、归属、离开和返回的物质地理和想象地理。因此，跨国家园被定位（location）与离位（dislocation），场所（place）与去场所（displacement）的观念与经验所塑造，就像人们由于各种各样的原因迁移，又在各种不同的环境中感受在家与不在家一样。

　　本章分为四个部分。首先，探讨家园与故乡的国际关系，跨越流散空间背景下的筑家实践，以及流散空间里不同代际间的家园政治。其次，讨论流放者、寻求庇护者和难民对于家园的情感与政治意涵，同时分析具有争议性的住宅形式、难民营建设和分散与遣返的政策。再次，关注与作为家政服务者而迁移的女性有关的家园跨国地理。最后，探讨在全球城市或郊区感受到的家园意义。

# 一、家园、故乡与跨国迁移

根据娜嘉·阿里（Nadje Al-Ali）和哈立德·科泽（Khalid Koser）的研究，移民与家园之间不断变化的关系被认为是跨国迁移的一个典型特征（2002：1）。跨国移民的生活经验与空间想象以多种方式围绕着家园而展开。例如，家园与故乡的关系，多个家园的存在，各种各样的筑家实践和家园、记忆、认同与归属的融合。这一部分探究在离散的筑家实践和返家旅途中，具象化了的故乡符号具有的附着物；同时探究具有多样化跨国社区特征的家园之间的经济和政治联系（Rapport & Dawson，1998；Al-Ali & Koser，2002；Ahmed et al.，2003b；Yeoh et al.，2003）。

"流散的"这一术语涉及人们在空间中的分散，以及人与地方之间的跨国关系。依据布朗温·沃尔特（Bronwen Walter）的观点，流散牵涉到人在安置区中的"在家"感，以及在安置区以外获得的重要身份差异（2001：206）。跨国移民的生活常常被解释为"根"（roots）和"路径"（routes），它们传达出思索家园、故乡和流散的两种方式（Clifford，1997；Gilroy，1993）："根"可能意味着一个最初的故乡，人们从那里分散出去又试图返回那里；"路径"则包含家园的移动、多元与跨文化的地理现象。在个体的尺度上，"根"扮演着一个人的归属、定位和位置的指示物；"路径"则扮演着缺少固定性和归属性的不断变化的指示物（Armbuster，2002：30；文本框5.2）。对"路径"的关注引发了移动的，常常是去地域化的、跨国网络的家园地理学。家园不再被当作扎根、定位、有边界的存在了，也不会同记忆或者想象中的故土紧密连接在一起。这样的流动性并不会排除阿瓦塔·布拉赫（Avtar Brah）所称的"回家的渴望"。布拉赫认为，流散的概念在考虑了回家渴望的同时，又批判了固定的原初场所，不同于对"故乡"的渴望。这种区分很有必要，因为并不是所有流散者心目中都有"回家"的观念（Brah，1996：16）。

正如第四章所讨论的，把国家作为家园的思想经常通过故乡的意象传达出来。这样的意象是有类别划分、种族区分的，具有排他性和争议性。

---

**文本框 5.2　同性恋的家园，迁移和依附的移动**

安妮 - 玛丽·福蒂尔（Anne-Marie Fortier）在研究同性恋迁移的过程中，使用了"依附的移动"（motions of attachment）动摇异性恋的家园观，赋予家园"同性恋"的色彩（Fortier，2003；Fortier，2001）。许多这样的描述都围绕着离开童年和故乡，试图寻找或重建一个更能令人接受的家园而展开。阿兰·森菲尔得（Alan Sinfield）指出：

> 我们中的大多数人都出生在异性恋家庭中，并被这样的家庭社会化。我们必须离开他们，至少在某种程度上离开，进入少数人群的文化圈内，如果我们足够幸运的话。保罗·莫内特（Paul Monette）的小说《半路之家》（*Half-way Home*）结尾处说："家是我们的所到之处，而不是我们从何而来的地方。"事实上，对于同性恋而言，他们对分离与丧失所产生的流散感反而为亚文化群体相互连接在一起提供了原则，事实上可能附属于童年（异性恋）文化的某些方面。在那里，他们已经感受不到家园的存在了。我们不断集聚在一起而不是分散开来。（Fortier，2003：117；Brown，2000）

在迈克·布朗（Michael Brown）的研究基础上，福蒂尔指出，"出柜"意味着从童年的家园"搬离出去"，去往其他地方，在另一个家园里重新安置自身（Fortier, 2003: 115; Brown, 2000: 50）。福蒂尔在分析了同性恋的迁移之后，开始质疑"家园作为熟悉之地"的前设。同性恋的迁移瓦解了异性恋的家园，后者常常被视为正统的家园，即舒适、呵护以及有归属感的典型模式（115、116）。她提出了"依附的移动"，认为家园是移动而非固定的，通过移动与依附，人们可以重新组织家园：

201

> 我们始终生活在移动之中：往返于不同的家园，移动于过去的美好记忆中，移动于远走高飞或原地不动之间，移动于努力向前或全身而退之间，移动于日削月朘或日引月长之间，移动于何为家园/已然的家园/未然的家园交织在一起的重塑过程中。然而，"家园"是通过将自身依附于一个地方来现实重塑的，即我们努力使家庭、身体与关系以有意义的方式触及我们自身。（Fortier, 2003: 131）

针对"移动的依附"，福蒂尔分析了美裔意大利同性恋作家玛丽·卡佩罗（Mary Cappello）撰写的回忆录《夜绽放》（*Night Bloom*），其中描述了菲律宾南部工薪阶层的生活。她提道："散居的住宅形式已经具有了'同性恋'的色彩，因为总是处于介于两者之间的空间之中：它是一个与来自'这里'和'那里'的存在和'适合'多重禁令的斗争场所。"（2003: 125）对于卡佩罗来讲，家园是既熟悉又疏远的地方：它是一个脱节、疏离、对抗着同化与吸收之力的场所，因此这个空间包含着对亲切感的渴望。卡佩罗认为，似家庭一般的家园既不感伤也不被迷恋：它始终是处于建构过程中的空间，不仅存在于想象中，还存在于女性和男性所体现出的物质与情感的劳动之中。福蒂尔并没有将家庭般的家园视为必须被丢弃的地方，而是认为卡佩罗的描述传达出了其中的同性恋内涵。在这个意义上，同性恋超越了差异化的性取向和反正统的意义。如福蒂尔所言，卡佩罗将家园的非自然状态和家园的丧失都归咎于离家出走。在这里，离家出走并不是导致同性恋的原因，相反，家庭结构才是。福蒂尔认为，通过动摇异性恋家庭的规范，家园不仅可以成为多种形式的居住空间——同性恋的和其他人的，而且也能借着依附于多个"家庭"产生归属感（131-132）。将家园概念化为同性恋，意味着认识到"家园是差异化的空间而非同一化的空间"，这样的空间也是权力关系的具体体现。

　　人们如果离开了他们想象为家园或故乡之地，会怎样？家园与故乡 202
如何以及为什么能因距离而被想象、再生产和重塑？对于跨国归家来讲，重新定居意味着什么？重返家园是可能的吗？到底是返回了家园还是开启了另一单程旅途？是不是真的无家可回？（Hall，1987：44）布拉赫认为，一些（并非全部的）流散空间之所以得以形成，都是同故乡的经历、记忆与回家的渴望联系在一起的。这种回家的渴望主要存在于（并非所有）生活在流散空间中想要返乡的人那里。例如，生活在犹太人流散空间中的人共享着返乡的权利，返回 1948 年建国的以色列。但是以色列的建国导致了巴勒斯坦人被驱逐和流放，他们中的很多人都生活在约旦和黎巴嫩的难民营和安置点，这一点下文将会讨论。

## 1. 家园、故乡和移民返乡

对于很多跨国移民来讲，家园的物质地理学与想象地理学是多样化的，也是模糊不清的，体现出人们对多个地方的依恋，以及家园被记住和当下日常生活被塑造的方式。约翰·韦斯顿（John Western）采访了34 个来自巴巴多斯的伦敦居民，问道："当你使用'家园'这个词的时候，你会想到什么？"（1992：256）他将自己的跨国迁移经历同转变后的家园思想的分析交织在一起。对于韦斯顿而言，家园驻扎在一个范围内，存在于不止一个地方：

> 对于我而言，家园就是（或者曾经是）马尔盖特一条街上的一栋房子，然后是萨尼特岛（the Isle of Thanet），肯特郡，英格兰——依据不同的背景而定……然而，在离开伦敦生活将近半辈子以后，对于我来说，家园不再是确切无疑的了，它很可能是锡拉库扎、纽约，就同英格兰一样，取决于具体背景；也不再是简单的尺度伸缩的问题了，而是对不确定性和模糊性的认可。（256）

韦斯顿的访谈者对家园问题做出如下回应：

203
> 对于在英国出生和长大的人而言，他们的答案是"家园就在这儿，伦敦"。一些人有资格这样说，一些人则没有。对于一半在巴巴多斯出生那代人来讲，答案是巴巴多斯。但是，对移民来讲却存在诸多模棱两可的说法。事实上，移民中最为普遍的态度是试图找到巴巴多斯和伦敦之间的某种平衡。（264）

一些被采访者想要返回巴巴多斯，一些人依然想带着在英国出生的后代留在伦敦。

跨国移民经常重返过去的家园，或许是出于自己的选择也可能是出于被迫。同时，一些人带着一个回家的梦想迁移，但这个梦想或许实现不了（像许多 20 世纪 50 年代从印度和巴基斯坦来到英国的人）。时至今日，移民的归国依旧是在研究过程中被忽略的问题（Harper，2005）。尽管受到质疑，但马克·怀曼（Mark Wyman）坚持说，1824年至 1924 年离开欧洲的 5 200 万欧洲人，至少有三分之一又重新回到了祖国（2005：16），呈现出大规模返回式迁移的现象。对于这一现象，他总结出不同的原因：在新的家园取得成功后衣锦还乡，失败沮丧而归，思乡心切，回家接管家庭农场和其他财产，拒绝延续海外生涯。

家园的跨国地理是返回式迁移的核心，因此，家园和故乡的记忆被重塑起来，并随着时空的变化而动荡不定。例如，乔治娜·高恩（Georgina Gowans，2001；2002；2003）在对印度英裔职业精英妻子与孩子的研究中，分析了家园和故乡在帝国空间中被想象与体验的自相矛盾。英国作为家园和故乡的观念是印度统治的核心，这确保了职业精英在退休后可以返回英国，同时出于健康和教育的考虑，孩子将被送返英国，远离待在印度的父母。但是，高恩指出，印度也渐渐被想象成为家园。尽管英国被视为家园的理想，但短暂地访问印度后又回到英国在实践上却显得更加困难。对很多从七岁起就被送回英国的孩子来讲就是如此：

> 归属和情感不能与经验完全画上等号，前者意味着幸福、亲密和稳定。或许不那么引以为奇的是，英国并不能满足人们对家园的期待（出众、艳羡、熟悉、稳定、至高无上），相反，却常常令人 *204*

失望（不熟悉、不友好、不稳定）。（2003：432）

爱丽丝塔尔·汤姆森（Alistair Thomson）研究了在不同背景下，思乡之情在促发返乡式迁移过程中所起的作用（2005；Hammerton & Thomson，2005）。借助对 200 多个返乡移民所做的生活史访谈和问卷调查，汤姆森提出思乡之情是导致人们返回英国的主要原因：对英国的故土、人民和生活方式的思念，以及身处澳大利亚的"无家感"。超过三分之一的被调查者开展的返乡式迁移正受此影响。汤姆森认为，思乡是对家园的不在场或家园丧失的体验。思乡移民渴望家乡的人民与土地，他们不仅思念亲朋好友，还思念能表征家园的那些特殊景观。尽管大多数来到澳大利亚的英国移民战后住到了城市或郊区，但他们的思乡之情却常常围绕一个田园牧歌式的英国构建起回家的渴望。渴望田园般英国的澳大利亚人似乎成为 20 世纪文化现象的海外表征，这种表征通过英国中产阶级和工薪阶层对英国乡村的国家认同表现出来。但是，汤姆森也断言，思乡之情不仅事关某个记忆的与想象的家园，而且同"此时此地"的生活有密切关系：对英国移民来讲，思乡之情就好像在澳大利亚的生活和在英国的家中那样，蕴含的内容非常丰富。思乡在某个特定时段会表现得非常强烈，特别是那些期望有孩子，或者把孩子独自留在家中的女性。她们渴望回到英国的大家庭中，认为在家庭中有母亲与其他成员的经济帮助和精神抚慰。男性同女性一样也有思乡之情。汤姆森发现，男性移民的思乡之情表达得更加隐晦：

*205*　　　　有这样一些案例：男人极度渴望回归家园，却责备妻子因思乡而返家——妻子称自己并不思乡。这些男人不会随随便便承认自己有思乡之情。这些在物质上和精神上都受损的男人的

妻儿为我们提供了大量这方面的线索……这些都是男人们的雄心壮志惨遭崩溃的故事。他们都是有过豪言壮志的工薪阶层男士，他们的男子汉身份主要建基于职业技能和养家糊口的能力上。但令其蒙羞的是，他们发现自己在澳大利亚难以维持这样的自豪了。由于无法承认失败，于是，他们在身体上和精神上都崩溃了，唯一剩下的，就是强烈的返乡渴望。尽管他们不可能给自己贴上思乡的标签，却表现出思乡之人的所有特征。（2005：124-125）

尽管很多跨国移民不会永久性返乡，也不愿这样做，但很多人都通过给家里汇款，或重访故国而同家园保持着联系。全球移民劳工汇款额每年约有 750 亿美元（Adamson, 2002；Van Hear, 2002）。除了汇款以外，跨国移民也会涉足贸易和消费领域，不同家庭会交换礼物。例如，鲁巴·萨利赫（Ruba Salih）发现，每年的返乡之旅都是由居住在意大利的摩洛哥妇女构成的，她们会为这样的旅行做长期的准备，包括购买家电和其他物品，像毯子、床单、毛巾等：一方面是供自己使用，另一方面是筹备礼物。她说道：

为了感觉"在家"，身处摩洛哥的意大利妇女需要携带一些东西，这些东西能象征曾经在意大利的家园。通过这些物品，妇女们展示出她们成了什么样的人，并借助彰显摩洛哥和穆斯林身份之物来表明她们的认同。（Campo, 1991；McCloud, 1996）

萨利赫也指出，在不同家园之间旅行是充满矛盾与协商的过程，尤其牵涉在摩洛哥的丈夫、妻子和大家庭之间的关系。

返乡之旅对于跨国移民的孩子来讲也是动荡不安的。例如，纳兹
*206* 利·吉布里亚（Nazli Kibria）在关于第二代华裔美国人和韩裔美国人的
返乡之旅的研究中，分析了家园与认同的空间协商过程。这一过程是因
跨国移民的孩子感受到的自己同更多的中国人或韩国人所具有的异同点
而产生的。吉布里亚的研究表明：

> 蕴含着血缘纽带的归属感似乎为文化和国家的差异性所主导。
> 许多第二代华裔美国人与韩裔美国人在旅行途中记录了对美国人身
> 份的强烈认同感。但当他们身处美国时，亚裔的种族认同又会主导
> 其他层面的感知。身处中国和韩国，他们的美国人身份是颇具意义
> 的。（2002：306-307）

在很多情况下，访问祖辈的故土能够使第二代华裔美国人与韩裔美
国人感到美国作为家园与自己的亲密关系（Dwyer，2002）。

流散的家园同记忆与想象的故乡之间也存在重要的政治关系，新
媒体和通信技术的发展促进了这种关系的发展（见文本框5.3）。费
诺娜·亚当森（Fiona Adamson）识别出跨国空间中"改变家园"
（tranforming home）所具有的三种主要方式。第一，跨国移民以跨国
社群的政治空间为地点，使认同、话语和叙事移动起来，由此，既挑战
又增强了国家体制的官方话语霸权（2002：156）。有时候，这种政治
上的移动要么围绕着回乡的努力而展开，要么围绕着开拓、建设家乡的
努力而展开。例如，布里恩·凯斯·阿克塞尔（Brian Keith Axel）的
研究表明，卡利斯坦锡克人的故乡随着锡克人流散性的移动与想象不
断游走（2001：199）。甚至20世纪90年代巴尔干的冲突也见证了美

国克罗地亚流散人士对家乡政治的热切关注（Carter，2005：56）。第二，跨国移民通过与国家和非国家行动者（如非政府组织）的联络引起国际社会的关注，以此施压，寻求国家政治的变化（Adamson，2002：156），比如开罗的苏丹人非政府组织的工作（Häusermann Fábos，2002）、库尔德人在德国的政治游说（Østergaard-Nielsen，2002）和克什米尔流散群体的政治动员（Ellis & Khan，2002）。第三，跨国移民通过移动或转移资源给自己国家的活动者，改变资源和权利的地方平衡。例如，"北方援助"（Northern Aid，NORAID）这样的组织会从美国汇款资助爱尔兰共和军。在很多方面，跨国政治关系同"改变家园"的意图联系在一起，揭示出生活在流散状态下，人们回忆并想象故土的物质与政治效应。

## 文本框 5.3  家园与信息空间

个人网址为什么又叫主页？家用电脑的图标象征着什么？它会以哪种样式呈现出来？在多大程度上，信息空间能被理解为新的家园空间，一个能给人提供归属和认同的虚拟空间？这里的每一个问题都显示出家园处于语言、想象与信息空间关系的核心地位。许多作家都讲述过通过虚拟世界超越时空的乌托邦式故事，人们也批判过世界上的精英排外现象（Morley，2000），但家园依然是信息空间中的关键角色。

就像研究家里的孩子上网一样，某些研究者已经对物质层面的家园与信息空间展开了研究（Holloway & Valentine，2001），以及研究家园和故乡的跨国政治如何借助互联网被调动起来（Staeheli et al.，2002）。这些研究表明，虚拟地理把家园延伸到了远远超出国内的范围，家里的孩子（物质意义上的在家）可以通过网络与世界各地的小朋友聊天，跨国与流散的关系形成在不同的家庭与故乡之间。互联网可以产生出新的具有认同与归属的跨国社群——家园的虚拟地理学。最近的一个人们感兴趣的话题"作为英印混血儿意味着什么"显示，随着网站信息的扩散，这样的思考被调动了起来（Blunt, 2005）。

*208*　　　　艾拉·索哈特（Ella Shohat）指出，信息空间是为了"在家"而垒筑起来的空间（1999：224）。跟其他家园地理一样，信息空间也是由包容、排斥和权力关系塑造出来的。尽管新网络技术在很大程度上是通过军事发展起来的，或反过来促进了军事的发展，尽管网络上存在很多极右势力、种族主义和色情网站，但索哈特指出，这些技术已经成为组织进步政治的草根民众与行动主义得以开展的基本场所。例如，在美洲，原住民在自己的故土中沦为难民，但却试图通过新媒体恢复平多拉马（Pindorama）的象征空间，恢复秃鹰的领地和龟岛的意象。这样的虚拟空间逐渐代表一种想象的故土。索哈特断言，原初与稳定的家园概念"借助互联网获得了新的定义，他们被剥夺的民族不仅作为物质的地点而存在，还作为对话互动的关系网络而存在"（224）。

## 2. 流散的居家建筑与家园建造

正如我们在第四章中所讨论的，孟加拉式平房可以被理解为一种居家建筑的跨国形式，其他房屋设计也能反映并再生产跨国的家园地理现象（Cairns, 2004）。卡洛·利瓦伊（Carlo Levi）的书《留在埃博利的基督》（*Christ Stopped at Eboli*）描绘了20世纪30年代意大利南部的小镇生活。马克·怀曼借此研究了返乡式迁移给居家建筑带来的影响：

> 利瓦伊讲述了他用好几天的时间在贫民窟里闲逛的情景。在这些社区里，唯一一条光线穿过了敞开的大门，闯进大多数人家。在肮脏的地板上，小鸡跑来跑去，与猪、狗和行人一起争夺着空间。这里到处都是非本土样式的房屋——粉刷过的两层楼，带着阳台，门把手被漆得发光。利瓦伊说，这些房屋几乎都是美式的。事实上，美式房屋是返乡移民在欧洲大陆建造的最显而易见的房屋样式，同时它逐渐蔓延到其他大洲。从美国、加拿大甚至阿根廷带着积蓄返乡的移民建造了很多这样的住房。（2005：24-25）

*209*

移民归国对本国居民建筑的影响在其他地方也是明显的。葡萄牙有个小镇叫卡萨弗朗西斯卡（casa francesca），由从法国归国的移民所建。在世界的另一端，中国的某个地区也存在非常抢眼的另类建筑，由从英国归国的移民所建（Wyman，2005：27）。

房屋的形态与风格也会反映出流散人群的社区认同，并有助于培养这样的认同。例如，在纽约南布朗斯克区居住的波多黎各人建造的小房子，或者带有两三个小房间与走廊的卡西塔小屋（casita），就体现了他们对波多黎各的家园记忆（Sciorra，1996）。维斯特伍德（Sallie Westwood）与安妮·菲扎克利亚（Annie Phizacklea）说道：

> 这是本国建筑在异乡的嵌入。它改变了城市的视觉与美学空间，

构成了混杂的、流散的空间美学，比如舞厅和周五晚上的节庆活动。住房的再造成为积极记忆的一部分，这种记忆并不仅仅是对家园熟悉感的怀念，更是试图在新的景观中构建出家园。（2000：63-64）

许多城市环境已经体现出由迁移带来的家园物质形态的变化（Allon，2002）。当代移民进一步放大了这些具有争议的形态变化，比如在加拿大，有些富有移民在温哥华建造了有争议的奇怪房子。有些移民以投资者和企业家移民的身份进入加拿大，给精英社区（如肖内西高地社区）带来了新的景观美学。戴维·莱（David Ley）写道：

210

这些移民喜欢在超过 4 000 平方英尺的开阔之地建造大房子。这些房子的崭新程度、避免窗外植被对透光性的影响、排列整齐的门和其他室内设计，部分受到了"风水"玄学的影响。T 字形的节点处不能有建筑物，传统的幸运数字（如 3 和 8）被大量运用……家园是展示主人物质财富和现代消费观的地方……他们希望在开阔的大房子里体现出自己功成名就、高瞻远瞩和与时俱进的现代身份。家园就这样成为混合的形态，一方面固守着传统的价值，另一方面宣告着对无止尽的增长与变化的现代性诉求。（1995：191-192）

这种景观美学是对家园的想象和建筑形式之间关系的典型诠释，也是对受到质疑的家园观和家园应有的物质形态观点的例证。

这些崭新的家园都修建在富裕的社区中，主要审美标准见图 5-1——重建都铎复兴时期外观的英式房屋，配套的花园里栽种着落叶树与灌木丛，风格保守的内部装饰（Ley，1995：188）。就像凯瑟琳·米切尔（Kathanryne Mitchell）所写的那样："无论是在形式上、结构上、规模上、审美上还是在城市的感受上都有着巨大的反差，这些新建的房屋，同原来的住房建筑与风景如画的郊区街景之间存在着巨大的反差。"（2004：145）

"怪房子"的物质形态引起了谁拥有居住权的尖锐争辩——不仅是在桑那斯邻近的居住权，更是在整个加拿大的居住权。在对建造计划的讨论中，在报纸上，在建造者、开发商和居住者协会之间，关于家园内涵的公共辩论一直以来都反反复复地进行着。当地居民强调家园的内涵就是家庭和家人，另一些人则认为家园就是投资。莱记录了对一位居民的访谈：

图 5-1 温哥华尚尼斯（Shaughnessy）的英式景观美学 [1]

---

[1] 凯西·梅伊许可翻印。

*211*

图 5-2　20 世纪 90 年代温哥华尚尼斯的新住房美学 ①

　　我们在此养育孩子，送孩子去附近学校读书，每年参加各种各
样的社区活动。现在很多人都在这里有了房子，却从来没见他们住
过。这些房子空空如也，对他们而言只是投资品而已，甚至只是他
们众多投资品中的一个……我们希望强调的是，这是一个让人们居
住的地方，而不只是一个用来赚钱的地方。（1995：197）

　　米切尔认为："一些经济移民在字面意义上把当代的、充满矛盾的
流散力量、寓所以及流散者的家园，一起带到了至今都还在被保护着的
桑那斯高地的郊区。"（2004：143）"怪房子"的跨国形式分裂了理想
中的家园，也将屋主与强大的人种、民族之间的联系分裂开来。

*212*　　通过广泛的筑家实践，物质与想象层面上的家园跨国地理特征都在
国家范围内被塑造了出来，就像凯蒂·沃尔什关于生活在迪拜的英国侨
民的研究所显示的那样（见研究文本框 9）。跨国的家园以很多种方式
成为人们的记忆之所，而且被理解为展演的空间，其中，同记忆和想象

_____
① 凯西·梅伊许可翻印。

中的其他家园所具有的位格性（personal）与内在性的联系被体现、规定和重塑（见文本框5.4）。这种联系揭示出跨国空间中家园、记忆、身份与归属更为广阔的交集。在各种物品中，比如居家建筑、设计、装修、家里的其他物品和设备中，以及家庭关系和行动中，它被物质化地呈现出来。

## 文本框5.4 家园、记忆与乡愁

　　家园常常被理解为承载记忆的场所，就像对当下物质文化和家庭照片于过去家园记忆唤醒的研究所表明的（Rose，2003；Tolia-Kelly，2004a，2004b）；另外，关于跨国空间中对家园和祖国的个体与集体记忆的研究也提到了这一点（Ganguly，1992；Fortier，2000）。在更广泛、具体的地方，食物、烹饪、进食等社会、文化实践都在绘制与维持着集体的记忆与身份。

　　尽管承载记忆的场所经常唤起人们心中的家园空间，但同时也超越了家园的空间；乡愁以其固有的含义唤起了人们心中的家园。"乡愁"（nostalgia）这一术语既源自希腊语"nostos"，即回家，又源自"algos"，指痛苦，并且暗含思乡病和对家园的强烈欲求（Chambers，1990）。从17世纪晚期到20世纪，在欧洲，"乡愁"被理解为一种生理上的不适，进而发展成为精神状态上的反映（Shaw & Case，1989；Rubenstein，2001）。20世纪80年代末，"甚至从乡愁那里曾获得过的愉悦都随着记忆褪散了"（Lowenthal，1989：18），进而发展成为——用戴维·洛温塔尔（David Lowenthal）的话说——"一个尴尬的话题和羞辱性的术语。诽谤一句接着一句地抨击乡愁，认为这是反动的、退步的和荒谬可笑的"（1989：20）。

　　借着很多种方式，对家园的乡愁已经衍生出更广泛的"对欲

213

望本身的渴求"（Stewart，1993：23）。家园已经成为暂时性的暗示，蕴含着人们想象中的原初之地和向往着的回不去的过往。比如，罗伯塔·鲁本斯坦在讨论女性主义小说时写道：

> 乡愁所包含的东西，比起渴望字面意义的地方或实际的个体来讲要多得多。乡愁更精确地触及一种时间性的产物。即便一个人能够表面上返回他出生的那栋楼，他依旧无法真正地回到童年的家园，因为这个家园主要是一个存在于想象中的地方。（2001：4）

虽然记忆中的场所和景观都存在于过去和现在，并被重塑起来，但被乡愁唤起的家园空间总是显得更加迷离和遥远。

艾莉森·布伦特认为："对'乡愁'一词的反感，反映出一种长期建立起来的普遍的'家园压制'。在这样的压制状态下，家园空间存在于过去而非现在，是想象的产物而非物质的形态，是想象的本真性而非活生生的经验。"（2005：14）因此，布伦特用"富有成效的乡愁"（productive nostalgia）这一术语来挖掘其潜在内涵。她关注作为对家园的渴望的乡愁，而不是从政治与压制的状态下理解之。由此，她关注家园渴望进行呈现和展演的方式，而不是在单纯的叙事或想象中开展研究，同时认为乡愁不仅面朝当下，还面向着过去与未来。

跨国关系同样借助一系列其他筑家实践在家园中被物质化地呈现出来。对家园的跨国建构是具有性别差异的实践，并反映在更为广泛的"女性流散"（feminising the diaspora）的过程中（Walter，2001：11）。

这一过程具有女性移民的特征，也具有移民安置的家园象征。布朗温·瓦 *214*
尔特（Bronwen Walter）在研究英国和美国的爱尔兰移民的过程中，跟
踪了移民安置（placement）和位移（displacement）的特征，并以地
图的方式将这些特征绘制在不同的家园地理中。位移的身份认同使得爱
尔兰成为家园，人们在这个家园中不断书写着在爱尔兰长大的记忆、回
乡探亲、国家归属感，以及能将身处异地的人们连接在一起的共同记忆
和往事。与此相反，安置的身份认同与爱尔兰以外的新家园联系在一起，
也和位于流散之地的爱尔兰社区生活联系在一起。在两个案例中，瓦尔
特分析了以性别为基础的流散者的筑家实践。她说：

> 女性流散者……被置于矛盾的家园关系之中。家园既可以牵制
> 和拴住女性，让她们变得不引人注目，把她们捆绑在乏味无趣的日
> 常生活中；同时也可以是她们对民族群体内部与外部的强制文化发
> 起挑战的大本营。身份与归属问题就这样在流散女性和家园的关系
> 中被提及。（2001：197）

换句话说，流散的家园对女性而言既是牵制之所，又是潜在的解
放之地。下面两个例子可以进一步论证这一观点。首先，苏珊·汤普
森（Susan Thompson）描述了从阿拉伯、希腊和越南到澳大利亚的女
性移民感受到的"家园力量"。家园成为可以"尽情展示自己与众不同"
的地方，比如通过说英语以外的其他语言，以及通过家庭内部的物质文
化培养出自身的文化认同（1994：37）。其次，通过对20世纪40年代
晚期到50年代移居英国的英裔印度女性的采访，布伦特分析了家园的
熟悉感与陌生感。与其他移民英国的印度次大陆人士不同，英印混血儿
觉得自己应该以一种更加熟悉的文化和生活方式定居于此，其熟悉程度

应该高于他们在印度时怀揣的期盼。然而，迁居后的家庭生活在很多方面都显得更加陌生了，一方面，主要是因为房子太小；另一方面，他们要在没有仆人的情况下做家务劳动。移民后的家务劳动对女性来讲尤其具有挑战性，她们要从头学习如何购物、烹饪，如何做清洁。这些定居英国的英印混血儿第一次面临家务挑战时的记忆很重要，因为这些记忆素材提供了描述她们于英国生存并成功的叙事内容。

215 　　与其将离散的家园建构当作对传统文化观念的静态复制，不如思考这样的建构在不同的传统与文化中被修改和重塑的过程。这些过程是动态的、不断变化的。比如，迪芙亚·托莉雅-凯莉研究了从南亚和东非移居到伦敦的女性，关注到视觉文化与物质文化在离散家园建构过程中的意义。那些在伦敦"使新的家园结构得以形成"的视觉和物质文化都"大量掺杂着'其他'空间的存在"。通过对迁移前能引起共鸣的照片、图像和纪念品的研究，托莉雅-凯莉指出："视觉和物质文化是将'他处'景观带入英国景观的棱镜，并借此取代了英国式观念与英国的本土景观。"（2004a：678）例如，谢多尔20世纪60年代到70年代在坦桑尼亚长大，一张维多利亚湖中的俾斯麦石（后改名为姆万扎石）的风景照唤起了她对家园的回忆（见图5-3）。这张照片摆在她伦敦的卧室里，将谢多尔带回特定的时间和地点。这样，"英国的本土景观就被置于坦桑尼亚的背景里"。相反，希尔帕在伦敦的家中展示了一个特别有默契的图片"钓鱼的男孩儿"（图5-4）。托莉雅-凯莉将这张照片描述为"像蜜糖一般甜美的、贺卡般的田园生活，事实上是童年的田园生活，应该是属于欧洲或英国的风景"（684）。但是对希尔帕而言，这张照片唤起了她对乌干达河岸边叔叔家的童年记忆：

　　　　这张照片很有意义，是她在哈勒斯顿（Harlesden）的公寓里拍摄的。这张拍摄于英国的照片是对她在乌干达梦幻般童年生活景色

的证明，那时她住在奢华的家中，享受着赏心悦目的乡村景色和自
由漫步的愉悦……这个故事中的英国牧师形象是跨文化的。它被解
释为对追求风景如画般生活场景的志趣，包含着愉悦、和平和纯洁
无瑕的童年过往。(684)

图 5-3　俾斯麦岩石<sup>①</sup>

图 5-4　钓鱼的男孩儿<sup>②</sup>

---

① 迪芙亚·托莉雅 - 凯莉许可翻印。
① 迪芙亚·托莉雅 - 凯莉许可翻印。

216　　除了视觉和物质文化以外，准备食物与日常消费也同样是离散的筑家实践中重要的一环，而且明确表达出对传统与文化的混合与重写（Hage，1997；Kneafesy & Cox，2002）。比如，曾在独立前的印度居住过的英印混血儿都曾想象自己是大英帝国流散出来的一部分。虽然他们家庭生活中的许多方面都比本土印度人更加西化——在家居装饰上和一些行为上都有区别，比如吃饭时用餐具，而不像本土印度人那样用手——但是，他们在食物的种类上还是受到了印度和英国的双重影响。英印混血儿的午餐通常是咖喱米饭，早上吃英式早餐，晚上喝茶并辅以"配菜"。一名生活于印度的英印混血儿解释说："我们不仅学会了那些菜谱……糕点配茶加松饼，同样学会了午餐时吃点儿辣咖喱。"（Blunt，2005：54）"马莎拉牛排"反映出英印混血人士菜肴中的混合特色。一名居住在澳大利亚的英印混血人士说："牛排是英国的，而马莎拉是印度的。为了让菜肴有些与众不同，我们将这道菜上升为社区文化的一部分……我们创作出了适应两种人口味的菜肴。"（54）鲁巴·莎莉（Ruba

217　Salih）在研究住在意大利的摩洛哥女性时，同样发现家园是反映"双重归属"和"复合身份"的独特场所。这不仅体现在视觉和物质文化方面，还体现在食物的准备和消费过程中。她写道：

　　　　便宜又流行的意大利家具和能让人联想起摩洛哥与穆斯林世界的物品——如沙发套和古兰经的墙画都被展示在家园中。有时候，从法国带回来的穆斯林重要节庆日历和身穿不同地区传统服饰的摩洛哥妇女海报也被放在了一起……同样，意大利的食物和从摩洛哥带回来的香料与特殊配料都被保存在一起。其中一些在斋月或其他特殊节日使用。我访问的许多意大利家庭中，也常出现做塔吉菜的典型摩洛哥烹饪陶罐。（2002：56）

食物与跨国家园之间的关系是多种多样的。乔治·摩根（George Morgan）和他的同事认为，对于居住在悉尼边缘地带的移民而言，"他们的花园通常不仅象征着同祖国的联系，更象征着澳大利亚与其他文化之间的关系"。食物使他们想起祖国的意象其实是在家中被营造出来的。一名女性回忆道：

> 当一个人走出后院，看到古巴甘蔗时，就会想起自己的国家、古巴的生活和自己的出生地。我曾在父亲的村庄里种植过这样的甘蔗……这些番石榴也是古巴的，因为这里并不出产这个。还有这些香蕉，就像我们曾经种在屋子旁边的那些一样。我们曾亲手采摘它们，并进行油炸。这一切都让你觉得好像身处自己的祖国……（Morgan et al., 2005: 96）

## 3. 混合的家园

流散者的家园建构过程具有的混合性，在不同的代际中体现出非常鲜明的特点。例如，克莱尔·德怀尔（Claire Dwyer）采访了一名在英国的穆斯林女学生，她的父母出生于巴基斯坦，她身上表现出了与家园的跨国地理有关的英裔亚洲人或英裔巴基斯坦人的身份认同（Dwyer, 2002），并揭示出与不同地方有关的动态多样性，即并不把家园与认同视作静态、固定和单一的存在。德怀尔称："当他们在英国建构家园的 *218* 时候，其他地方也在认同被建构的过程中被建构成了家园。在这样的过程中，认同不断地被再建构与再协商。把巴基斯坦当作'家园'，并不表明这些人会再次回到迷乱的或失落的故土寻根，而是说，这整个过程都是一种符号化的家园建构。"（197）德怀尔在斯图尔特·霍尔

（Stuart Hall）研究的基础之上，质疑了"国内""国外"与"这里""那里"这些对子之间的区别，原因在于年轻女性常常会在同一时刻，"协调好几个不同的家园归属感"（198）。这种多元的认同感也可能是艰难而痛苦的。例如，戴安·沃夫（Diane Wolf）对美国的第二代菲律宾裔学生进行了调查，提出一个专业术语，叫作"情感的跨国主义"（emotional transnationalism）。和德怀尔对女学生的研究一样，沃尔夫采访的菲律宾裔学生都描述了对父母的故乡生产生的依恋之情："不管是否出生在菲律宾，也不管有没有去过菲律宾，或是否在那里生活过，对于他们而言，家园的观念总是意味着位于海外的一个更大的家。"父母把菲律宾当作家园的记忆塑造着第二代菲律宾裔美国人的日常生活。

> 这样的家园观念在道德的层面上高于他们现在居住的家。在此观念的基础上，他们构建出评价行为正确与否和得体与否的标准……由于移民的孩子在多元的文化和意识形态区域里生活和居住，随之而来的情感跨国主义总是将他们在家里所做和被做的事情并置在一起。这可能会为身份认同带来安全感，但同时也会产生紧张、混淆和相互抵触的信息……一些人可能产生严重的疏离感和绝望的情绪。孩子们被告知要把小家和大家区别开来，"你仅仅是居住在美国而已，不要被你所看到的事物影响。你是菲律宾人，你应该知道自己是谁，来自哪里"。（2002：285）

"第三种文化的孩子"（Third Culture Kids）是在"全球环境中成长起来"（growing up global）的（Eidse & Sichel, 2004；Pollock & Van Reken, 1999）。对该对象的研究揭示出跨代际与跨国空间中家园的移动性。例如，在一个关于无根童年的生命史文本中，菲尔斯·艾德

（Faith Eidse）和妮娜·西塞（Nina Sichel）指出，教育家、国际商务人士、外国服务人员、传教士和军方人员的孩子来回穿梭于不同的国家、语言、文化和忠诚感之间。这些不断移动的孩子常常感到自己是世界公 *219* 民，同时必须为了自己去定义家园。他们常常质疑家园的完整观念，不认为自己绝对属于某个地方。他们想知道自己是谁，能否永久定居在一个地方。在一篇自传体的文章里，西塞描述了一个母亲是美国人、父亲是德国人的人。他出生在美国，在委内瑞拉上学，每年夏天都会回纽约。西塞借此说明，家园不是一个真实地方，而是一个移动的观念。对于艾德里安·卡顿（Adrian Carton）而言，家园同样是跨国的和移动的。他父亲是英裔印度人，母亲是英国人，在迁居到澳大利亚之前，他在英国长大。有篇文章记述了他在英国的童年回忆，以及在迁居到澳大利亚之后，第一次访问印度时的情景。卡顿觉得自己是一个具有多重家园感的跨国主体，也是一个多情的跨国往返栖息的住客［有关家园跨国迁移的经典回忆录，见霍夫曼（Hoffman，1989）的作品；有关跨国家园与认同的小说，见谭恩美（Amy Tan）的《喜福会》（*The Joy Luck Club*）、莫妮卡·阿里（Monica Ali）的《布里克巷》（*Brick Lane*）、哈尼夫·库雷西（Hanif Kureishi）的《郊区佛爷》（*The Buddha of Suburbia*）；也可见研究文本框 10］。

## 二、家园、流放与庇护

这一部分关注家园的意义和体验，针对那些由于战争、迫害或者驱逐而被迫迁移的流亡者、难民和寻求庇护者，研究他们的筑家实践以及家庭与故乡之间的联系。"流亡"这个词蕴含着来自故土的痛苦或惩罚性放逐。无论是自愿、非自愿、内部的、外部的，流亡通常都意味着创伤和即将来临的政治危险。这些问题促使家园不再是安全宜居的处所（Peters，1999：19；Øverland，2005）。国际法关于难民的定义可以溯源到与难民身份相关的1951年联合国公约。公约作出如下说明：

> 难民由于实实在在的恐惧，身处国籍地之外。这些恐惧来自种族、宗教、民族、特定的社会群体或政治意见团体。由于这样的恐惧，他们不能或不愿意得到国家的保护。没有国籍和由于类似事件成为以前常居地国家之外的人，由于恐惧，不能或不愿返回。（Bloch，2002：7）

寻求庇护者是在宣称成为难民的基础上寻求庇护之人。如表5.1所示，据联合国难民事务高级专员办事处（UNHCR）估计，2004年约有1 700多万寻求庇护者、难民和其他相关人士。

许多流亡者、难民和寻求庇护者经历了家园的毁灭（Porteous & Smith，2001；文本框4.6）。例如，以色列军队摧毁了475个巴勒斯坦乡村中的385个，这些乡村在1948年之前就已经存在了（Dorai，2002：95）。居住在约旦和黎巴嫩难民营和定居点的巴勒斯坦人，以及居住在欧洲和北美的范围更广的流散者已经丧失了家园和祖国。许多来自克罗地亚和波斯尼亚-黑塞哥维亚的人，由于20世纪90年代前南斯拉夫战争而成为难民与寻求庇护者。马娅·普罗夫兰诺威克·弗莱克曼（Maja Provranovic Frykman）认为，发生变化的不仅是祖国的观念，而且包括家园的基本具象意识。这些地方从人们觉得可以掌控的地点，变成了危险的和充满毁灭的地点。为了躲避威胁、恐惧、军事管制

220

和暴力袭击，人们被迫离开家园。事实上，很多人的家庭都已不复存在（2002：118；Carter，2005）。

表5.1　联合国难民事务高级专员办事处对寻求庇护者、难民和其他相关人士的估计（2004-01-01）

| 亚洲 | 6 187 800 |
| --- | --- |
| 非洲 | 4 285 100 |
| 欧洲 | 4 242 300 |
| 拉美和加勒比海地区 | 1 316 400 |
| 北美 | 978 100 |
| 大洋洲 | 74 400 |
| 总计 | 17 084 100 |

## 1. 家园、住房与庇护

被迫离开家园与故土的人，居住范围十分广泛，环境也复杂多样。*221* 许多无家可归者居住在难民营里，尤其是在非洲难民营里，有些居住在欧洲与大洋洲的公共住房、旅馆、接待中心或收容所里。寻求庇护者与难民的住房与安置政策依地方的具体情况而有所差异。例如，在1994年年末的肯尼亚，约有250万名难民居住在难民营里。难民营一般位于地理区位和经济发展的边缘位置（Hyndman，2000：87）。居住在这样的环境中，难民表达出了对享受安全和其他权利的渴望。珍妮弗·海因德曼（Jennifer Hyndman）说：

　　肯尼亚政府坚持认为，所有初步确定的难民营，都严格禁止难民求职或在国内自由走动。难民的身份是由联合国难民署指定的，而非来自难民法或肯尼亚政府制定的法律。同时，这些难民每两个月会被提供食物，接受基本的医疗服务、小学教育和一些住房设施。绝大多数物资来自日本政府和欧洲、北美的捐助国政府。(2000：
87-88；Bookman，2002)

难民营、收容所这样的地方都是无家的地方。借助奥热(Augé)
关于非地方(non-places)的观点和阿甘本(Agamben)"例外空间"
(exceptional space)的观点，布能·迪肯(Bülent Diken)写道：

> 无限期监禁、不告知应有的权利、对合法援助的延迟回应、从
> 收容所的其他场所中孤立出来、暴力泛滥、粗劣的食物与医疗、得
> 不到保障的隐私、无规律的睡眠安排、常遭威胁的个人安全、劣质
> 的教育和休闲设施，这些是全世界大多数收容所最普遍的生活特
> 征。(2004：94)

寻求庇护者的接收站是另一种无家之地。希尔杰·凡·德尔·赫斯
特(Hilje van der Horst)在对荷兰鹿特丹接收站的研究中，通过与居
民进行访谈，指出："在接收站里，你完全丧失了家园所具有的意义和
能引导你的生活顺应于特定文化习俗的人生自由。"(2004：43)与大
多数荷兰边远农村地区的接收站不一样，赫斯特研究的接收站位于鹿特
丹一个充满活力的多样化种族混合的邻里中。由 355 位寻求庇护的人
士改造过的旅馆被形形色色的职业机构使用，呈现为公共的而非私密的
地方。几乎所有的访谈者都在那里生活了一年以上，有的甚至生活了三
年以上。赫斯特认为，人身自由的缺失是接收站沦为无家环境的主要
原因。

来访者必须在晚上特定的时间离开，不许高声播放音乐，还要定期检查卫生。此外，他们的待遇如同小孩子，比如被发放零用钱而不是领受工资或福利。对来访者的监视，对卫生的检查，在一定程度上剥夺了他们作为成年人生活的基本权利和决定自身生活的能力。（43）

再者，难以维持特定的文化习俗也使接收站沦为无家之地，比如缺乏男女独立的生活空间、缺乏待客礼仪、缺乏家庭成员间的舒适关系。对于很多寻求庇护者而言，家园与家庭间的关系被接收站里亏损不堪的空间严重打乱：

相当多的寻求庇护者都是跟家庭成员一起过来的。他们有可能会被安排住在一起。当一群陌生人挤在一个地方睡觉时，他们就会抱怨，特别是在陌生人与家庭成员共享某个小房间的时候。接收站里家庭成员间的礼仪和代际间的长幼尊卑全被打乱了，因为所有家庭成员都被迫挤在狭小的空间里过活。（43-44）

相比之下，家庭作为自治的，在文化上具有重要意义的空间在最近若干年内得到了大幅度的提升，比如自主选择和预备食物的能力。"随着1997年接收站里修建了厨房，居民能获得资助购买食物，生活在这里的人的自主性得到了改善。能自主地预备食物对于这些居民的福祉而言是至关重要的。"

政府就寻求庇护者和难民的迁移、避难所和住房的政策依各个地方 *223* 的具体情况存在差异。在英国政府2002年为移民问题拟定的名为《安

全的边界、安全的港湾》（"Secure Borders, Safe Haven"）的白皮书里，
威廉·瓦尔特斯调查了安全与公民的观念，阐明了跨国迁移，尤其是寻
求庇护者与祖国之间的关系。瓦尔特斯认为：

> 不安全与移动息息相关：正是移动、社交活动以及未经授权的
> 团体的出现才导致民族国家的边界遭受侵犯。同时，不安全又跟犯
> 罪联系在一起。这些犯罪违背了法律，违反了我们的价值观和生活
> 方式。我们正面临着违法行为的威胁。对这些现象的回应我们无需
> 过多解释。服务于有闲阶级的政治开始担忧，我们的家园岌岌可危。
> （2004：247）

国家安全与社会安定的政治——案例中为移民政策——总是建立在
把国视为家的标准化假设基础之上。外国人和四处流动的人口都被视为
国家边界的威胁。人们经常使用的一些词语——非法移民、非法交易人、
滥用的庇护系统——把寻求庇护者罪犯化了。在瓦尔特斯看来，白皮书
是一个服务于有闲阶级的政治案例，期待像管理家园一样管理国家。服
务于有闲阶级的政治"移动化地处理了家园的意象。该意象乃国家与人
民的自然秩序，并对我们与他者实施了移动化的处理"。这样做的目的
在于"试图囊括公民权，在探寻其他文化和政治可能性的社会动力面前，
维持一个特定的公民权统计概念"。通过"把生存者的移动与权利主张
定义为'非法的'和'危险的'"（256），管理者顺理成章地巩固了国家
的边防，防止国内受到移动酿成的不安全状况的影响。

## 文本框 5.5 全球范围内的家园联系

家园、国家和恐怖主义之间的意识形态与政治上的联系正变得越来越普遍，被压缩进了瓦尔特斯服务于有闲阶级的政治概念之中。此概念是一个有边界的家园概念，用来表达国家概念中的我们与他者。家庭、熟悉感与归属感之间的联系是相互渗透且多维度的，这样的联系也被用来反思在全球范围内超越了我们与他者关系的密切联系。在可以唤起记忆的篇章里，妮可拉·埃文斯（Nicola Evans）使用"六度分离"（Six degree of seperation）一词将隐秘的网络转化为聚会式的关系，并将空间扩大至我们得以进入其中并感受到安全的空间。"六度链接"（Six degree chains）概念指世界上不同地方的两个陌生人有着共同的朋友或熟人。20世纪60年代的一项研究以及随之而来的数字推演显示："定居在同一大陆上的两亿多人中，居住在不同地方的两个人只要通过5.5次中转就可以建立起联系。"（Evans，2005：140）这些熟人链接在电影《六度分离》（*Six Degree of Separation*）中得到鲜明展现。一个客厅游戏也展示出，英国人和美国人最多通过六个熟人就能建立起彼此之间的联系。

埃文斯同瓦尔特斯一样，也意识到了最近一些提高民众对恐怖主义认识的社会运动，强调恐怖活动在所有尺度上的显现，包括在家园内部与外部的陌生人那里。这类社会运动和同时存在的趋势表明，人们越来越难以获得在家感，想要在陌生人的世界中感到安全舒适则更加困难（144；Ahmed，2000）。对于埃文斯来讲，六度链接的重要意义在于："它通过把更多人带入到我们的精神意象之中，扩大了我们的小圈子，由此加深了我们对他人的感受。这些人与我们共享人际关系。"尽管埃文斯没有使用这些专业术语，

*224*

但她解释了这一过程,即世界被想象得更像一个家,人们通过建立连接与亲和感,而非相异的关系把这样的家园建构起来。用她的话来讲,这种小圈子的邂逅都是这样一些瞬间:

> 当谈及我们对事物尺度的感知时,外面的世界之大,我们的地方之小,离家之近与离家之远都是捉摸不透的,像发生短路般联系在一起。这种联系似乎奇迹般地,以反对任何合理可能性的方式产生出来。(2005:140)

225 　　自 20 世纪 80 年代以来,在英国,寻求庇护者的住房权利受到了越来越多的限制。2000 年,为了缓解伦敦及东南地区住房与其他设施的压力,英国政府出台了把寻求庇护者分散到英国各地的政策。根据英国住房互助慈善信托协会(HACT)的记录:

> 寻求庇护者现在申请住房,会在没有任何选择的情况下被强行分配到相关区域。这类人群聚集处大多公共服务(像公共医疗卫生服务)十分欠缺,很多区域近年来也缺乏移民安置群体的记录。所有这些因素,加上安置准备得不充分,导致了邻近地区常常发生暴力冲突,难民群体很难获得住所和救济金。

　　通过难民住房整合方案,住房互助慈善信托协会希望提高难民的住房数量与质量,把更多的这类居住区整合起来。

　　像我们在书中一直讨论的那样,提供住房不一定会让人有宾至如归的感觉。爱丽丝·布罗什(Alice Bloch)在研究被安置在伦敦东部纽汉区的索马里、斯里兰卡和刚果的难民时写道:"大多数难民并没有自己选择来到英国,也没有想过在这里安置下来,更不渴望长期待在这里。"
(2002:160)布罗什发现,只有43%的受访者把英国视为家园,而这
种态度依母国的情况、申请的条件、移民的安全状况之差异有所不同。
根据她的研究,70%来自斯里兰卡的泰米尔人视英国为家园,索马里
人有40%,刚果人只有20%。此外,那些出于种族原因寻求庇护者,
以及拥有最安全的移民地位的人,把英国视为家园的比率最高。如表5.2
所示,布罗什采访的难民视英国为家园的原因是多种多样的。

## 2. 家园的建构

和其他很多每天仍过着流放日子的跨国移民一样,对故乡与祖国的
记忆塑造着一群群寻求庇护者与难民。

表 5.2 影响难民把英国视为家园的因素

| 不认为英国是家 | 比率 |
| --- | --- |
| 文化差异 | 28 |
| 有自己的祖国 / 家是出生之地 | 19 |
| 种族歧视 | 12 |
| 难民的身份阻碍 | 12 |
| 未安排庇护所 / 无难民身份 | 11 |
| 气候 | 10 |
| 暂住 / 即将回家 | 9 |
| 第二个家 | 6 |
| 语言差异 | 6 |
| 有限的权利 | 5 |
| 孤独 / 想家 | 4 |
| 不同的食物 | 3 |
| 其他 | 2 |

*226*

续表

| 认为英国是家 | 比率 |
|---|---|
| 在此居住 | 18 |
| 有安家感 | 14 |
| 自由 / 安全的国家 | 12 |
| 第二个家 / 未来的家 | 10 |
| 没有选择 | 5 |
| 无搬家计划 | 3 |
| 在此地被照顾 | 3 |
| 英国政府很负责 | 3 |
| 不知道其他选择 | 1 |
| 其他 | 2 |

227　　例如，在约旦和黎巴嫩的巴勒斯坦人难民营里，对家园村庄的回忆弥漫在每个日子里，在不同代际间产生了身份认同。穆罕默德·卡迈勒·多莱（Mohammed Kamel Dorai）写道：

　　　　每当问他们来自哪里时，我总是很震惊地发现，第三代流放者的孩子的名字正是他们祖父母居住过的村庄。更让我震惊的是，大多数村庄已经被完全摧毁了，仅留在这些难民的记忆之中。在难民营里，照片，甚至微小的花园都能唤起他们对巴勒斯坦村庄的回忆。（2002：93）

　　多莱认为，难民营将巴勒斯坦人的家园带入了流放过程之中。这不仅通过具体的 1948 年后的那场大迁移体现出来，还体现在安置的流程上。他记述道：

在对大批搬离场面的描述和对过往生活的追忆中，他们的家族
记忆被口口相传，因此，被那段历史正当化的难民营生活，为居住
者呈现出全新的意义。难民营仅成为生存之地，而且象征着当年的
那场大迁移。就好像巴勒斯坦人带着他们故土的碎片来到了难民营
中，将碎片堆放在这里，想要重建部分巴勒斯坦……从字面意义来
讲，这些难民营在空间上唤起了他们在巴勒斯坦的居住模式，因为
难民更愿意按照曾经村落与地区的划分方式来实施安置。难民营里
的不同的部分，被人们取了同过去村庄一样的名字。（93-94）

在多莱看来，难民营的日常生活塑造出了"永恒的家乡"。这些营
地不仅是回忆故乡的场所，更是等待回家的地方。

## 3. 重返家园

归家之路对于很多流放者、寻求庇护者和难民而言，充满艰辛与危
险。爱丽丝在对纽汉区难民的研究中发现：71% 的受访者想要在时机 *228*
成熟的时候返回家园，19% 的人表示他们可能会返回家园，10% 的人
表示坚决不愿重返祖国（2002：145）。和平与民主的进程是决定人们
是否想重返家园的两个重要因素。10% 不想回到祖国的人的理由包括：
"已经在英国生活了很多年，家里有对自己的祖国茫无所知的孩子，回
家可能会经历重重困难"（145）。

"遣送"不一定意味着"回家"。在关于难民被遣返埃塞俄比亚的
民族志研究中，劳拉·哈蒙德（Laura Hammond）质疑了公认的"回
到祖国的难民必然就是'回家'"的观点（2004：3）。1984 年，约有
200 000 人因为国内战争逃亡到苏丹的提格里区域。哈蒙德 1993 年开
始关注提格里难民被遣返至阿达·拜（Ada Bai）安置区的过程，并追

踪了难民营"从一个不熟悉且不知名的地方,转化成具有个性化特征的地方,最终转化为'家园'"的过程"。阿达·拜安置区及其周边属提格里区管辖。尽管被遣返的难民通常被说成"已回家",但是那个地方对于他们而言仍旧是陌生的环境。尤其是阿达·拜位于低地而非高地,因此被遣返的难民必然要经历一番社交方式和经济生活的大变化。

相对于把家园看成难民返回的地方实体,哈蒙德更愿意将其理解为"一个连接共同体、身份认同感和政治文化参与感的,观念上和感情上的地方"。在此意义上,家园是一个可变化的术语,是一个"可以被转化和创造出来的地方,并同人们能寻找到自我以及自由选择居住地的环境联系在一起"(10;也见其他人对从苏联其他地区移来的俄罗斯人的研究,以及对柬埔寨人回归的研究)。家园不是一个静止和固定的位置,而是在一系列筑家实践中被生产和重铸出来的事物。家园将物质与想象的家园地理紧密地联系在一起,有多种尺度。对于被安置在阿达·拜的难民来讲,这种筑家过程包括让归家人士更能体会到归家感的安置策略。这种策略包括"为产生人地之间的归属感而施展的地方、身份与实践之间的影响"。安置的过程涉及逐步扩大人们觉得熟悉和安全之地的过程。在此过程中,人们借助陌生与不安全空间里的原材料重塑熟悉感和安全感(Hammond,2004:3)。通过安置而筑家的过程镶嵌在住房的尺度中,同时又超越了住房的尺度。哈蒙德称:

> 虽然在阿达·拜构建家园的过程中涉及重新建造同过去的难民营相似的居所,不管是在历史与物质上还是在审美与实践上都相似的居所,然而,在更广大的物质环境中实施地方建构,更像是一个加工新空间以满足每日生活中的物质和精神需求的过程。(99)

对于提格里人而言，家园跟"hager seb"的概念有关，意思是"属于一个人的地方"（106）。这样的地方需要通过几代人的努力才能建构起来。虽然政府和援助机构认为，将难民遣返回国就意味着让他们回到了家里，还可能以为这个过程很简单，只需一两年就能完成，但哈蒙德认为，遣送回国并不等于重返家园，想让被遣送回国的难民营造出家园感，需要一个长期且艰难的过程。

一些自传体文本也从个体的视角清晰地描述了难民重返家园的艰辛。比如，在埃德蒙·邦克斯的《植根我心灵中的地理学》（The geography within my heart and soul）里，"家与路"以及回家的艰辛是其叙述的主题（2004：5；文本框1.3）。1944年，出生于拉脱维亚的邦克斯和家人，因遭到武装侵略被迫西逃。在1950年移民美国之前，邦克斯一家人生活在难民营里，一住就是5年。"因为在很小的时候逃离了祖国，所以我能感受到自己的人生始终被'在家'与'无家'的意识左右着。从字面和隐喻的角度上讲，我一直觉得自己在路上。"邦克斯这样描述美国的"新家"："既是一个家又是一段路。因为祖国的波罗的海、山丘草原、北回归线、本土的语言和心理始终触拨着我的心弦。"1990年，得益于富布赖特奖学金的资助，邦克斯第一次回到拉脱维亚，并居住了6个月。"在我们从拉脱维亚逃离近45年之后，回家的大门第一次朝我敞开，我终于开启了自己的返乡之旅。"他用动人的笔触描述、记录了回家过程中的恐惧和苦痛：

> 我发现，家园对于我而言已经回不去了。虽然这种现象在当今世界里并不罕见，但在回了一趟祖国后，我才切实感受到过去关于家园和人民的观念都仅仅是错觉而已……我发现自己记忆深处的那首国歌、美丽的市中心、市郊的自然风光、偶有平静的波涛海域，

以及琥珀色的沙滩、节庆日、亲朋好友，所有这些加起来都构不成一个完整的家园。乡愁无法抵抗时间的流逝，归家之旅的所见所闻都是令人苦痛悲伤的。(56)

对邦克斯而言，最痛苦的经历莫过于拜访祖母的农场。那片农场已经分属于四个俄罗斯家庭所有了。他用强有力的散文形式，记录了其中一对夫妇得知邦克斯就是前任农场主的家庭成员后，他所感受到的"足以改变一生的震惊"：

> 那个女人立刻尖叫起来，扭曲着湿透的手急得团团转。她误以为我是来收回农场并驱逐她的。随后，她又尖叫着想要展示他们对农场所做的改善。当时的情景，包括女人的尖叫声和提水桶（收集从屋顶上漏下来的水）的画面都让我无法忍受。我跑到房子外边，蹲下去想要呕吐，但吐不出来，只能一味干呕。(39-40)

对于邦克斯和许多其他仍旧过着逃亡生活的人来讲，重返家园是永远不可能实现的事情了。

# 三、家政工作的跨国地理

当代跨国迁移中有一方面内容同家园批判地理学具有多个层面的联系，这便是国际家政工人的迁移。国际家政劳工的数量甚至无法估算，原因就在于缺乏准确数据，而且绝大多数人的工作都没有被登记和监管（Ramirez-Machado，2004：1）。那些不在自己出生国工作的保姆、互惠家政工、清洁工和用人几乎全是女性。从地理特征上说，他们的迁徙主要从比较贫穷的"南部"移动到较为富裕的"北部"，菲律宾等国家则是全球家政工的主要"供应商"。大规模有偿家政工人在国际而非国内的重现，是一系列因素共同作用的结果。尽管这些因素很复杂，但我们仍尝试将其作为以下讨论的文本支撑加以描述。第一个因素是以工作为目的的现代跨国移民增加。在当代全球劳动力迁移中，女性占比过半（Castles & Miller，2003：9）。更进一步说，跨国家政工作跟全球一贯的收入不对等和发展中国家有限的高薪工作机会紧密相关。在发达国家，特别是专业领域，收入和全职女性职工的增加和国内工人的显著短缺、高成本都触发了对国际家政工的需求。在发展中国家，出国进行短期或长期的工作已经成为维持生计、为后代提供更好发展机会的重要家庭策略。例如，20世纪90年代，一个菲律宾中产女性在国内一个月可以挣大约176美元，但如果出国当家政工人，每个月在新加坡可挣200美元，在意大利可挣700美元，在洛杉矶可挣1 400美元（Hochschild，2003：18）。这些因素被各种各样鼓励跨国家政工作的州政策和项目覆盖。在输入国，如加拿大和英国，家政工作的签证种类被建立起来，相应的对跨国家政工的要求也降低了；在输出国，如菲律宾，相关的项目和政府机构由于组织安排了超过700万国外工作的菲律宾人和不计其数的移民中介而被控告（Castles & Miller，2003：168）。全球性的家政工作引来了大量地理学者和女性主义者的批评，他们指责此行为涉及全球性的不平等（Hochschild，2003），性别和种族的构建（Pratt，1997）和对全球化的概念化（Nagar et al.，2002；文本框5.6）。就家园批判地理学而言，家政工作的全球化使当代世界中家园的概念进一步被多孔化、被延伸。

## 文本框 5.6　家政工人的合法权利和相关组织

最近国内外的运动强调了全球范围内家政工人经历的低质量工作环境，包括我们叙述过的工时过长，休息时段、休息日和隐私缺乏。对家政工人的调查也表明了广泛存在的对家政工人精神和肉体上的虐待。20 世纪 90 年代末，一项英国研究表明，87% 海外家政工人遭受着精神上的折磨；38% 没有规律饮食；58% 实际工资少于合同上的应得工资［1998 年 5 月 12 日，中央财政管理机构（KALAYAAN/CFMW）递交给关切家庭事务的英国选举委员会的大样本统计］。因为家政工人在家里工作，所以对其工资环境做正式监管困难重重。特别是工作地点和雇佣行为的私人属性，加强了监管的难度。根据最近国际劳工办公室的总结：

> 在被分析的国内法律之中，有相当多城市（9 个）的劳动法适用对象不包括家政工人；一些国家的法律（19 个）没有涉及家政工人；其他一些国家（20 个）在劳动法或等同的法律法规（比如关于工作条件、工作环境的法律，劳动力保护法案等）中对家政工作做了专门的规定。在一些情况下，简单来说，这也意味着家政工人并不适用于整套基本劳动法。最后，在另一组国家（19 个）中，家政工人的特殊性得到了为处理此工种而颁布的特殊法的认可。除开家政工作受国内法监管的规矩不说，这可能意味着在普遍情况下，对家政工作的标准比其他工种的标准更低。（Ramirez-Machado, 2004：64）

部分因为缺乏相对正规的监管，各种各样为家政工人权利发声的组织和运动慢慢涌现，其中一些可见表 5.3。这些组织不仅成为家政工人维护权利的接触点，更是成为一度不显眼的家政工人现状的发声器和传播工具。在这些运动中，特别是与本书所提及的与家园批判地理学有关的运动有两个共同特征。第一是他们大量运用网络传播观念并为家政工人提供支持。这一点意味着网络在建构漂泊群体之间的联系方面大有潜力（见文本框5.3）。第二是这些运动具有多元尺度，即承认家政工人在地理上的分散，并且认可他们在当地环境中的嵌入。比如，"打破枷锁运动"基于美国首都华盛顿特区，特别代表了那些为特殊签证工作的人。这些签证主要是为外交人员和国际机构中的家政工人设立的。与之相反，菲律宾移民工人委员则是为遍布全欧洲的菲律宾"欧漂"移民工作的。

*233*

表 5.3　跨国家政工人组织和运动

| 菲律宾移民工人委员会："房子不意味着家"运动（www.cfmw.org/files/migrantwomen.htm） |
|---|
| 人权观察："藏在家中"（www.hrw.org/reports/2001/usadom/usadom0501–01.htm） |
| KALAYAAN——为海外家政工人呼吁公正（http://ourworld.compuserve.com/homepages/kalayaan/home.htm） |
| 打破枷锁运动；美国政治学会（www.ips-dc.org/campaign） |
| 美国家政工人联合会（www.udwa.org） |
| 家政工人联合会（www.caaav.org） |

跨国移民在很多方面影响了西部人群在家园里的居住体验。第三章用资料证明了主要由女性承担的无偿家务工作是如何成为家园建构最关键的一环的。跨国迁移增强了家园作为有偿而非无偿工作的场所性质，家园成为同时属于公共的和私人的空间。阿莉·霍克希尔德（Arlie Hochschild）进一步论证了现代有偿家政工作通过将照顾人的工作商品化并进行地理上的转移，从根本上改变了家政工作的性质。根据霍克希尔德所说，有偿家政工作很关键的一点是将富有感情和社会意义的家务工作外包，包括抚养孩子和对家庭建立感情上和社会上的联系。在富裕的西方家庭，看护类的家政工作现在被交给了部分发展中国家的女性承担。全球化的家政雇佣也使家园变成了种族和跨文化人群流通和协商的场所。雇佣者常常带有刻板印象地做决定，比如他们觉得菲律宾保姆"天生就是照顾人的"（Pratt，1997）。

家政工人的家园生活体验强调了家园作为工作场所的一面，在这些场所中，他们的自治权和管理是受到限制的。尼科尔·康斯特布尔（Nicole Constable）关于香港菲佣的研究揭示出与工作场所紧密联系的规矩和职责。有时候通过详细的日常活动计划表，用人的时间和活动被周密监控着。对于用人而言，这个日程表包括对清洁内容和时间的说明，如何准备晚餐，什么时候喂狗，什么时候休息（下午一点至两点）。还有，第三章曾强调的家庭作为个人自由之地的概念，每天都会受到挑战。对于女用人而言，家就是一个宵禁地点，雇主会以不断拨打电话的形式进行监视。有时候会出现雇主的具体指示，或强制性的统一穿戴以及其他外表方面的指示物。家并不是针对自身的、独立的判断或个人时间的场域。

不管地板和窗户看起来是否干净，家政工人都必须定时清洁。

家政工人仅仅是按规定干活，不能也无需考虑什么时候应该干活。许多家政工人在工作日或者工作时间被禁止写信或做其他自己的事，即使他们把该做的工作都完成了。（2003：122）

家园因此变成了充满紧张气氛与矛盾冲突的场所，在食物问题上更是如此。虽然准备与消费食物在其他环境的文化中常被认为是建立归属感和联结的重要环节（DeVault，1991；Bell & Valentine，1997），但对于家政工人而言，这却变成了痛苦挣扎、抵抗与重新定义家园的环节。菲律宾家政工人觉得，所吃食物的种类、吃饭的方式（用筷子吃）和食物数量的稀少，都让他们产生了隔离感而非舒适感。 *235*

当家政工人获得家政工作地点和休息时间的控制权时，他们会将家庭延伸到公共区域里，在超越国家与房子的尺度上重建家园观念。莉萨·劳（Lisa Law）呼吁性地提到每周香港中心地区被创造出来的"小马尼拉"：

在香港中环地区，有超过 10 万菲律宾女性每周有一天会抛开中国雇佣者坚持的文化传统去吃菲律宾食物、读菲律宾报纸杂志并从数量繁多的有菲律宾特色的店铺里买东西……她们会跑到电话亭前和邮局前排队。在不打长途电话和寄信时，她们会阅读亲朋好友从远方寄来的信，并撰写回信……雕塑广场及周边地区对于那些离家的移民女性而言就变成了家，一个富有生机、充满欢歌笑语与家常菜味道的地方。（2001：266）

此外，家园的意识是与气味联系在一起的：

菲律宾人每周都会有意识地创造家园——一个想象出来的将菲律宾女性当作国家主体的家园，借助食物与其他感官创造出的家园。"家常菜烹饪"成为主动创造：一个错位的地方，一次对市中心的转化，一种家的意识。比如，在品尝菲律宾食物的时候，可以用手尽情享受进食的乐趣，不至于被筷子突兀打扰。与其说这是对筷子的拒绝，不如说这是对生活乐趣的追求，是一种在家中常见的做法。这种意识就这样将香港与菲律宾连接了起来。(276)

一种对国家、对家园的归属感就这样在家常菜烹饪的过程中被建构起来。这种建构超越了他们的当下所在。

236　　当代家政工作最显著的特点之一是，这种工作同样扩展了家庭与家人的空间范围。许多家政工人为家人赚得"回家"的收入而离开了祖国的丈夫和孩子，开始了"离家漂泊的旅程"（Yeoh & Huang, 2000）。因此，家园和省亲的性质被重铸了。"离家漂泊并没有侵蚀掉家庭的纽带，相反，流散的状态加强了具有自我牺牲精神的姐妹、女儿、母亲和妻子的女性身份认同。"（Yeoh & Huang, 2000：422）新加坡的家政工人说，她们的工作和工作地点是为了孩子而做出的牺牲。她们依然将自己出生的国家看作自己的家园，并将其建构为自己最终想要回归的地方。电话和信件让这些女性与"家园"保持联系，但这种联系也是在不断进行协商与重构的。在一些实例中，家园成为让人忧虑的地方，从家里来的信件、拜访和电话令人痛苦："我觉得我害怕回家，我不敢回去。这只会让我更加思乡。""我经常在给孩子写信的时候哭，甚至只要一收到孩子给我写的信就会哭。"（Yeoh & Huang, 2000：423；也可见Asis et al., 2004；Mack, 2004）跨国家政工作就这样把家庭般的家园在国家之间延展开来。

迁移使得家政工人拥有了跨国经历，产生了对家园的想象。与此同 *237*
时，新的全球与全国范围内的空间和对家园的空间想象，也产生于专业
工人和商业人士的全球流动之中。短期的跨国工作在职业工人那里变得
越来越流行，这也暗示着家庭的空间性与家园的概念被重新建构。对此，
哈德希尔（Hardhill）说道：

> "家庭"这个术语，实际上常常和居住的地点联系起来。但对
> 于本论文所描述的跨国家庭而言，一个家庭在两个国家有两个不同
> 的居住地。（2004：386）

那些跨国家庭因此创造出了既不存在于母国，也不存在于任何地方
的家。在某些地方，为了体现这些跨国实体对家园的想象，移民国外人
群建造出自己的社区。比如说，在法国居住的英国技术工人，变得"沉
浸于所在国的跨地方性环境之中，如在英国酒吧里进行社交……他们也
居住在具有英国语言文化性质的环境中"（Scott，2004：393；研究文
本框9）。他们用家里的物品和各种实际行动打造出"舒适的"英式住
家环境。

> 那些移民常用影音和书本收藏来装点自己在国外的家。这些物
> 品都是从巴黎特殊商品店（如WH Smith's）买来的，从网上店铺（如
> 亚马逊）购置的，朋友寄来的或是自己回英国的时候买的。（Scott，
> 2004：402）

和那些被跨国家政工人建构的家庭空间一样，跨国职业人士的家
庭同样跨越了两个家园。一种形式是家庭成员在不同国家中的通勤家

庭，或者父母与孩子分别在不同的国家（Hardhill，2004）。地理学界对"空中飞人家庭"现象和"空降孩子"现象给予了大量关注，因为这些现象是家园的空间延展和家庭移位的恰当例证（Hardhill，2004；Ho，2002）。家庭的这类空间性通常与有钱人的全球分散性相关。无论是主观意向使然，还是环境所迫，他们的移民策略要么是"空中飞人家庭"，要么是"空降孩子"。前者，女性与孩子会在新的国度安家（一般在加拿大、澳大利亚或美国），男性则会留下来赚钱。这种家庭主要是依靠男性在两国来回飞而维系的，所以被称作"空中飞人家庭"。后者，由于跨国教育能提供可观的文化和经济机会，因此孩子会离开父母"降落"到新的城市。约翰娜·沃特斯（Johanna Waters）描绘了在温哥华的"空中飞人家庭"中，女性对多个地方的家庭具有怎样的经验。女性感受到自己的家庭是跨国的，而家园的地方化在来回迁移的过程中被强化了。由于缺少有偿家政辅助与大家庭的互助，在新的环境里，传统的性别角色得到了加强。"空中飞人家庭"中的女性被期望承担更多的家务劳动与养育责任。由于害怕驾驶，她们很少在市区内移动（2002：120）。戴维·莱的采访中有类似的，在温哥华进行家的移位和安置的经历。对男性商务移民而言，对新家的身份认同常会被他们失败的商务经历挫伤。由此，因性别而分化的对家园的想象和经验在跨国的尺度上被强化了。

## 四、跨国家园的物质化：本国建筑与西方理想家园

在第三章中，我们讨论了文脉在家园物质形态（特别是房屋设计）

*238*

中的重要性。基本上，文脉是具有地方性的：房屋设计常表达出文化观念、性别特征，建造房屋的经济机构（如建筑开发公司）也大多具有地方性。第四章展示了家园及其建筑形式会受跨国影响的实例，如孟加拉式平房这种有着空间流动性的家园理念和形式。以多尺度的方式将高层建筑视为跨国家园同样具有启发意义。和孟加拉式平房一样，这种遍布全球的住宅是新加坡、美国、菲律宾、德国和阿根廷等多元文化国家常见的住房形式。在某些方面，高层建筑象征着全球性，是一种遍布全球 *239* 的住宅形式。高层建筑的跨国性同样建立在跨国家园建造的基础之上。简·雅各布斯使用"混杂的高楼"（hybrid highrises）这个术语，阐明了高楼在不同国家和历史背景下以不同的方式被驯化与想象的过程。本章这一部分会通过考察跨国流动（经济、文化和社会）来充实这一论点。这些流动构成了作为家园的现代住所。我们首先讨论在跨国公司的全球投资浪潮下，特定形式的住房在某些地区的嵌入性，进而探讨住房的广告宣传与被改造的全球想象。

## 1. 跨国住房

越来越多的住房被嵌入世界各地的生产与资金流动之中。虽然本地和全国的生产体系在世界各地仍很重要（Buzzelli，2004），但全球范围的房地产市场和全球运营的房地产公司正发挥着更大的影响力（Beauregard & Haila，1997）。因此，住房的价格、设计和可使用性与全球金融体系同其他地方的活动关联起来。大型重建项目尤其如此，如纽约炮台公园城，伦敦码头区（Fainstein，1995），以及克利斯·奥尔兹（Kris Olds）所说的环太平洋地区的城市巨型项目（UMPs）。在太平洋沿岸的许多城市可以找到这样的巨型项目，包括悉尼、旧金山、雅加达、新加坡、马尼拉和温哥华（Olds，2001：31）。在这些地方（见图 5-5），我们看到房屋的形式与文脉日益同质化：公寓楼群主要针对富裕的中产阶级，并且位于大城市内城地区的前工业地带。它们就是跨国住宅，并且越来越具有跨国的趋同性。[1]

图 5-5　温哥华福溪区北岸的住房[1]

受新城市空间特征及其住房开发倾向影响，这些住宅也具有跨国特征，与经济全球化进程密切相关。奥尔兹很恰当地总结道：这些新的城市空间是"相互模仿"的，由那些在世界其他地区从事类似项目的人设计开发，"面向海外公司和高收入个人销售"，并且"旨在象征一个 21 世纪全球城市的乌托邦"。

240　　这些发展体现出跨国联系。例如，温哥华福溪区（False Creek）的开发是由李嘉诚的公司（Concord Pacific Corporation）承接的。据奥尔兹介绍，李嘉诚在香港和温哥华有着强大的社会和商业联系。他把儿

① 克里斯·奥尔兹许可翻印。

子安置在温哥华，接受教育并监督项目开发。福溪区的公寓在温哥华和香港同时以类似的方式（展现在项目地生活的图景）在销售中心销售。事实上，有些温哥华公寓先在香港销售，再在温哥华销售。这些公寓体现了住宅面向世界的跨国理念，如肯考迪亚（Concordia）。

> 肯考迪亚是可以减少步行的公寓住宅，因为它同"能强化通信的最先进光纤"相接，能使人开展多种活动。例如：通过互联网与来自世界各地的人取得联系，高速传送文本、音频、视频和图像等文件，实现在家工作；打个电话回家就可以启动烤箱或调整室温；订购的视频可以马上"传送"进来；还可以使用高清视频监控设备进行监控，查看肯考迪亚及周围的私人、半公共和公共场所四个不同位置的信息（将电视屏幕划分为多个象限）。(Olds, 2001：2)

*241*

这种公寓远不是独一无二的，但很好地说明了现代住宅跨国且开放的特征。

在大规模旧城改造过程中，这种公寓能为全球流动人口提供住房。作为"世界城市"的伦敦已成为许多跨国专业人士的家园。保罗·怀特（Paul White）和路易丝·赫德利（Louise Hurdley）研究了因工作暂时居住在伦敦的日本专业人士，发现了一个独特的、为这类群体提供住宅的住房市场。日本的房地产机构是重要的文化和经济中介，提供适合日本人居住的理想家园，并且这些住宅都位于伦敦。这些机构有着"伦敦—东京房地产服务"等名称（White & Hurdley, 2003：693），帮助伦敦的日本家庭寻找适当的地段（通常在日本学校或日本移民聚居区附近）。这些机构还以专业的搬家公司所推崇的居住属性（"干净整洁的厨房和卫生间、充足的热水供应"）为标准进行工作（也有可能是他们自己创建的标准）。从住房研究的角度，怀特和赫德利指出，这些房地产中介是跨国搬迁的重要推动者。但就跨国住宅的概念而言，我们也可以说这些代理人过滤并重构了住宅的概念：他们了解这些来自日本的伦敦客关于家的想法，并根据伦敦的住房情况重构了和家园有关的观念。

家园批判地理学的观点可能致使我们质疑这些地产代理人是否复制了日本固定的、刻板的关于家园的观念，以及他们实践这些观念的方式。为了获得更好的教育而出国留学的学生是建构跨国网络与家园的另一个重要群体，特别是在以教育为新兴输出产业的国家，如澳大利亚。鲁斯·芬彻和劳伦·科斯特洛（Lauren Costello）强调了种族观念会渗透到为这些跨国学生提供住房的负责人的思想中。在某些情况下，大学与房地产开发商合作，为国际学生建造公寓。住房供应商常认为他们需要为富裕的消费者提供住房——昂贵的高层住宅（Fincher & Costello，2003：170）。被创造出来的家园多为小型的、私人的公寓。一名高层学生公寓的开发经理说：

> 我相信，这不仅是我个人的看法，大部分工作人员都同意，就东南亚国际市场而言，这种居住风格更适合。（2003：171）

跨国学生的住房提供者并没有挑战或改变基于种族的家园观念，反而强化了这种观念。居住在墨尔本传统寄宿学校的跨国学生证实了这一点。在这里，这些学生在国内的做法被认为是不合格、"不适合"的。在学校提供的住宿环境中居住，必须坚持集体精神，并愿意与他人分享自己的生活空间。大学管理者们担心这种情况不会发生：

> 我今年已经任命了一些来自学生团体的国际学生联络员，并试

图让所有人参与进来。这非常困难。但是他们会参与自己族群或民族的小团体。他们中的一些人似乎对此很满意。(181)

国际学生的跨国家园案例打破了有关家园的主流典范，但却在主流中得到解读。

## 2. 跨国的居住想象

第四章强调了孟加拉式平房的建筑形态和想象与帝国之间的关系，以及它如何因帝国而发生变化。21 世纪，我们可以以同样的方式关注郊区住房、邻里与经济全球化进程之间的关系。郊区住房与邻里已经具备了更加丰富的跨国居住形式。例如，吴缚龙（Fulong Wu）提醒我们注意西方"都市景观"在北京新的城市发展中的移植。他描述了北京一个名为"奥兰治县"的新住宅区，它是以这样的方式向富裕的中产阶级销售的：

> 该项目自称有来自美国类似项目的"100％原真设计"。根据遍布各地的宣传小册子，原创设计在 1999 年赢得了美国的新房奖。在"北京纯欧美式别墅"的标题下，另一份资料强调了其真实性："采用原始的美式风格，奥兰治县项目使用的设计图赢得了 1999 年加利福尼亚金奖"。(2004：227)

虽然开发商和建筑商不在全球范围内经营，但他们确实为国内消费者提供了一种跨国想象的愿景：

为了提升原真性，开发商采取了各种创新措施，包括雇用全球建筑师，模仿西方设计主题，用中国人熟悉的外国名字命名道路和建筑，甚至与国外城镇成立姊妹社区。(232)

尽管如此，这个全球性的国内市场也依赖并需改良当地的市场。就奥兰治县和北京其他类似开发区而言，房地产开发商追求全球战略，以进一步获得并巩固已经在北京出现，并且有利可图的住宅市场。中国最近的市场化进程已经扩大了城市中的住宅分层，而这些基于住宅分层的对全球知名住宅的想象进一步推动了分层。

与北京联排别墅等跨国住宅并肩而坐的是"移植"社区。这些社区成为跨国家园的所在地。门禁社区也许是中国最著名的跨国社区。门禁社区首先出现在美国，它有围绕房屋的围墙，限制行人进入，对居民和访客进行监视。欧洲、亚洲和南半球其他地区的国家现在也有门禁社区（Atkinson & Blandy, 2005）。此外，当代中国的情况说明了住房和家园想象是如何在国内与国际上联系在一起的。在某些情况下，这些社区实际上成为跨国家园，起到了海外聚居区的作用，也是越来越多就业于跨国公司的外国人的家园（Wu & Webber, 2004）。在另一个"商品住宅族裔聚居区"的例子中，由美国人创造的门禁社区为北京、上海和南京的中国本土居民建造了豪华住宅（Wu, 2005）。在这里，家园成为一个非常私密、僻静的地方，也是一个匿名和安全的地方。这类家园在社会上是排他的，取决于与被边缘群体之间的间隔和距离。

门禁社区的家园概念，提醒我们理想家园得以被思考的可能方式是跨国的，郊区住房呈现出来的形式也是跨国的。正如我们在第三章中探讨的那样，历史上，理想家园的社会结构是嵌入美国、英国、加拿大和澳大利亚特定社会、经济与文化环境之中的。理想家园一直都具有的跨国要素和跨国流动目前体现得愈益明显。昂库（Oncu）在土耳其伊斯坦布尔的研究提供了一个有趣的例子。20世纪80年代和90年代，通过结合流行文化故事和围绕新型住房的论述，伊斯坦布尔中产阶级的家园被重新定义。在这两个叙述中，家园被强调成一个与城市分离的地方：

> 这是一种远离城市混乱——贫穷、移民、拥挤不堪的人群——以及污垢与交通的生活方式，是一个由安全、整洁的社会空间构成的世界。在那里，"理想家园"意味着洁净的空气、干净的水、健康的生活。这里具有同质化的环境与文化背景，成人与儿童都得以在此享受积极的生活，从事体育锻炼，在花园烧烤的场合中进行社交。（1997：61）

这种理想家园还有依赖于对过去的怀旧，对伊斯坦布尔未受破坏的自然美景的追忆。这种理想家园的物质载体包括花园城市以及高层公寓。对于后者，这种"地点"具有现代性，家园被视为至关重要的消费机会： *245*

> 冰箱、洗衣机和厨具需要"现代"的浴室和厨房；配套的客厅家具和电视机需要房间来展示它们。（68）

因此，家园的理想是跨国的，通过本土与全球的政治与社会地理折射出来。

高层建筑最终使我们意识到，在一个国际化的世界里，家庭成为一种塑造民族国家认同的方式。

文本框 5.7　郊区家园住房的跨国想象

　　安东尼·金提到孟加拉式平房作为一种房屋形式已经遍布全球，并被因地制宜地改造。20 世纪后期，这个过程得到加强与扩展。跨国迁移以及更加频繁的资本、图像的跨国流动也引发了郊区房屋设计方式的变化。代表郊区房屋的意象长久以来都受到文脉的驱动。例如，凯西·梅伊已经证明了澳大利亚的理想家园同悉尼的郊区之间具有强烈的典型性联系。金姆·达维（Kim Dovey）在跨国尺度上进行了类似的分析，并提供了一个有关郊区住宅的梦想以跨国方式表达的有趣例子。他介绍并解释了美国和澳大利亚广告手册中的房屋名称，发现了惊人的相似之处。图 5-6 简明扼要地展示了达维的分析。

246　　理想的家园是：

- 诗和远方

- 深入自然腹地

- 安然置身于不变的过去

- 通常借助自然与遗产地同权力和成功产生关系

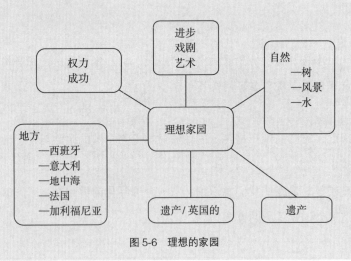

图 5-6　理想的家园

在新加坡，高层建筑是政府试图令新加坡呈现出现代特征的一种途径，以此来象征其现代性并弥合种族分裂。科学合理的最新建筑技术与样式由此被用于高层建筑。建筑形式的相似性，包括相同的户型，是为了象征新加坡国内没有种族差异（Goh，2001：1590）。新加坡经济和政治的跨国取向已经见证了在国家建设项目中国家的作用发生的微妙变化。新旧住房一直在进行"城市美化"，部分原因是为了巩固新加坡的全球地位。1999年，新加坡总理的一次演讲题目是"一流的世界经济，全球级的家园"。其跨国设计的主题是"英国都铎王朝，装饰艺术，宗教，中国民俗"（2001：1597；Jacobs，2006），这些主题被认为能建造一个"世界级"的家园，并与住房资本收益意识的提高结合了起来。在新加坡，家园是一个跨国的空间，这可以通过跨国建筑师、建筑商的意象与涉入来判断。借助家园，人们想象并促进着新加坡的国际主义。安东尼·金和阿比丁·库斯诺（Abidin Kusno）强调了跨国家园在中国的类似作用。"别墅和高层公寓的建筑和城市设计实践正在轰轰烈烈地上演，以确立中国在亚洲乃至全球的核心地位。"（King & Kusno，2000：42）

*247*

图 5-7　新加坡伍德兰兹地区的高层房地产 [1]

---

[1] 简·M.雅各布斯许可翻印。

# 五、结 语

本章探讨了跨国流动所依赖的一系列方式，重新塑造了物质地理学和想象地理学中的家园。我们思考了不同人群的迁移，如那些自愿与非自愿的跨国移民以及他们的子女（有时候会重返家园）。我们也探讨了家园的理念和生产住宅的经济组织在跨国尺度上的延伸。本章在这些不同的领域中展示了家园批判地理学的一些关键要素。首先，它显示了家园的想象地理学如何包含对多个地方的依恋，并且这种家园的遍布是由物质创造并维持的（如通过汇款或在当前住宅中打造故乡）。其次，权力、认同与家园之间的联系已经清楚地显现出来，尤其是自愿与非自愿移民中存在的差异，许多跨国家政工人的工作条件、被驱逐的经历都说明了这一点。最后，本章十分明确地阐述了家园建造的多个尺度。这些尺度是借助由流动家庭、本土家庭、身份认同之间的关系形成的跨国社区建立起来的，并且是在特定地方与跨国空间的家园建造实践中被建构出来的。下一章与结尾的章节会继续关注多尺度的问题。我们不仅会总结出本书的核心论点，还将立足于两个研究案例，探讨家园批判地理学的各个要素。

*248*

## 研究文本框 9 移居者的心爱之物

凯蒂·沃尔什

我的博士研究是关于生活在迪拜的英国人的民族志。通过这些研究，我探讨了外籍人士的归属问题，主要关注象征地理学、家庭生活的物质地理学以及涉及亲密关系的情感地理学。家园观念既是一种想象中的归属感，也是一种生活空间。在多个方面，它都对我的研究至关重要。

迪拜的英国侨民是跨国或散居群体的一个例子，他们的家园经历普遍地突出了家园的多样性与流动性。为了理解这种复杂性，我在这些迁居家园中进行参与式观察，并对住户进行深度访谈，谈及他们拥有的心爱之物（belongings）以及他们在日常生活中使用英国物品与文化的方式。这使我思考移居者家园在想象和物质上的相互依赖关系。当谈及整理、选择、打包和搬运物品到迪拜的故事以及他们的生命历程时，无论调查对象是普通人，还是有卓越成就的人士，他们都感到记忆犹新，充满感情。同样，以家庭为基础的休闲活动或工作事务，像装修房屋，打扫卫生，观看DVD或外出购物，都是不断重申家庭生活空间之重要意义的家务活动，重申的方式是不那么显而易见的归属性。无论侨居的搬迁经历是否涉及带有全部家私的房屋或单个纪念品，他们似乎都依恋于令这些家庭变得独一无二的那些事物。

尽管我的论文中的其他章节很少明确地讨论"家园"，但受访者采用的与归属有关的语句与更广泛的家园研究产生了共鸣。这反映出这些术语经常被用作同义词。我分析了英国侨民在"异国他乡"的经历与交往，重点讨论了在国外日常族群的生活中，国家层面的家园感产生的方式，以及"文化冲击"的不安经历同远离故土的感受如何联系在了一起。我的研究还探讨了侨居的亲密感对归属感的重要意义。一系列人际关系的情感地理学——包括亲友与婚恋——表明亲密关系在"在家"或"离家"概念里的中心地位，以及在海外建造家园（性别）经验里的核心地位。最后，我的论文在对田野调查经验展开进一步的个人反思时，衍生出更多的家园问题。为了进行民族志研究，迪拜成了我的临时家园，我在这里住了十七个月，成了英国侨民。由于这种方式扰乱了我自身的情感地理学，就使我对"在家"与"离家"概念相互对立的局限性，以及它在支持传统民族志权威中的有效性展开了思索。

显而易见的是，对迪拜的英国侨民而言，"家园"是一个在日常生活中建立归属感，付出理解与协商的中心概念。这使得家园的概念和创造家园的经验成为当今世界移民和流动认同研究的重要部分。

凯蒂·沃尔什在伦敦大学皇家霍洛威学院地理系进行 ESRC 博士后研究。2005 年，她在皇家霍洛威学院获得了博士学位，其博士论文是《在迪拜的英国侨民：外国人，家庭生活，亲密关系》（*British Expatriate Belonging in Dubai*：*Foreignness*，*Domesticity*，*Intimacy*）。凯蒂的民族志研究着重于英国人国外生活的归属感中物质文化、人际关系和身体的重要性。

250

## 研究文本框 10　牙买加·金凯德小说中的家园和移民

雷切尔·休斯

我在研究帝国地理学的时候开始阅读牙买加·金凯德的小说。我对"家园"一直没什么特别的兴趣，而是对殖民统治、大英帝国的文化交流与商业贸易以及文学感兴趣，尤其是能够给地理学带来新理论的女性著作。但是，阅读金凯德的小说激发了我对家园问题的兴致。金凯德于 1949 年出生于英属东加勒比地区的安提瓜，十六岁移居纽约。我最先阅读了《安妮·约翰》（*Annie John*，1986），一本关于金凯德在安提瓜度过童年时光的半自传体小说。之后，我又阅读了一位年轻非洲裔加勒比女性口述的小说《露西》（1990）。这部小说讲述了露西从加勒比移居美国大城市的经历。我很快意识到，为了理解金凯德小说中安提瓜岛（作为殖民地）的想象地理学以及在后帝国时期的移民经历，我不得不关注安提瓜岛的国内空间与建构性经验，以及它们相互之间的关系。

"国内的／家庭的"（domestic）与"统治权／领土"（dominion）这两个词具有共同的词源"dominus"。安妮·麦克林托克在分析它们共同的词源时指出："'domesticity'既表示某个空间（地理和建筑的结合），也表示同权力有关的社会关系。"（McClintock，1995：34）金凯德在接受采访时表示，她是对家庭生活非常感兴趣的作家。

在《安妮·约翰》中，很多家居用品都是"英国制造"的。20世纪50年代和60年代，在安提瓜，金凯德的中下产阶级家里，陶瓷洗脸盆、书架、毡帽和英国草药占据了"醒目的位置"。金凯德在《河流底部》（*At the Bottom of the River*，1978）中写到了"纪念英国加冕"架子上的眼镜。在《我母亲的自传》（*The Autobiography of My Mother*）里，马·尤丽斯（Ma Eunice）珍藏着一个盘子，上面用最柔和的黄色、粉蓝色和绿色描绘了一片广袤的原野。那里青草依依，鲜花盛开。尤丽斯说："（这个盘子）能带来神秘丰富、幸福安宁的气氛。"服从强大的祖国（英国）同孩子服从家里的父母如出一辙。童年时充满合作与爱的家庭关系——母亲和女儿不断习得的亲密关系——很快因孩子的成熟而

*251*

遭到破坏，因为孩子拒绝将自己置身于帝国权力的社会关系之中。为父亲提供食物，对父亲的照顾与顺从，以及对卫生和美容的关注，都要求母亲孜孜不倦地劳作并压抑性欲。孩子会以各种方式破坏家长的期待，包括想象杀死母亲以及在空间上的反叛。

> 我会轻轻地推开大门，爬回院子里，悄悄回到房间，将一些禁止我触碰的东西取出来或藏起来——我通过专业偷窃得到了这些东西。(*Annie John*, 66)

低处的房屋、街道与教室成为叛逆儿童获得快乐与施展权力的空间。在《露西》中，被家园拒之门外的结果是增加了一名年轻女性移民。叙述者露西寄宿在有钱美国白人的家里，在劳作中经历了新的制约与羞辱，但无论如何也不愿重返"家园"。

金凯德描写的英国-加勒比海家园直接挑战了殖民与后殖民文化表征中关于开拓、冒险、教育与管理空间的支配地位，凸显出母亲/祖国在家园中的力量。主人公在"离家"时不断压抑着怀乡之情。金凯德的家园对于更广泛的家园理论化来讲具有重要的意义，因为它们证明了在帝国主义的家庭关系里，种族和性别的中枢失去了权力，并与"在家"状态下的深刻矛盾和遭受破坏的亲密关系联系在了一起。

雷切尔·休斯是墨尔本大学地理学讲师。她的研究兴趣包括流动性、回忆、批判地缘政治学以及视觉和物质文化等问题。

# 第六章

# 离开家园

在这本书的开头，我们问道："家园对于你而言意味着什么？"现在，你已经读了这本书，这个问题的答案是否会发生某种程度的变化？你个人的经历和情感同我们在这本书中发展起来的家园批判地理学具有怎样的联系？可喜的是，你已经开始更具批判性地思考家园是如何在更广泛的社会、政治以及文化过程中被建构起来并具有多样化的时空特征的。何为家园？家园具有怎样的意义？这些问题都同"你是谁""你在何处"等基本问题密切相关。我们期待你今后能够以更具批判性的视角思考家园中令人熟悉的、似家的、理所当然的那些方方面面，以及人生地疏、无家可归和动荡不安的境况。

本章是总结性的一章，包括两个方面。第一，我们将重返第一章提出并贯穿全书的家园概念。这既是为了更新你对家园的理解，又是为了剥离出各章之间的联系。第二，我们将使用家园批判地理学来分析现代社会中的两个家园案例，一个是自然灾害造成的毁灭与重建，尤其是 2005 年在美国南部发生的卡特里娜飓风；另一个是通过共有住宅（cohousing）的形式实现的新的家园愿景。我们讨论这两个案例的目的是表明家园批判地理学是一种能够解释范围广阔的家园问题的方式，对于理解现代社会来讲十分必要。

# 一、回顾家园

　　我们认为，应该从空间与政治术语的角度理解家园。把家园理解为空间与政治的存在巩固了所谓的家园批判地理学，其中包含相互叠加的三个要素：作为物质与想象的家园，家园、权力和认同之间的关系，家园的多种尺度。

## 1. 作为物质与想象的家园

　　家园不仅是我们栖身其中的房子或物质结构，它还是场所或物理位置，以及情感。本书的论点是：家园体现了物质与想象两个过程和领域之间的关系。其中，物理位置、物质性、情感与观念相互捆绑在一起，彼此影响，互相关联，而非相互分离，互不关联。此外，家园还是在居住和归属基础之上实施建造与理解的形式，这种形式处于过程之中。家园不仅用于居住，还是想象的对象。家园的意义和家园的物质表现，总是通过每天的筑家实践不断被（再）创造出来，并与家园的空间想象密切联系在一起。

　　在阐释家园的物质地理学与想象地理学的问题上，贯穿本书的一大主题是居家的建筑与设计（domestic architecture and design）。物质与想象、居家的建筑与设计同时推动了建筑形式、家庭内部环境和各种物品的产生，这些事物被更为广泛的家园观念塑造出来，并获得了自身的意义。例如，第二章讨论了被艺术家、作家和博物馆负责人组织起来的居家形式，以传达出更广泛的家园意义、经验与情感。同时，每日的筑家实践，如在家中摆放家庭照和其他物件，都是具有创造性、想象性和物质基础的，且把家园的生活经历与过去的记忆联系在了一起，常常延伸到跨国的空间中。第三章挖掘了郊区家庭对正统的家园意义的反应和复制。我们批判了这类"理想性""似家的"家庭形式和家园，同时梳理了家园物质空间以差异化的，更具有包容性、想象性的生活经验与社会关系相互冲突并被重塑起来的方式。通过对居家建筑的不同形式的讨论，如第四、第五两章谈到的孟加拉式平房和高层建筑，我们挖掘了家园观念借助帝国、民族与跨国空间获得的物质形式。这些物质形式成为家园作为认同与归属的地方所重新协定的地点。　　255

　　一系列二元论以及非黑即白的思想影响了人们对家园的思考，相关的家园的物质地理学与想象地理学则是我们更广泛的关注点，目的是动摇上述二元思考。例如，家园通常被理解为私人而非公共的领域，是女性而非男性的空间，并且与社会再生产领域和房屋的尺度而不是生产领域和全球尺度联系在一起（见文本框 1.2）。在第一章中，我们发展出一种对这种二元思维的理论批判。在接下来的章节中，与此相关的案例和分析体现出的家园批判地理学呈现出同时性与关系性，而非对立性。此外，我们还强调通过政治、社会、经济与文化的进程对这些要素及其相互之间的关系展开分析的重要性。表 6.1 列出了其中一些关系。

表 6.1　关系性的家园

| | | |
|---|---|---|
| 似家的 | | 无家的 |
| 公共的 | | 私人的 |
| 地方的 | | 全球的 |
| 物质的 | | 想象的 |
| 男性的 | 与 | 女性的 |
| 有边界的 | | 可渗透的 |
| 固定的 | | 流动的 |
| 自然的 | | 文化的 |
| 疏离的地点 | | 归属的地点 |

　　本书谈到了大量这类关系，以及它们在社会过程中的嵌入性。第三章以似家的家园和无家的家园来组织论述，同时阐述了似家的家园和无家的家园具有的无家性。家庭内部的、亲密无间的居住体验总是直接或间接地融入国家的行为，由此凸显出作为家园的房屋具有的私人性与公共性。第四章讲述了家园的可渗透性。这种渗透性是借助展示世界性的物件表现出来的，同时也表达出在作为家园的国家的四周设置边界的意

256 图。尤其是在当今国家安全政策的语境下，这一点体现得格外明显。第五章说明了跨国迁移重塑家园的物质与想象要素的过程，以及两种要素之间的联系，如体现在人、家园和故乡之间的情感与物质的联系上，并跨越了流散的空间。最后，我们谨慎地不对建构家园的术语进行先验的积极评价，而是更多关注这些评价在权力的关系中被建构和嵌入的方式。

## 2. 家园、权力与认同

　　家园，作为场所和空间性想象，促进着认同的建构，由此，人的自我感知就同家园中活生生的、隐喻性的经验关联在了一起，并由这些经验加以建构。反过来，这些家园与认同从权力关系中产生出来，并得到表达。例如，第三章挖掘了家园的主要意义，包括家庭、家长式的性别关系、稳定、安全，以及家园所有权；第四章着重关注家园在塑造与表现民族与帝国政治方面的重要意义。本书对正统的家园观念提出了质疑，而非接受它们。我们不仅考察了它们在社会过程中的移动方式，而且考察了它们被不同的社会群体抵制、更改以及背离的方式。我们分析了男女同性恋在抵制异性恋家庭过程中的筑家实践（第三章），分析了反帝国主义与原住民政治中的家园政治动员（第四章），以及借助跨国移民而实现的家园改造（第五章）。

　　本书的两个主题鲜明地诠释了家园、权力与认同三者之间的相互作用，即家务劳动和家国关系。有偿与无偿的家务劳动与权力关系紧紧捆绑在一起。这种关系既存在于家庭之内，又存在于家庭之外。正如我们在第三章中讨论的，家务劳动的性别特征与正统的家庭观念密切关联在一起。接下来的章节讨论了在英属印度，仆人是如何巩固帝国权力在家庭中的运作的。这种运作是借助创造"家园中的帝国"得以实现的。"家园中的帝国"既是帝国实施统治的地方，又是它体现自身焦虑的场所。第五章关注了家政工人的跨国迁移。这一现象反映出其背后的全球不平等，以及家园和家庭在跨越空间的过程中的重塑。在任何一种情况下，家政工作——这种工作加深了性别、阶级和种族的不平等——都揭示出家与国之间的批判性联系。这些联系既可以与帝国扩张、社会福利政策 *257* 有关，又可以同导致家政工人迁移的国家计划有关。此外，我们立足于另外的背景和语境讨论了家与国之间的关系，包括当今安全与福利政治动员下的家园与故土（包括威廉·瓦尔特斯提出的"服务于有闲阶级的政治"）；当家庭而非国家拨款的机构成为临终关怀的场所时，人的归属性中出现的分裂与产生的新形式。我们还批判性地讨论了一些人（像殖民者、原住民、难民和寻求庇护者）的权利——把一个国家视为家园的权利（见文本框6.1）。

## 3. 家园的多种尺度

　　正如家园的物质地理学与想象地理学，以及家园、权力与认同之间的关系所呈现的那样，家园批判地理学具有多种尺度。家园的范围由两部分组成。第一，家园是一个社会建构的尺度，超越了房屋与家庭的范围。因此，对于郊区的家庭来讲，房屋是一个家，但是对于筑家实践来讲，家园却延伸到了涵括更广的郊区与邻里的范围。许多居住在英属印度的英国女性，试图在各自的孟加拉式平房和山站中重建家园，但发现回到英国的家时却是那样心神不宁。第五章谈到，侨居者的家园建造在跨国空间中，培育并重塑了社会关系。这样的过程是通过居家建筑、家中的特定物件、日常生活必备品与食品消费等实现的。第二，家庭生活、亲密关系与归属性之间的关系在建造家园的过程中，不仅超越了家庭的范围，还生产出家庭范围以外的场域。比如，沿着卡普兰的思路，我们分析了"家庭"的观念与"国外"的观念紧紧联系在一起的方式，其中关涉原住民被殖民主义国家建设驱逐出家园的意义，也关涉在现代国家安全背景下经历着种族暴力并愈益受到威胁的人口的意义。

家园与家庭之间的关系阐明了家园的多尺度性。在第三章中，我们分析了似家的家园、无家的家园在家庭的尺度上与家庭观念产生联系的方式。第四章越出了家庭的尺度，用家园与家庭的概念化过程来说明国家与帝国作为家园的合法性，并将家庭同更为广泛的政治运作联系起来，如帝国主义的权力运作、反帝国主义民族主义以及祖国的国家政治运作。第四章介绍了家园的跨国移动，及其与帝国移民、他们的家园建造和国家建设之间的关系。第五章把这些关系与今日的移民联系起来做进一步的探讨。在第五章中，我们分析了家园与家庭之间的关系在跨国空间中的重塑，比如，在侨民当中不同代际的混合种族的家园建造；"第三文化子女""空中飞人家庭""空降孩子"的跨国家园地理；以及对于跨国的家政雇工来讲，重塑家庭关系的不同方式。

本书所指的家园——不仅是生活经验，还是空间想象——既是暴力与疏离充斥的场所，又是能给人提供舒适与安全的地方。家园的多尺度性，以及家园、权力与认同之间的关系，在我们讨论不同范围的家庭暴力问题时，都体现得特别明显。在第三章中，家庭暴力总是出现在家中，隐藏于私人且不被公开报道的处境中，是造成女性无家可归的罪魁祸首。第四章立足于两个不同的背景思考了暴力与家园的问题。第一个背景是帝国的国家建设带来的对原住民的暴力驱逐与财产剥夺；第二个背景是在民族家园之中，所谓"外族人"遭受的种族暴力，以及由此造成的不得其所。第五章考察了跨国家政雇工所遭遇的暴力虐待，以及为保护这些雇工而建立起的法律和人权运动组织所遭受的暴力虐待。这些雇工是特别脆弱的群体，他们常常既在雇主家中工作，又住在那里。

# 二、家园批判地理学

本章的第二部分将使用家园批判地理学的观点阐释现代世界中两则相反的家园案例（文本框 6.1 指出了处理家园批判地理学其他问题的途径）。我们首先探讨卡特里娜飓风造成的家园毁灭与重建，接着讨论在共有住宅的基础上，一种新的家园愿景的实现过程。这两则案例说明，似家与无家不是截然分开的，而是在家园构造的基础上重叠在一起的。 *259*

## 1. 卡特里娜飓风

本书讨论了一系列家园摧毁与失去家园的案例，以及与无家可归、财产剥夺和被迫迁移有关的物质效应。在文本框 4.6 中，波蒂厄斯和史密斯描述了与住所毁灭有关的家园摧毁现象。如果说波蒂厄斯和史密斯关注的是在团体、政治或官僚项目的基础上，因权力运作而人为酿成的住所毁灭，那么在这里，我们着重讨论"自然"灾害造成的家园毁灭。2004 年至 2005 年，亚洲海啸造成了大范围的家园毁灭和流离失所。这样的后果既是瞬间发生的，又具有长期效应。2004 年 12 月，卡特里娜飓风彻底摧毁了印尼、泰国、斯里兰卡与印度的部分土地；2005年8月底至9月初，卡特里娜飓风对新奥尔良造成了范围极广的破坏；2005年10月，巴基斯坦北部地区和克什米尔地区发生了强烈地震。我们需要对这类事实进行多方面的分析，包括对官方是否充分应对灾害的评价，对灾后个体与商业慈善活动所及范围与尺度的解释，以及对这些区域性的现象同气候变迁等全球效应之间关系的分析。这些大事件也与家园相关，如归属性与依附性的瓦解、庇护所的丧失、家园的可渗透性，以及与家园相关的官方文化政治等。在这一节中，我们着重分析其中的一个案例，以挖掘家园批判地理学在今天的运用，那就是2005年9月美国新奥尔良和墨西哥湾的卡特里娜飓风和它的影响。

越过墨西哥湾后，卡特里娜飓风于2005年8月28日在新奥尔良南部90公里的地方登陆。新奥尔良的大部分地区都低于海平面，整座城市由海堤保护着。飓风破坏了堤坝。8月30日，新奥尔良约有80%的面积被淹没。部分居民离开了这座城市，另外有大量居民因洪水灾害造成的房屋损毁而被迫疏散。结果，900人丧生，大量房屋被毁，人们无家可归，被迫逃离现在居住的城市和邻里社区，去往他处谋生。2005年10月《今日美国》（*USA Today*）的一篇报道称：

> 美国红十字会估计，有350 000多个家庭被卡特里娜和丽塔飓风摧毁，另有146 000个家庭遭受严重破坏。总共有850 791座住房因卡特里娜飓风而被破坏、摧毁或无法使用。从另一个角度来看，家庭被毁的数量大约相当于每年家庭建造数量的17%，而建造家庭的速度大致为每年200万个。

在这样的情境下，家园批判地理学会突出强调什么呢？

　　首先，家园批判地理学能够突出人们理解与反思失去家园的多种相互叠加的尺度。联邦紧急事务管理局（FEMA）——美国联邦政府应对与协调飓风、地震、洪水等灾害的机构——现归国家安全部管辖（如第四章所讨论的）。联邦紧急事务管理局所扮演的角色，是"让美国人时刻准备着"应对紧急灾害的任务，既是国家层面的，也是家庭层面的。该局认为："教会美国民众如何让自己的家庭处于面对灾害的最佳状态，并提醒市民如何面对危机状况的发生，这些都是美国国土安全部引以重视的。"（见美国红十字会网站，其中详细介绍了家庭应对灾难的前期准备，以及如何对新家园的安全性进行评估）。在新奥尔良被疏散人群寻找家园与归属地的过程中，国际与家庭这两个尺度被联系在了一起。许多人通过互联网搜索家园信息，"基层民众努力识别出大量飓风经过后的影像，确定了地理坐标与可见的地标事物……并把它们发布在了谷歌地球的布告栏上"（Hapner，2005：1）。

　　其次，地方的强烈情感依恋可以成为我们理解卡特里娜飓风的棱镜。这样的地方是作为家园被建造起来的，体现出庇护所的物质特征，却又不囿于物质层面的特征。大量人口失去了家园与归属地。那些失去家园的报道和报刊上的文字都溢满了失落的情感和无望的流离。最让人感到意味深长的是，一名被迫逃离的妇女对记者说："有人这样说，如果植物失去了根，那么上面的部分该何去何从？"阿勒姆（Allum）女 *261* 士说："如果新奥尔良是我们的根，那我们其实已经死了。"（Zernike & Wilgoren，2005：1）但是，我们时常提醒自己要立足于失去家园的背景去思考筑家这一实践性行动：新家园在何种程度上会跨越空间与社会的落差？例如，《纽约时报》报道了幸存者相互之间建立起来的新纽带，以及被疏散人群如何营造临时居所的情况（Medina，2005：20）。

　　再次，家园批判地理学能凸显房屋供给过程中的社会落差。卡特里娜飓风酿成的毁坏，让墨西哥湾附近数量多到不成比例的非洲裔美国人陷入贫困和房屋资源的匮乏：

> 约有 60% 的县（多数位于低收入的非洲裔美国人居住区）声称飓风之后的灾区贫困率达到了 20% 以上，大量家庭处于温饱线以下。在路易斯安那州、密西西比州和亚拉巴马州，约有 40 000 个家庭在飓风来临之前配备了足够的供水设施……约有 50 000 个接受联邦住房补贴的家庭背井离乡。国家低收入住房同盟（National Low Income Housing Coalition）估测出超过一半的被毁房屋都是租赁房，其中约 70% 为低收入群体所租住。

根据保险服务公司提供的数据，卡特里娜飓风之后的房产保险理赔达到 344 亿美元；同时，有很多背井离乡的人，由于生活贫困，无力在灾害发生前购买保险。同样值得考察的是住房条件与受难者占有的不动产，如在路易斯安那州一家疗养院中死去的 34 名病人（Rhode & Dewan，2005：21）。房屋的不动产差异与社会不平等可以被用来评价政府重新安置的行为。例如，相较于租赁户而言，政府灾后的重新安置政策是否更适合于房屋所有者呢？（*The Economist*，Anon，2005：37）。

最后，我们还能以危险可怖的家园为视角理解卡特里娜飓风（Kaika，2004）。这样的视角推翻了"自然的"与"家庭的"两种空间之间的界线。这条界线虽不可见，但具有存在的必要性。家园变得无法被自身理解，由于家园之中（而非家园之外）就存在着自然的要素，因此，这似乎又像是无家的。由此我们可以得出一个熟悉的、关于安全的论点。就像恐怖主义或其他威胁，揭示出美国国家安全政策令那些不安全的政治变得明显与不容消失一样，卡特里娜飓风也让家的危险与不安全性变得突兀起来。我们在家园批判地理学的基础之上诠释卡特里娜飓风的影响，能揭示出现代世界中，家园的脆弱性、家园的权力与家园的尺度问题。

## 2. 共有住宅

我们要讨论的第二个案例别具一格。正如多洛雷丝·海登的研究和其他女性主义者的研究所表明的那样，建筑师、设计师和社会改良者中有一个长期存在的传统，那就是致力于设计并建造出无性别的包容之家。在很大程度上，这一传统旨在动摇由核心家庭组成的正统家庭观念，并提出一些合作互利的共居方式。共有住宅就是一个当代案例，旨在让一群人共同设计、建造或适应一种新的家园愿景（见研究文本框5）。1972年，丹麦出现了最早的共有住宅项目。到了1993年，丹麦共有140个共有住宅社区，从6个到40个家庭规模不等（McCamant & Durrett，1994）。借助1988年美国共有住宅公司的凯瑟琳·麦克坎特（Kathryn McCamant）和查理斯·达雷特（Charles Durrett）出版的一本书，"共有住宅"这个词被引入英语世界。美国早期的主要共有住宅社区于1999年在加利福尼亚州戴维斯的缪尔下议院（Muir Commons）建成；两年后，北美的150多个团体开会并提出他们的共有社区规划（McCamant & Durrett，1994）。其他一些共有住宅项目在欧洲与澳大利亚已开始规划和动工。

关于共有住宅的问题，家园批判地理学能揭示出什么？首先，共有住宅通过一种与众不同的筑家实践，在邻里与社区的基础上提供了一套可供选择的住房与家园愿景。在麦克坎特和达雷特看来，共有住宅创造出一种场所"扩充了'家''邻里'和'社区'的意义"（1994：6）。
共有住宅项目通常是将共享与合作空间同私人寓所混合在一起，以达到
*263* "私有性与共同体"之间的关联（Fromm，1991：1）。与其把家庭视为
人们从外部世界中抽身而回的私人场所，共有住宅计划为人们提供了合
作式居住的多样选择。这些选择以物质化的家庭形式呈现出来，就像公
用厨房、花园和其他居住空间，与私人住房、公寓比邻而居的设计样式
一样。家园建造的这类可供选择的方式，也是在居民的社会关系超越了
家庭的基础之上而展开的，如一起带孩子、一起做饭以及共同照看老人，
等等。正如多丽特·弗洛姆（Dorit Fromm）所言，在共有住宅和其他
合作式的住房项目中：

> 每一个家庭不但有自己的房子或公寓，还共享公共设施，尤其
> 是设备齐全的厨房、娱乐空间和聚会室。居民轮流做饭、打扫卫生
> 和整理花园。通过一起劳作、共享资源，共有住宅中的居民既享受
> 到私人住房的优势，又享受到共有设施与服务的便利。（1991：7）

对于许多居民来讲，共有住宅营造出一种新型的家园与筑家的实
践，并与崭新的邻里和社区景象联系在一起。然而，在何种程度上，这
些新的家园建造方式具有排外性？共有住宅同门禁社区（见第五章）比
起来是更为不同，还是更为相似？正如麦克坎特和达雷特所言，在美国，
一个值得关注的问题在于：

> 共有住宅可能进一步强化已存在的美国式的居住与社会隔离。
> 共有住宅肯定会被当作另一种不同的方式被应用于富有阶层封闭
> 的、有规划的社区，而这样的排他性同这一理念最初具有的吸引力

是截然相反的，那就是渴望建构一个整合性的居住环境……（共有住宅群体）努力把他们的社区整合为一个邻里。共有住宅也为人们提供了克服现有的居住隔离的机会。这种隔离可能是因利益、年龄、收入、种族和家庭成员构成产生的，某些人被当作不受欢迎者。在选择共有住宅的居住形式时，居民事实上选择了相互尊重、和而不同的居住方式。（202）

用家园批判地理学考察共有住宅的第二种途径，在于动摇关于家园　264与家庭的正统观念。如果大量共有住宅项目旨在为家庭提供住房，并在超越核心家庭的基础之上提供相互抚养孩子的可能性的话，那么，另一些共有住宅项目旨在为非家庭人群提供住宅。其中一些项目跨越了代际，为男男女女提供房源，其他一些则是为特殊年龄群体设计的。例如，为老年人设计的共有住宅，既可以是男女混合居住的，也可以只有女性居住。玛利亚·布伦顿（Maria Brenton）在研究荷兰的老年共有住宅时，认为这样的居家形式比起独居，会给老年人带来以下益处：

　　（居民）在自己家中时期更长的独立生活，能保证生活的质量。他们不仅想待在自己喜欢的群体中，还喜欢在属于自己的空间中（前门处）拥有隐私并享受自由。他们喜欢和别人一起做事，这样，就总是有人可以一起谈天说地。当他们外出的时候，还有邻居可以帮忙喂猫和浇花。他们还希望在跌倒或生病的时候，感受到安全感，得到来自群体的帮助。（1998：vi）

这鲜明地诠释出家园的物质与想象地理学之间的关系，房屋的物质设计——如有各自的前门——与更为集体性的、邻里式的家园愿景并存。这建立在同伴关系、安全与关怀的基础之上。这样的家园愿景远远超越了寓所的物质结构，同时也不完全依赖家庭成员之间的内部关系。因为老年妇女大多孤独贫困，所以一些共有住宅项目是专为老年妇女开发的，如伦敦的"老年妇女共有住宅"（Older Women's Cohousing, OWCH）。

家园批判地理学的第三个分析路径在于，可以从家园的多尺度角度解释共有住宅的问题。除了从家庭、邻里和社区的角度看待家园以外，共有住宅同样可以立足国家与跨国的尺度，在家园批判地理学中得到观照。在同国家住房市场和住房政策的关系中，共有住宅可以有不同的物265 质形式，呈现出家园的新形象。在跨国的尺度上，共有住宅规划的不同特征，如在丹麦、美国与英国，不仅揭示出住房差异化的地理形态，还体现出不同的家园地理学。此外，在某些地方，共有住宅成为老年移民获得在家感的重要形式。例如，1997年的荷兰，有25个共有住宅社区和为移民老人组织起来的群体。这些老人多来自苏里南这样的前殖民地。玛利亚·布伦顿说：

> 共有住宅应该说是一种特别适合老年移民的模式。这些老人想要获得一种不同于家庭支撑的混乱传统，并试图营造出充满情感共鸣的熟悉的语言文化环境。如果他们在晚年才选择移民，那么他们的财务状况常常能反映出生活的艰辛。他们普遍受教育程度不高，从事低薪工作，缺乏获得养老补助的能力。事实上，年老的人特别需要住在家庭成员集中的邻里环境中，其基础设施（如民族商店、民族文化机构）需能满足他们的需要。例如，位于鹿特丹市的一个中国老年人群体，刚好在一栋设有中国文化中心的大楼里，人们可

以在那里方便地用餐，开展活动。(1998：18)

卡特里娜飓风对家园的毁坏和共有住宅体现出的家园建造的不同形式，都以差异化的方式展现出如何利用家园批判地理学理解当今世界存在的广泛问题。在全书以及这两个案例中，我们指出家园既是物质的也是想象的，处于权力与认同的关系之中，并在种类极其繁多的尺度上被组织和重塑起来。我们与其把家园视为静止的、固定的且有边界性的，不如认为家园总是处于过程之中，被筑家实践所塑造，并嵌入更为广泛的社会、政治、文化与经济的关系之中。这些关系的尺度可以从家庭延伸至全球。

## 文本框6.1 家园研究：可以在未来研究的问题

我们在本书中讨论的许多问题——如国家安全、排他性的住房供给，以及全球关系不断密集背景下出现的归属与疏离——都需要更多的地理学分析。大量与家园相关的当代议题尚未得到地理学的审视，在此我们仅列出三个问题，作为未来研究的出发点。

### 家庭监禁

家庭监禁并不是新现象，但20世纪80年代在美国、澳大利亚、加拿大和一些欧洲与亚洲国家集中爆发出来（Gibbs & King，2003：1）。在这些国家和地区，罪犯所实施的家庭监禁或者监狱里的拘留总是同与政府支出有关的意识形态和财政约束联系在一起，也同监禁与康复的哲学思想变化有关。20世纪90年代中期，美国与对个体的电子监控联系在一起的家庭监禁现象逐渐增加；2002年，全美约有3 700人遭受家庭监禁（Kuczynski，2002）。例如，玛莎·史迪沃特（Martha Stewart）——因在筑家领域中的写作和电台节目而收入不菲，闻名全美——因五个月的家庭监禁从监狱里被释放了出来（Hays, 2005：C1）。除了西方国家的家庭监禁以外，持不同政见者经常会使用"房屋软禁"这样的词语。在缅甸，昂山素季被长期监禁的事件恐怕最为知名。家庭监禁激发出一些让地理学家感兴趣的话题：

- 家庭监禁同祖国的观念是如何联系在一起的，又对这样的观念造成了怎样的破坏？

267

- 人们以怎样的方式体验家庭监禁？

- 身份认同与家庭监禁之间具有怎样的关系？家庭监禁会如何改变身份认同？

- 不同尺度的国家权力与家庭监禁之间具有怎样的关系？

- 在国家与其他环境中，家庭监禁会产生怎样的变化？

**国家权力重组对家园地理学的意义**

家庭监禁是一种独特现象，嵌入了更大范围的国家权力的变化与运作之中。家与国之间的关系应该被置于国家权力的意图和彼此之间多种矛盾的运作当中来进行解释。一方面，国家权力开始出现"回撤"的现象，过去由国家实施的权力开始由私人或非国家机构掌握。另一方面，国家越来越密集地介入老百姓的日常生活。这体现在国家对福利领取者日趋频繁的监控与监督，颁布新的安全政策，改变对某些争论的干预措施（如堕胎、温和治疗和安乐死）等方面。现代国家权力重组的过程对家园进行重构的方式意义深远，需要更进一步对其进行研究。我们已经在本书中理出了家园与国家之间的多种关系，但依然需要进一步思考以下问题：

● 人们的归属性是如何被当代国家权力塑造出来的？

● 其中存在怎样的排他主义？

● 这些新型的国家政策建立在怎样的家园前提基础之上？

● 随着家园的公共职责不断增多，如健康、教育与安全，人们如何体验家园？又体验到了什么？

● 如何立足于"恐怖危险"这一新观念理解家园？

● 关联着关怀、监禁和教育问题的新自由主义政策如何改变了家园和人们的归属性？

### 自然、文化与筑家实践的可持续性

从不同的角度来看，筑家实践在社会与环境方面都是可持续的，本书已经一定程度上涉及了这方面的问题。例如，文本框3.7勾勒出如何使住房具有可持续性的最新思考，本章也谈到了自然灾害导致丧失家园的结果。住房与家园的可持续性是值得进一步探究的重要问题。对此问题感兴趣的地理学家可以从以下几个方面展开思考：

*268*

● 在当代筑家实践中，自然与文化之间具有怎样的关系？对于达到可持续的目的来讲，它们具有怎样的意义？

● 筑家实践会造成怎样的环境后果？

● 在环境敏感的背景下，家园理想会出现怎样的变化？

● 倘若可行，对家园多尺度的认识如何能参与到对可持续性、家园与住房的讨论之中？

● 全球性的事件（像全球油价起伏和气候变化）会对筑家实践产生怎样的影响？

# 参考文献

Abramsson, M., Borgegard, L.-E., & Fransson, U. (2002) Housing careers: immigrants in local Swedish housing markets. *Housing Studies* 17: 445-464.

Adamson, F. (2002) Mobilizing for the transformation of home: politicized identities and transnational practices. In Al-Ali, N. & Koser, K. (eds), *New Approaches to Migration? Transnational Communities and the Transformation of Home*. London: Routledge, pp. 155-168.

Ahmad, M. (2002) Homeland insecurities: racial violence the day after September 11. *Social Text*, 72: 101-115.

Ahmed, S. (2000) *Strange Encounters: Embodied Others in Post-Coloniality*. London: Routledge.

Ahmed, S., Castañeda, C., Fortier, A.-M., & Sheller, M. (eds) (2003a) Introduction: uprootings/regroundings: questions of home and migration. In Ahmed, S., Castañeda, C., Fortier, A.-M., & Sheller, M. (eds), *Uprootings/Regroundings: Questions of Home and Migration*. Oxford: Berg, pp. 1-19.

Ahmed, S., Castañeda, C., Fortier, A.-M., & Sheller, M. (eds) (2003b) *Uprootings/Regroundings: Questions of Home and Migration*. Oxford: Berg.

Ahrentzen, S. (1997) The meaning of home workplaces for women. In Jones, J. P. et al. (eds), *Thresholds in Feminist Geography: Difference, Methodology, Representation*. Lanham: Rowman and Littlefield, pp. 77-92.

Al-Ali, N. & Koser, K. (eds) (2002) *New Approaches to Migration? Transnational Communities and the Transformation of Home*. London: Routledge.

Ali, S. (2003) *Mixed-Race, Post-Race: Gender, New Ethnicities and Cultural Practices*. Oxford: Berg.

Alibhai-Brown, Y. (1995) *No Place like Home*. London: Virago.

Allon, F. (2002) Translated spaces/translated identities: the production of place, culture and memory in an Australian suburb. *Journal of Australian Studies,* January: 101-110.

Allport, C. (1987) Castles of security: the New South Wales Housing Commission and home ownership 1941-1961. In M. Kelly (ed.), *Sydney: City of Suburbs.* Kensington: University of New South Wales Press, pp. 95-124.

Anderson, K. (1999) Reflections on Redfern. In Stratford, E. (ed.), *Australian Cultural Geography.* Melbourne: Oxford University Press, pp. 69-86.

Anderson, P., Carvalho, M., & Tolia-Kelly, D. (2001) Intimate distance: fantasy islands and English lakes. *Ecumene* 8: 112-119.

Anon. (2005) A voucher for your thoughts: Katrina and public housing assistance. *The Economist,* 24 September: 37.

Archer, J. (2005) *Architecture and Suburbia: From English Villa to American Dream House, 1690-2000.* Minneapolis and London: University of Minnesota Press.

Armbuster, H. (2002) Homes in crisis: Syrian Christians in Turkey and Germany. In Al-Ali, N. & Koser, K. (eds), *New Approaches to Migration? Transnational Communities and the Transformation of Home.* London: Routledge, pp. 17-33.

Armstrong, N. (1987) *Desire and Domestic Fiction: a Political History of the Novel.* New York: Oxford University Press.

Arnott, J. (1994) Speak out, for example. In Camper, C. (ed.), *Miscegenation Blues: Voices of Mixed Race Women.* Toronto: Sister Vision, pp. 264-268.

Asis, M. M. B., Huang, S., & Yeoh, B. S. A. (2004) When the light of the home is abroad: unskilled female migration and the Filipino family. *Singapore Journal of Tropical Geography,* 25: 198-215.

Atkinson, G. (1859) *"Curry and Rice" on Forty Plates; or, the Ingredients of Social Life at "Our Station".* London: John B. Day.

Atkinson, R. & Blandy, S. (2005) Introduction: international perspectives on the new enclavism and the rise of gated communities. *Housing Studies,* 20(2): 177-186.

Attfield, J. (2000) *Wild Things: the Material Culture of Everyday Life.* Oxford: Berg.

Attfield, J. & Kirkham, P. (eds) (1995) *A View from the Interior: Women and Design.* London: Women's Press.

Australian Bureau of Statistics (2004) *Australian Social Facts.* Canberra: Australian Government.

Axel, B. K. (2001) *The Nation's Tortured Body: Violence, Representation, and the Formation of a Sikh 'Diaspora'*. Durham, NC: Duke University Press.

Bachelard, G. (1994) [1958] *The Poetics of Space*. Translated by M. Jolas. Boston, MA: Beacon Press.

Badcock, B. & Beer, A. (2000) *Home Truths: Property Ownership and Housing Wealth in Australia*. Melbourne: Melbourne University Press.

Ballhatchet, K. (1980) *Race, Sex and Class under the Raj: Imperial Attitudes and Policies and their Critics, 1793-1905*. London: Weidenfeld and Nicolson.

Barkham, P. (2002) Film forces Australia to face its past. *Guardian Weekly*, 21 February.

Barr, P. (1976) *The Memsahibs: in Praise of the Women of Victorian India*. London: Penguin.

Barr, P. (1989) *The Dust in the Balance: British Women in India, 1905-1945*. London: Hamish Hamilton.

Bartrum, K. (1858) *A Widow's Reminiscences of the Siege of Lucknow*. London: James Nesbit.

Beauregard, R. A. & Haila, A. (1997) The unavoidable incompleteness of the city. *American Behavioral Scientist*, 41(3): 327-341.

Beecher, C. (1841) *Treatise on Domestic Economy, for the Use of Young Ladies at Home, and at School*. Boston: Marsh, Capen, Lyon and Webb.

Beecher, C. & Stowe, H. B. (2002) [1869] *The American Woman's Home*. Edited by Tonkovich, N.. London: Rutgers University Press.

Beetham, M. (1996) *A Magazine of her Own? Domesticity and Desire in the Woman's Magazine, 1800-1914*. London: Routledge.

Bell, D. & Valentine, G. (1997) *Consuming Geographies: We Are Where We Eat*. London and New York: Routledge.

Berthoud, R. & Gershuny, J. (eds) (2000) *Seven Years in the Lives of British Families: Evidence on the Dynamics of Social Change from the British Household Panel Survey*. Bristol: The Policy Press.

Bhabha, H. (1997) The world and the home. In McClintock, A., Mufti, A., & Shohat, E. (eds), *Dangerous Liaisons: Gender, Nation, and Postcolonial Perspectives*. Minneapolis: University of Minnesota Press, pp. 445-455.

Bhatti, M. & Church, A. (2004) Home, the culture of nature and meanings of gardens in late modernity. *Housing Studies,* 19: 37-51.

Billig, M. (1995) *Banal Nationalism.* London: Sage.

Bird, C. (1998) *The Stolen Children: Their Stories.* Milsons Point, NSW: Random House Australia.

Bittman, M., Matheson, G., & Meagher, G. (1999) The changing boundary between home and market: Australian trends in outsourcing domestic labour. *Work, Employment and Society,* 13(2): 249-273.

Blickle, P. (2002) *Heimat: a Critical Theory of the German Idea of Homeland.* Rochester, NY: Camden House.

Bloch, A. (2002) *The Migration and Settlement of Refugees in Britain.* Basingstoke: Palgrave Macmillan.

Blodgett, H. (ed.) (1991) *"Capacious Hold-All": an Anthology of Englishwomen's Diary Writings.* Charlottesville: University of Virginia Press.

Blomley, N. (2003) Law, property, and the geography of violence: the frontier, the survey, and the grid. *Annals of the Association of American Geographers,* 93: 121-141.

Blomley, N. (2004a) The boundaries of property: lessons from Beatrix Potter. *The Canadian Geographer,* 48: 91-100.

Blomley, N. (2004b) Unreal estate: proprietary space and public gardening. *Antipode,* 36: 614-641.

Blomley, N. (2004c) *Unsettling the City: Urban Land and the Politics of Property.* New York: Routledge.

Blunt, A. (1994) *Travel, Gender, and Imperialism: Mary Kingsley and West Africa.* New York: Guilford.

Blunt, A. (1999) Imperial geographies of home: British domesticity in India, 1886-1925. *Transactions,* 24: 421-440.

Blunt, A. (2000a) Spatial stories under siege: British women writing from Lucknow in 1857. *Gender, Place and Culture,* 7: 229-246.

Blunt, A. (2000b) Embodying war: British women and domestic defilement in the Indian "Mutiny", 1857-1858. *Journal of Historical Geography,* 26: 403-428.

Blunt, A. (2002) "Land of our Mothers": home, identity and nationality for Anglo-

Indians in British India. *History Workshop Journal,* 54: 49-72.

Blunt, A. (2003a) Home and identity: life stories in text and in person. In Blunt, A., Gruffudd, P., May, J., Ogborn, M., & Pinder, D. (eds), *Cultural Geography in Practice.* London: Arnold, pp. 71-87.

Blunt, A. (2003b) Home and empire: photographs of British families in the *Lucknow Album,* 1856-1857. In Schwartz, J. M. & Ryan, J. R. (eds), *Picturing Place: Photography and the Geographical Imagination.* London: IB Tauris, pp. 243-260.

Blunt, A. (2003c) Collective memory and productive nostalgia: Anglo-Indian home-making at McCluskieganj. *Environment and Planning D: Society and Space,* 21: 717-738.

Blunt, A. (2005) *Domicile and Diaspora: Anglo-Indian Women and the Spatial Politics of Home.* Oxford: Blackwell.

Blunt, A. & Varley, A. (2004) Geographies of Home. *Cultural Geographies,* 11: 3-6.

Blunt, A. & Wills, J. (2000) *Dissident Geographies: An Introduction to Radical Ideas and Practice.* Harlow: Prentice Hall.

Blunt, A., Gruffudd, P., May, J., Ogborn, M., & Pinder, D. (eds) (2003) *Cultural Geography in Practice.* London: Arnold.

Bookman, M. Z. (2002) *After Involuntary Migration: the Political Economy of Refugee Encampments.* Lanham, MD: Lexington Books.

Bowes, A. M., Dar, N. S., & Sim, D. F. (2002) Differentiation in housing careers: the case of Pakistanis in the UK. *Housing Studies,* 17: 381-399.

Bowlby, S., Gregory, S., & McKie, L. (1997) "Doing home": patriarchy, caring and space. *Women's Studies International Forum,* 20(3): 343-350.

Brah, A. (1996) *Cartographies of Diaspora: Contesting Identities.* London: Routledge.

Brenton, M. (1998) *We're in Charge: CoHousing Communities of Older People in the Netherlands: Lessons for Britain?* Bristol: The Policy Press and The Housing Corporation.

Briganti, C. & Mezei, K. (2004) House haunting: the domestic novel of the inter-war years. *Home Cultures,* 1: 147-168.

Brinks, E. & Talley, L. (1996) Unfamiliar ties: lesbian constructions of home and family in Jeanette Winterson's *Oranges Are Not the Only Fruit* and Jewelle Gomez's *The Gilda Stories.* In Wiley, C. & Barnes, F. R. (eds), *Homemaking:*

*Women Writers and the Politics and Poetics of Home.* New York: Garland Publishing Inc., pp. 145-174.

British Parliamentary Papers (1887) *Report of the Royal Commission of the Colonial and Indian Exhibition, London, 1886.* London.

Brook, I. (2003) Making here like there: place attachment, displacement and the urge to garden. *Ethics, Place and Environment,* 6: 227-234.

Brown, M. (2000) *Closet Space: Geographies of Metaphor from the Body to the Globe.* London: Routledge.

Brown, M. (2003) Hospice and the spatial paradoxes of terminal care. *Environment and Planning A,* 35: 833-851.

Brown, M. & Colton, T. (2001) Dying epistemologies: an analysis of home death and its critique. *Environment and Planning A,* 33: 799-821.

Bryden, I. (2004) "There is no outer without inner space": constructing the *haveli* as home. *Cultural Geographies,* 11: 26-41.

Bryden, I. & Floyd, J. (eds) (1999) *Domestic Space: Reading the Nineteenth-Century Interior.* Manchester: Manchester University Press.

Brydon, C. (1978) *The Lucknow Siege Diary of Mrs C. M. Brydon,* ed. and pub. C. De L. W. Fforde.

Bryson, L. & Winter, I. (1999) *Social Change, Suburban Lives: An Australian Newtown, 1960s to 1990s.* St. Leonards: Allen and Unwin.

Buchli, V. & Lucas, G. (2001) *Archaeologies of the Contemporary Past.* London: Routledge.

Buck, N. et al. (eds) (1994) *Changing Households: the British Household Panel Survey 1990-1992.* Colchester: ESRC Research Centre on Micro-Social Change, University of Essex.

Buettner, E. (2004) *Empire Families: Britons in Late Imperial India.* Oxford: Oxford University Press.

Bunkše, E. (2004) *Geography and the Art of Life.* Baltimore, MD: The Johns Hopkins University Press.

Burn, G. (2004) Outdoors indoors. *The Guardian,* 19 May.

Burton, A. (2003) *Dwelling in the Archive: Women Writing House, Home and History in Late Colonial India.* Oxford: Oxford University Press.

Buzar, S., Ogden, P. E., & Hall, R. (2005) Households matter: the quiet demography of urban transformation. *Progress in Human Geography,* 29: 413-436.

Buzzelli, M. (2004) Exploring regional firm-size structure in Canadian housebuilding: Ontario, 1991 and 1996. *Urban Geography,* 25(3): 241-263.

Cairns, S. (ed.) (2004) *Drifting: Architecture and Migrancy.* London: Routledge.

Campo, J. E. (1991) *The Other Side of Paradise: Explorations into the Religious Meanings of Domestic Space in Islam.* Columbia, SC: University of South Carolina Press.

Carter, S. (2005) The geopolitics of diaspora. *Area,* 37: 54-63.

Carton, A. (2004) A passionate occupant of the transnational transit lounge. In Kwan, S. & Speirs, K. (eds) *Mixing it Up: Multiracial Subjects.* Austin: University of Texas Press, pp. 73-90.

Case, A. (1858) *Day by Day at Lucknow: A Journal of the Siege of Lucknow.* London: Richard Bentley.

Castles, S. and Miller, M. J. (2003) *The Age of Migration: International Population Movements in the Modern World.* New York: Palgrave Macmillan.

Castree, N. (2005) *Nature.* London: Routledge.

Chambers, D. (1997) A stake in the country: women's experiences of suburban development. In Silverstone, R. (ed.), *Visions of Suburbia.* London: Routledge, pp. 86-107.

Chambers, D. (2003) Family as place: family photograph albums and the domestication of public and private space. In Schwartz, J. M. & Ryan, J. R. (eds), *Picturing Place: Photography and the Geographical Imagination.* London: IB Tauris, pp. 96-114.

Chambers, I. (1990) *Border Dialogues.* London: Routledge.

Chambers, I. (1993) *Migrancy, Culture, Identity.* London: Routledge.

Chant, S. (1997) *Women-Headed Households: Diversity and Dynamics in the Developing World.* Basingstoke: Macmillan.

Chapman, T. (2004) *Gender and Domestic Life: Changing Practices in Families and Households.* Basingstoke and New York: Palgrave Macmillan.

Chapman, T. & Hockey, J. (eds) (1999) *Ideal Homes? Social Change and Domestic Life.* London and New York: Routledge.

Chatterjee, P. (1993) *The Nation and its Fragments: Colonial and Postcolonial Histories*. New Delhi: Oxford University Press.

Chaudhuri, N. (1992) Shawls, curry and rice in Victorian Britain. In Chaudhuri, N. & Strobel, M. (eds), *Western Women and Imperialism: Complicity and Resistance*. Bloomington: Indiana University Press, pp. 231-246.

Cheang, S. (2001) The Dogs of Fo: gender, identity and collecting. In Shelton, A. (ed.), *Collectors: Expressions of Self and Other*. London: Horniman; Universidade de Coimbra.

Checkoway, B. (1980) Large builders, Federal Housing Programs, and Postwar Suburbanization. *International Journal of Urban and Regional Research*, 4(1): 21-45.

Cieraad, I. (1999a) Introduction: anthropology at home. In Cieraad, I. (ed.) *At Home: an Anthropology of Domestic Space*. Syracuse: Syracuse University Press, pp. 1-12.

Cieraad, I. (1999b) Dutch windows: female virtue and female vice. In Cieraad, I. (ed.), *At Home: an Anthropology of Domestic Space*. Syracuse: Syracuse University Press.

Clarke, A. J. (1997) Tupperware: suburbia, sociality and mass consumption. In Silverstone, R. (ed.), *Visions of Suburbia*. London: Routledge, pp. 132-160.

Clarke, A. J. (2001a) *Tupperware: the Promise of Plastic in 1950s America*. Washington, DC: Smithsonian Books.

Clarke, A. J. (2001b) The aesthetics of social aspiration. In Miller, D. (ed.), *Home Possessions: Material Culture behind Closed Doors*. Oxford: Berg, pp. 23-45.

Clifford, J. (1997) *Routes: Travel and Translation in the Late Twentieth Century*. Cambridge, MA: Harvard University Press.

Cloke, P., Philo, C. & Sadler, D. (1991) *Approaching Human Geography: An Introduction to Contemporary Theoretical Debates*. London: Chapman.

Collins, P. H. (1991) *Black Feminist Thought: Knowledge, Consciousness, and the Politics of Empowerment*. New York and London: Routledge.

Comaroff, J. and Comaroff, J. (1992) Home-made hegemony: modernity, domesticity, and colonialism in South Africa. In Tranberg Hansen, K. (ed.), *African Encounters with Domesticity*. New Brunswick, NJ: Rutgers University Press, pp. 37-74.

Constable, N. (2003) Filipina workers in Hong Kong homes: household rules and relations. In Ehrenreich, B. & Hochschild, A. R. (eds), *Global Woman: Nannies, Maids, and Sex Workers in the New Economy*. New York: Metropolitan Books, pp. 115-141.

Cooper Marcus, C. (1995) *House as a Mirror of Self: Exploring the Deeper Meaning of Home*. Berkeley, CA: Conari Press.

Corbridge, S. (1999) "The militarization of all Hindudom?" The Bharatiya Janata Party, the bomb, and the political spaces of Hindu nationalism. *Economy and Society*, 28: 222-255.

Costello, L. (2005) From prisons to penthouses: the changing images of high-rise living in Melbourne. *Housing Studies*, 20(1): 49-62.

Costello, L. & Hodge, S. (1999) Queer/clear/here: destabilising sexualities and spaces. In E. Stratford (ed.), *Australian Cultural Geographies*. Melbourne: Oxford University Press, pp. 131-152.

Cowen, D. (2004) From the American lebensraum to the American living room: class, sexuality, and the scaled production of "domestic" intimacy. *Environment and Planning D: Society and Space*, 22: 755-771.

Cox, R. & Narula, R. (2003) Playing happy families: rules and relationships in au pair employing households in London, England. *Gender, Place and Culture*, 10(4): 333-344.

Crouch, D. (2004) Writing of Australian dwelling: animate houses and anxious ground. *Journal of Australian Studies*, 80: 43-52.

CSI (Colonization Society of India). (1935) McCluskiegunge: on the Ranchi Pateau. Brochure held in the private archive of Alfred de Rozario, McCluskieganj.

Csikszentmihalyi, M. & Rochberg-Halton, E. (1981) *The Meaning of Things: Domestic Symbols and the Self*. Cambridge: Cambridge University Press.

Curtis, J. C. (1998) Race, realism, & the documentation of the rural home during America's Great Depression. In Thompson, E. McD. (ed.), *The American Home: Material Culture, Domestic Space, and Family Life*. Winterthur, DE: Henry Francis du Pont Winterthur Museum, pp. 273-299.

Daniels, I. M. (2001) The "untidy" Japanese house. In Miller, D. (ed.), *Home Possessions: Material Culture behind Closed Doors*. Oxford: Berg, pp. 201-229.

David, D. (1999) Imperial chintz: domesticity and empire. *Victorian Literature and Culture*, 27: 569-577.

Davidoff, L. & Hall, C. (2002) *Family Fortunes: Men and Women of the English Middle Class, 1780-1850*. London and New York: Routledge [first published in 1987 by Hutchinson Education].

Davin, A. (1978) Imperialism and motherhood. *History Workshop Journal*, 5: 9-65.

Deacon, R., Gormley, A., & Wilding, A. (2002) Mass-production, distribution and destination. In Painter, C. (ed.), *Contemporary Art and the Home*. Oxford: Berg, pp. 181-194.

Depres, C. (1991) The meaning of home: literature review, directions for future research. *Journal of Architectural and Planning Research*, 8(2): 96-115.

DeVault, M. (1991) *Feeding the Family: The Social Organization of Caring as Gendered Work*. Chicago: University of Chicago Press.

Diken, B. (2004) From refugee camps to gated communities: biopolitics and the end of the city. *Citizenship Studies*, 8: 83-106.

Diver, M. (1909) *The Englishwoman in India*. Edinburgh: Blackwood.

Dohmen, R. (2004) The home in the world: women, threshold designs and performative relations in contemporary Tamil Nadu, South India. *Cultural Geographies*, 11: 7-25.

Domosh, M. & Seager, J. (2001) *Putting Women in Place: Feminist Geographers Make Sense of the World*. New York: Guilford.

Dorai, M. K. (2002) The meaning of homeland for the Palestinian diaspora: revival and transformation. In Al-Ali, N. and Koser, K. (eds), *New Approaches to Migration? Transnational Communities and the Transformation of Home*. London: Routledge, pp. 87-95.

Dovey, K. (1985) Home and homelessness. In Altman, I., Werner, C. M. (eds), *Home Environments*. New York and London: Plenum Press, pp. 33-64.

Dovey, K. (1992) Model houses and housing ideology in Australia. *Housing Studies*, 7(3): 177-188.

Dovey, K. (1999) *Framing Places: Mediating Power in Built Form*. London and New York: Routledge.

Dowling, R. (1998a) Suburban stories, gendered lives: thinking through difference. In Fincher, R. & Jacobs, J. M. (eds), *Cities of Difference*. New York: Guilford.

Dowling, R. (1998b) Neotraditionalism in the suburban landscape: cultural geographies of exclusion in Canada. *Urban Geography,* 19(2): 105-122.

Dowling, R. (2000) Power, ethics and subjectivity in qualitative research. In Hay, I. (ed.), *Qualitative Methods in Human Geography.* Melbourne: Oxford University Press, pp. 23-36.

Dowling, R. & Mee, K. (2000) Tales of the city: western Sydney at the end of the millennium. In J. Connell (ed.), *Sydney: The Emergence of a World City.* Melbourne: Oxford University Press, pp. 273-291.

Duncan, J. S. (2002) Embodying colonialism? Domination and resistance in nineteenth century Ceylonese coffee plantations. *Journal of Historical Geography,* 28: 317-338.

Duncan, J. S. & Duncan, N. G. (2004) *Landscapes of Privilege: The Politics of the Aesthetic in an American Suburb.* New York and London: Routledge.

Duncan, J. S. & Lambert, D. (2003) Landscapes of home. In Duncan, J. S., Johnson, N. C., & Schein, R. H. (eds), *A Companion to Cultural Geography.* Oxford: Blackwell, pp. 382-403.

Dwyer, C. (2002) "Where are you from?" Young British Muslim women and the making of "home". In Blunt, A. & McEwan, C. (eds), *Postcolonial Geographies.* London: Continuum, pp. 184-199.

Dwyer, D. & Bruce, J. (eds) (1988) *A Home Divided: Women and Income in the Third World.* Stanford, CA: Stanford University Press.

Dyck, I. (1990) Space, time and renegotiating motherhood: an exploration of the domestic workplace. *Environment and Planning D: Society and Space,* 8: 459-483.

Dyck, I., Kontos, P., Angus, J., & McKeever, P. (2005) The home as a site for long term care: meanings and management of bodies and spaces. *Health and Place,* 11(1), pp. 173-185.

Easthope, H. (2004) A place called home, *Housing, Theory and Society,* 21(3): 128-138.

Eastmond, M. & Öjendal, J. (1999) Revisiting a "repatriation success": the case of Cambodia. In Black, R. & Koser, K. (eds), *The End of the Refugee Cycle? Repatriation and Reconstruction.* Oxford: Berghahn Books, pp. 38-55.

Eidse, F. & Sichel, N. (2004) Introduction. In Eidse, F. & Sichel, N. (eds), *Unrooted Childhoods: Memoirs of Growing Up Global.* London: Nicholas Brearley Publishing, pp. 1-6.

Ellis, P. & Khan, Z. (2002) The Kashmiri diaspora: influences in Kashmir. In Al-Ali, N. & Koser, K. (eds), *New Approaches to Migration? Transnational Communities and the Transformation of Home*. London: Routledge, pp. 169-185.

Elwood, S. (2000) Lesbian living spaces: multiple meanings of home. *Journal of Lesbian Studies*, 4: 11-28.

Eng, D. (1997) Out here and over there: queerness and diaspora in Asian American studies. *Social Text*, 15: 31-52.

Ephraums, E. (ed.) (2000) *The Big Issue Book of Home*. London: The Big Issue and Hodder and Stoughton.

Evans, N. (2005) Size matters. *International Journal of Cultural Studies*, 8(2): 131-149.

Fainstein, S. (1995) *City Builders: Property, Politics and Planning in London and New York*. Cambridge, MA: Blackwell.

Faley, J. (1990) *Up Oor Close: Memories of Domestic Life in Glasgow Tenements, 1910-1945*. Wendlebury: White Cockade.

Ferguson Ellis, K. (1989) *The Contested Castle: Gothic Novels and the Subversion of Domestic Ideology*. Urbana: University of Illinois Press.

Ferris Motz, M. & Browne, P. (eds) (1988) *Making the American Home: Middle Class Women and Domestic Material Culture, 1840-1940*. Bowling Green, OH: Bowling Green State University Popular Press.

Fincher, R. (2004) Gender and life course in the narratives of Melbourne's high-rise housing developers. *Australian Geographical Studies*, 42: 325-338.

Fincher, R. & Costello, L. (2003) Housing ethnicity: multicultural negotiation and housing the transnational student. In Yeoh, B. S. A., Charney, M. W., and Kiong, T. C. (eds), *Approaching Transnationalisms: Studies on Transnational Socieites, Multicultural Contacts, and Imaginings of Home*. Boston: Kluwer, pp. 161-186.

Flanagan, M. (2003) SIMple and personal: domestic space and the Sims. *MelbourneDAC* 2003.

Floyd, J. (2002a) *Writing the Pioneer Woman*. Columbia: University of Missouri Press.

Floyd, J. (2002b) Domestication, domesticity and the work of butchery: positioning the writing of colonial housework. *Women's History Review*, 11: 395-415.

Floyd, J. (2004) Coming out of the kitchen: texts, contexts and debates. *Cultural*

*Geographies*, 11: 61-72.

Forrest, R. & Lee, J. (2004) Cohort effects, differential accumulation and Hong Kongs volatile housing market. *Urban Studies*, 41(11): 2181-2196.

Forrest, R. & Murie, A. (1992) Change on a rural council estate: an analysis of dwelling histories. *Journal of Rural Studies*, 8(1): 53-65.

Fortier, A.-M. (2000) *Migrant Belongings: Memory, Space, Identity*. Oxford: Berg.

Fortier, A.-M. (2001) "Coming home": queer migrations and multiple evocations of home. *European Journal of Cultural Studies*, 4: 405-424.

Fortier, A.-M. (2003) Making home: queer migrations and motions of attachment. In Ahmed, S., Castañeda, C., Fortier, A.-M., & Sheller, M. (eds), *Uprootings/ Regroundings: Questions of Home and Migration*. Oxford: Berg, pp. 115-135.

Fouron, G. E. (2003) Haitian immigrants in the United States: the imagining of where "home" is in their transnational social fields. In Yeoh, B. S. A., Charney, M. W., & Kiong, T. C. (eds), *Approaching Transationalism: Studies on Transational Societies, Multicultural Contacts, and Imaginings of Home*. Boston: Kluwer Academic Publishers, pp. 205-250.

Frank, A. (1967) *The Diary of a Young Girl*. New York: Doubleday.

Freeman, J. (2004) *The Making of the Modern Kitchen: a Cultural History*. Oxford: Berg.

Friedan, B. (1963) *The Feminine Mystique*. Norton: New York.

Fromm, D. (1991) *Collaborative Communities: Cohousing, Central Living, and Other New Forms of Housing with Shared Facilities*. New York: Van Nostrand Reinhold.

Galsworthy, J. (1924) *The White Monkey*. London: Heinemann.

Ganguly, K. (1992) Migrant identities: personal memory and the construction of selfhood. *Cultural Studies*, 6: 27-50.

Garner, J. (2005) Editor's letter. *The Big Issue*, South Africa, 90.

Gelder, K. & Jacobs, J. M. (1998) *Uncanny Australia: Sacredness and Identity in a Postcolonial Nation*. Carlton: Melbourne University Press.

George, R. M. (1996) *The Politics of Home: Postcolonial Relocations and Twentieth-Century Fiction*. Cambridge: Cambridge University Press.

George, R. M. (ed.) (1999) *Burning Down the House: Recycling Domesticity*. Boulder, CO: Westview Press.

Germon, M. (1957) *Journal of the Siege of Lucknow: An Episode of the Indian Mutiny*, ed. M. Edwardes. London: Constable.

Gibbs, A. & King, D. (2003) The electronic ball and chain? The operation and impact of home detention with electronic monitoring in New Zealand. *The Australian and New Zealand Journal of Criminology*, 36: 1-17.

Gilbert, M. R. (1994) The politics of location: doing feminist research at "home". *Professional Geographer*, 46: 90-96.

Giles, J. (2004) *The Parlour and the Suburb: Domestic Identities, Class, Femininity and Modernity*. Oxford: Berg.

Gilman, C. P. (2002) [1903] *The Home, its Work and Influence*. Walnut Creek, CA: AltaMira Press.

Gilroy, P. (1993) *The Black Atlantic: Modernity and Double Consciousness*. London: Verso.

Glover, W. J. (2004) "A feeling of absence from Old England": the colonial bungalow. *Home Cultures*, 1: 61-82.

Gluck, S. B. & Patai, D. (eds) (1991) *Women's Words: the Feminist Practice of Oral History*. New York: Routledge.

Goh, R. B. H. (2001) Ideologies of "upgrading" in Singapore public housing: postmodern style, globalisation and class construction in the built environment. *Urban Studies*, 38(9):1589-1604.

Goldsmith, B. (1999) All quiet on the Western front? Suburban reverberations in recent Australian cinema. *Australian Studies*, 14: 115-132.

Gooder, H. & Jacobs, J. M. (2002) Belonging and non-belonging: the apology in a reconciling nation. In Blunt, A. & McEwan, C. (eds) *Postcolonial Geographies*. London: Continuum, pp. 200-213.

Gorman-Murray, A. (2006) Homeboys: uses of home by gay Australian men. *Social and Cultural Geographies*, 7: 53-69.

Gowans, G. (2001) Gender, imperialism and domesticity: British women repatriated from India, 1940-1947. *Gender, Place and Culture*, 8: 255-269.

Gowans, G. (2002) A passage from India: geographies and experiences of repatriation, 1858-1939. *Social and Cultural Georgraphy*, 3: 403-423.

Gowans, G. (2003) Imperial geographies of home: memsahibs and miss-sahibs in

India and Britain, 1915-1947. *Cultural Geographies,* 10: 424-441.

Gram-Hanssen, K. & Bech-Danielsen, C. (2004) House, home and identity from a consumption perspective. *Housing, Theory and Society,* 21: 17-26.

Gregson, N. & Lowe, M. (1994) *Servicing the Middle Classes.* London: Macmillan.

Greig, A. (1995) *The Stuff Dreams Are Made of: Housing Provision in Australia 1945-1960.* Melbourne University Press: Carlton.

Grewal, I. (1996) *Home and Harem: Nation, Gender, Empire, and the Cultures of Travel.* Durham, NC: Duke University Press.

Gullestad, M. (1984) *Kitchen-table Society: A Case Study of the Family Life and Friendships of Young Working-class Mothers in Urban Norway.* Oslo: Columbia University Press.

Gurney, C. (1997) " ... Half of me was satisfied": making sense of home through episodic ethnographies. *Women's Studies International Forum,* 20: 373-386.

Gurney, C. M. (1999a) Pride and Prejudice: discourses of normalisation in public and private accounts of home ownership. *Housing Studies,* 14(2): 163-183.

Gurney, C. M. (1999b) "We've got friends who live in council houses": power and resistance in home ownership. In Hearn, J. & Roseneil, S. (eds), *Consuming Cultures: Power and Resistance.* London: Macmillan, pp. 42-68.

Haar, S. & Reed, C. (1996) Coming home: a postscript on postmodernism. In Reed, C. (ed.), *Not at Home: the Suppression of Domesticity in Modern Art and Architecture.* London: Thames and Hudson, pp. 253-273.

Hage, G. (1996) The spatial imaginary of national practices: dwelling-domesticating/being-exterminating. *Environment and Planning D: Society and Space,* 14: 463-486.

Hage, G. (1997) At home in the entrails of the West: multiculturalism, ethnic food and migrant home-building. In Grace, H., Hage, G., Johnson, L., Langsworth, J., & Symonds, M. *Home/World: Space, Community and Marginality in Sydney's West.* Sydney: Pluto.

Hall, C. (1992) *White, Male and Middle Class: Explorations in Feminism and History.* Cambridge: Polity Press.

Hall, S. (1987) Minimal selves. In Appignanesi, L. (ed.), *Identity. The Real Me. Post-Modernism and the Question of Identity.* London: Institute of Contemporary

Arts.

Hall, S. (1996) When was the "postcolonial"? Thinking at the limit. In Chambers, I. & Curti, L. (eds), *The Post-colonial Questions: Common Skies, Divided Horizons*. London: Routledge, pp. 242-260.

Halle, D. (1993) *Inside Culture: Art and Class in the American Home*. Chicago: University of Chicago Press.

Hammerton, A. J. & Thomson, A. (2005) *Ten Pound Poms: Australia's Invisible Migrants*. Manchester: Manchester University Press.

Hammond, L. C. (2004) *This Place will become Home: Refugee Repatriation to Ethiopia*. Ithaca, NY: Cornell University Press.

Hand, M. & Shove, E. (2004) Orchestrating concepts: kitchen dynamics and regime change in *Good Housekeeping* and *Ideal Home*, 1922-2002. *Home Cultures*, 1: 235-256.

Hanson, S. & Pratt, G. (1995) *Gender, Work and Space*. London and New York: Routledge.

Hanson, S. & Pratt, G. (2003) Learning about labour: combining qualitative and quantitative methods. In Blunt, A. et al. (eds), *Cultural Geography in Practice*. London: Arnold, pp. 106-118.

Hapner, K. (2005) For victims, news about home can come from strangers online. *The New York Times*, 5 September: 1.

Hardhill, I. (2004) Transnational living and moving experiences: intensified mobility and dual-career households. *Population, Space and Place*, 10: 375-389.

Hardy, D. (2000) *Utopian England: Community Experiments, 1900-1945*. London: E. and F. N. Spon.

Harper, M. (2005) Introduction. In Harper, M. (ed.), *Emigrant Homecomings: The Return Movement of Emigrants, 1600-2000*. Manchester: Manchester University Press, pp. 1-14.

Harris, C. (2002) *Making Native Space: Colonialism, Resistance, and Reserves in British Columbia*. Vancouver: University of British Columbia Press.

Harris, K. (1858) *A Lady's Diary of the Siege of Lucknow*. London: John Murray.

Harris, R. (1996) *Unplanned Suburbs: Toronto's American Tragedy 1900 to 1950*. London and Baltimore, MD: Johns Hopkins University Press.

Harvey, D. (1978) Labor, capital and class struggle around the built environment in advanced capitalist societies. In K. Cox (ed.), *Urbanization and Conflict in Market Societies*. Chicago: Maaroufa, pp. 9-37.

Häusermann Fábos, A. (2002) Sudanese identity in diaspora and the meaning of home: the transformative role of Sudanese NGOs in Cairo. In Al-Ali, N. & Koser, K. (eds), *New Approaches to Migration? Transnational Communities and the Transformation of Home*. London: Routledge, pp. 34-50.

Hay, I. (ed.) (2000) *Qualitative Research Methods in Human Geography*. Melbourne: Oxford University Press.

Hayden, D. (1996) [1981] *The Grand Domestic Revolution: A History of Feminist Designs for American Homes, Neighbourhoods, and Cities*. Cambridge MA: MIT Press.

Hayden, D. (2002) [1984] *Redesigning the American Dream: The Future of Housing, Work and Family Life*. New York: W. W. Norton.

Hayden, D. (2003)*Building Suburbia: Green Fields and Urban Growth, 1820-2000*. New York: Pantheon.

Hayden, D. & Wark, J. (2004) *A Field Guide to Sprawl*. New York: W. W. Norton.

Hays, C. L. (2005) Home sweet home confinement. *The New York Times*, 3 May: C1.

Heidegger, M. (1993) [1978] Building Dwelling Thinking. In D. F. Krell (ed.), *Basic Writings from* Being and Time *(1927) to* The Task of Thinking *(1964)*. London: Routledge, pp. 347-363.

Herbert, S. (2000) For ethnography. *Progress in Human Geography*, 24: 550-568.

HIA (Housing Industry Association of Australia). (2004) *Housing 100*. Canberra: Housing Industry Association.

Hitchings, R. (2003) People, plants and performance: on actor network theory and the material pleasures of the private garden. *Social and Cultural Geography*, 4: 99-113.

Hitchings, R. (2004) At home with someone nonhuman. *Home Cultures*, 1: 169-186.

Hitchings, R. & Jones, V. (2004) Living with plants and the exploration of botanical encounter within human geographic research practice. *Ethics, Place and Environment*, 7: 3-18.

Ho, E. S. (2002) Multi-local residence, transnational networks: Chinese "Astronaut" families in New Zealand. *Asian and Pacific Migration Journal,* 11(1): 145-164.

Hochschild, A. (1989) *The Second Shift: Working Parents and the Revolution at Home.* New York: Viking.

Hochschild, A. R. (2003) Love and gold. In Ehrenreich, B. & Hochschild, A. R. (eds), *Global Woman: Nannies, Maids, and Sex Workers in the New Economy.* New York: Metropolitan Books, pp. 15-30.

Hockey, J. (1999) The ideal of home: domesticating the institutional space of old age and death. In Chapman, T. & Hockey, J. (eds), *Ideal Homes? Social Change and Domestic Life.* London: Routledge, pp. 108-118.

Hodgkin, K. & Radstone, S. (eds) (2003a) *Contested Pasts: the Politics of Memory.* London: Routledge.

Hodgkin, K. & Radstone, S. (eds) (2003b) *Regimes of Memory.* London: Routledge.

Hoffman, E. (1989) *Lost in Translation: a Life in a New Language.* New York: Penguin.

Hoganson, K. (2002) Cosmopolitan domesticity: importing the American dream, 1865-1920. *American Historical Review,* February: 55-83.

Hoggart, K., Lees, L., & Davies, A. (2002) *Researching Human Geography.* London: Arnold.

Holloway, S. L. & Valentine, G. (2001) Children at home in the wired world: reshaping and rethinking the home in urban geography. *Urban Geography,* 22: 562-583.

Holloway, S. R. & Wyly, E. K. (2001) "The color of money" expanded: geographically contingent mortgage lending in Atlanta. *Journal of Housing Research,* 12(1): 55-90.

Hooks, B. (1991) *Yearning: Race, Gender, and Cultural Politics.* London: Turnaround.

Hope, C. (2003) Great white hope. *The Guardian,* 6 May.

Houston, V. H. (1996) Home. In Wiley, C. & Barnes, F. (eds), *Homemaking: Women Writers and the Politics and Poetics of Home.* New York: Garland Publishing, pp. 277-282.

Humble, N. (2001) *The Feminine Middlebrow Novel, 1920s-1950s: Class, Domesticity and Bohemianism.* Oxford: Oxford University Press.

Hyndman, J. (2000) *Managing Displacement: Refugees and the Politics of*

*Humanitarianism.* Minneapolis: University of Minnesota Press.

Ifekwunigwe, J. (1999) *Scattered Belongings: Cultural Paradoxes of 'Race', Nation and Gender.* London: Routledge.

Imrie, R. (2004a) Housing quality, disability and domesticity. *Housing Studies,* 19: 685-690.

Imrie, R. (2004b) Disability, embodiment and the meaning of the home. *Housing Studies,* 19: 745-764.

Imrie, R. (2005) *Accessible Housing: Quality, Disability and Design.* London: Routledge.

Inglis, J. (1892) *The Siege of Lucknow: A Diary.* London: James R. Osgood.

Irigaray, L. (1992) *Ethics of Sexual Difference.* Ithaca, NY: Cornell University Press.

Ironmonger, D. (1996) Counting outputs, capital inputs and caring labor: estimating gross household product.*Feminist Economies,*2(3): 37-64.

Jacobs, J. M. (1996) *Edge of Empire: Postcolonialism and the City.* London: Routledge.

Jacobs, J. M. (2001) Hybrid highrises. In Barrett, J. & Butler-Bowdon, C. (eds), *Debating the City.* Sydney: Historic Houses Trust of New South Wales, pp. 13-27.

Jacobs, J. M. (2004) Too many houses for a home: narrating the house in the Chinese diaspora. In Cairns, S. (ed.), *Drifting: Architecture and Migrancy.* London: Routledge, pp. 164-183.

Jacobs, J. M. (2006) A geography of big things. *Cultural Geographies,* 13(1): 1-27.

Jacobs, K. (2001) Historical perspectives and methodologies: their relevance for housing studies?. *Housing, Theory and Society,*18: 127-135.

Jacobs, K., Kemeny, J., & Manzi, T. (2003) Power, discursive space and institutional practices in the construction of housing problems. *Housing Studies,* 18(4): 429-446.

Johnson, L. (1993) Text-ured brick: speculations on the cultural production of domestic space. *Australian Geographical Studies,* 31: 201-213.

Johnson, L. (1994) Occupying the suburban frontier: accommodating difference on Melbourne's urban fringe. In Blunt, A. & Rose, G. (eds), *Writing Women and Space: Colonial and Postcolonial Geographies.* New York: Guilford, pp. 141-168.

Johnson, L. (1996) "As housewives we are worms": women, modernity and the home question. *Cultural Studies,* 10(3): 449-463.

Johnson, L. & Lloyd, J. (2004) *Sentenced to Everyday Life: Feminism and the Housewife.* Oxford: Berg.

Johnston, L. & Valentine, G. (1995) Wherever I lay my girlfriend, that's my home: the performance and surveillance of lesbian identities in domestic environments. In Bell, D. & Valentine, G. (eds), *Mapping Desire: Geographies of Sexualities.* London: Routledge, pp. 99-113.

Kaika, M. (2004) Interrogating the geographies of the familiar: domesticating nature and constructing the autonomy of the modern home. *International Journal of Urban and Regional Research,* 28: 265-286.

Kaplan, A. (2002) *The Anarchy of Empire in the Making of US Culture.* Cambridge, MA: Harvard University Press.

Kaplan, A. (2003) Homeland insecurities: reflections on language and space. *Radical History Review,* 85: 82-93.

Katz, C. (1993) Growing girls/closing circles: limits on the spaces of knowing in rural Sudan and United States cities. In Katz, C. & Monk, J. (eds), *Full Circles: Geographies of Women over the Life Course.* London: Routledge, pp. 88-106.

Katz, C. (1994) Playing the field: questions of fieldwork in geography. *The Professional Geographer,* 46: 67-72.

Katz, C. (2005) *Growing up Global: Economic Restructuring and Children's Everyday Lives.* Minneapolis: University of Minnesota Press.

Katz-Hyman, M. (1998) "In the middle of this poverty some cups and a teapot": the furnishing of slave quarters at colonial Williamsburg. In Thompson, E. McD. (ed.), *The American Home: Material Culture, Domestic Space, and Family Life.* Winterthur, DE: Henry Francis du Pont Winterthur Museum, pp. 197-216.

Kay, J. (1997) Sweet surrender, but what's the gender? Nature and the body in the writings of nineteenth-century Mormon women. In Jones, J. P., Nast, H., & Roberts, S. (eds), *Thresholds in Feminist Geography: Difference, Methodology, Representation.* Lanham, MD: Rowman and Littlefield, pp. 361-382.

Kaye, J. W. (1876) *A History of the Sepoy War in India, 1857-1858.* London: W. H. Allen.

Kellett, P. & Moore, J. (2003) Routes to home: homelessness and home-making in contrasting societies. *Habitat International,* 27: 123-141.

Kelly, B. M. (1993) *Expanding the American Dream*. Albany: State University of New York Press.

Kendall, C. (1995) Appendix: link-up. In MacDonald, R., *Between Two Worlds: The Commonwealth Government and the Removal of Aboriginal Children of Part Descent in the Northern Territory*. Alice Springs: IAD Press, pp. 72-74.

Kennedy, D. (1996) *The Magic Mountains: Hill Stations and the British Raj*. Berkeley: University of California Press.

Kenny, J. (1995) Climate, race and imperial authority: the symbolic landscape of the British hill station in India. *Annals of the Association of American Geographers*, 85: 694-714.

Kenyon, L. (1999) A home from home: students' transitional experience of home. In Chapman, T. and Hockey, J. (eds), *Ideal Homes? Social Change and Domestic Life*. London: Routledge, pp. 84-95.

Kerber, L. K. (1988) Separate spheres, female worlds, woman's place: the rhetoric of women's history. *The Journal of American History*, June: 9-39.

Kettl, D. F. (2003) Promoting state and local government performance for homeland security. *The Century Foundation Homeland Security Project*.

Kibria, N. (2002) Of blood, belonging, and homeland trips: transnationalism and identity among second-generation Chinese and Korean Americans. In Levitt, P. & Waters, M. C. (eds), *The Changing Face of Home: the Transnational Lives of the Second Generation*. New York: Russell Sage Foundation, pp. 295-311.

King, A. (1984) *The Bungalow*. London: Routledge.

King, A. (1997) Excavating the multicultural suburb: hidden histories of the bungalow. In Silverstone, R. (ed.), *Visions of Suburbia*. London: Routledge, pp. 55-85.

King, A. D. & Kusno, A. (2000) On Be(ij)ing in the World: "Postmodernism," "Globalization," and the Making of Transnational Space in China. In A. Dirlik & X. Zhang (eds), *Postmodernism and China*. London and Durham, NC: Duke University Press: pp. 41-67.

King, P. (2004) The room to panic: an example of film criticism and housing research. *Housing, Theory and Society*, 21: 27-35.

Kneafsey, M. & Cox, R. (2002) Food, gender and Irishness: how Irish women in Coventry make home. *Irish Geography*, 35: 6-15.

Kneale, J. (2003) Secondary worlds: reading novels as geographical research.In Blunt, A., Gruffudd, P., May, J., Ogborn, M., & Pinder, D. (eds), *Cultural Geography in Practice*. London: Arnold, pp. 39-51.

Kolodny, A. (1975) *The Lay of the Land: Metaphor as Experience and History in American Life and Letters*. Chapel Hill: University of North Carolina Press.

Kolodny, A. (1984) *The Land Before Her: Fantasy and Experience of the American Frontier, 1630-1860*. Chapel Hill: University of North Carolina Press.

Kranidis, R. S. (1999) *The Victorian Spinster and Colonial Emigration: Contested Subjects*. New York: St. Martin's.

Kuczynski, A. (2002) When home is a castle and the big house, too. *The New York Times*, 18 August.

Kuhn, A. (1995) *Family Secrets: Acts of Memory and Imagination*. London: Verso.

Landy, M. (2004) *Semi-Detached*. London: Tate Publishing.

Langland, E. (1995) *Nobody's Angels: Middle-class Women and Domestic Ideology in Victorian Culture*. Ithaca, NY: Cornell University Press.

Law, L. (2001) Home cooking: Filipino women and geographies of the senses in Hong Kong. *Ecumene*, 8(3): 264-283.

Leach, R. (2002) What happened at home with art: tracing the experience of consumers. In Painter, C. (ed.), *Contemporary Art and the Home*. Oxford: Berg, pp. 153-180.

Lee, R. (2005) Reconstructing "home" in apartheid Cape Town: African women and the process of settlement. *Journal of Southern African Studies*, 31(3): 611-630.

Legg, S. (2003) Gendered politics and nationalised homes: women and the anti-colonial struggle in Delhi, 1940-1947. *Gender, Place and Culture*, 10: 7-28.

Leisch, H. (2002) Gated communities in Indonesia. *Cities*, 19(5): 341-350.

Leslie, D. (1993) Femininity, post-Fordism and the "new traditionalism". *Environment and Planning D: Society and Space*, 11: 689-708.

Leslie, D. & Reimer, S. (2003) Gender, modern design and home consumption. *Environment and Planning D: Society and Space*, 21: 293-316.

Lester, A. (2001) *Imperial Networks: Creating Identities in Nineteenth-Century South Africa and Britain*. London: Routledge.

Ley, D. (1995) Between Europe and Asia: The case of the missing sequoias. *Ecumene*,

2(2): 185-210.

Lim, S. (1997) *Among the White Moon Faces: an Asian-American Memoir of Homelands.* New York: Feminist Press at the CUNY.

Lingwood, J. (ed.) (1995) *Rachel Whiteread House.* London: Phaidon, in association with Artangel.

Listokin, D. et al. (2003) Known facts or reasonable assumptions? An examination of alternative sources of housing data. *Journal of Housing Research,* 13: 219-251.

Liu, M. (2004) Woes of a do-gooder: Beijing has effectively silenced SARS whistle-blower Jiang Yanyong using an old tool, house arrest. *Newsweek International,* 18 October: 48.

Llewellyn, M. (2004a) "Urban village" or "white house": envisioned spaces, experienced places, and everyday life at Kensal House, London in the 1930s. *Environment and Planning D: Society and Space,* 22: 229-249.

Llewellyn, M. (2004b) Designed by women and designing women: gender, planning and the geographies of the kitchen in Britain, 1917-1946. *Cultural Geographies,* 11: 42-60.

Lloyd, J. & Johnson, L. (2004) Dream stuff: the postwar home and the Australian housewife, 1940-1960. *Environment and Planning D: Society and Space,* 22: 251-272.

Lowenthal, D. (1989). Nostalgia tells it like it wasn't. In Shaw, C. & Case, M. (eds), *The Imagined Past: History and Nostalgia.* Manchester: Manchester University Press, pp. 18-32.

Lower East Side Tenement Museum (2004) [1999] *A Tenement Story: the History of 97 Orchard Street and the Lower East Side Tenement Museum.* New York: Lower East Side Tenement Museum.

Luxton, M. (1997) The UN, women and household labour: measuring and valuing unpaid work. *Women's Studies International Forum,* 20(3): 431-439.

Lyons, L. (1996) Feminist articulations of the nation: the "dirty" women of Armagh and the discourse of Mother Ireland. *Genders,* 24: 110-149.

McCamant, K. & Durrett, C. (1994) [1988] *Cohousing: a Contemporary Approach to Housing Ourselves.* Berkeley, CA: Ten Speed Press.

McClintock, A. (1993) Family feuds: gender, nationalism and the family. *Feminist*

*Review,* 44: 61-80.

McClintock, A. (1995) *Imperial Leather: Race, Gender and Sexuality in the Colonial Contest.* New York: Routledge.

McCloud, A. B. (1996) "This is a Muslim home": signs of difference in the African-American row house. In Metcalf, B. D. (ed.), *Making Muslim Space in North America and Europe.* Berkeley: University of California Press, pp. 65-73.

MacDonald, R. (1995) *Between Two Worlds: The Commonwealth Government and the Removal of Aboriginal Children of Part Descent in the Northern Territory.* Alice Springs: IAD Press.

McDowell, L. (1999) Scales, spaces and gendered differences: a comment on gender cultures.*Geoforum,* 30: 231-233.

McDowell, L. (2000) The trouble with men? Young people, gender transformations and the crisis of masculinity. *International Journal of Urban and Regional Research,* 24: 201-209.

McDowell, L. & Sharp, J. P. (eds) (1999) *A Feminist Glossary of Human Geography.* London: Arnold.

McGrath, M. (2002) *Silvertown: An East End Family Memoir.* London: Fourth Estate.

Mack, J. (2004) Inhabiting the imaginary: factory women at home on Batam Island, Indonesia. *Singapore Journal of Tropical Geography,* 25: 156-179.

Mackenzie, S & Rose, D. (1983) Industrial change, the domestic economy and home life. In Anderson, J., Duncan, S., & Hudson, R. (eds), *Redundant Spaces in Cities and Regions.* London: Academic Press, pp. 175-176.

McNamee, S. (1998) Youth, gender and video games: power and control in the home. In Skelton, T. & Valentine, G. (eds), *Cool Places: Geographies of Youth Culture.* London: Routledge, pp. 195-206.

McNeill, D. (2005) In search of the global architect: the case of Norman Foster (and Partners). *International Journal of Urban and Regional Research,* 29: 501-515.

Madigan, R. & Munro, M. (1991) Gender, house and home: social meanings and domestic architecture in Britain. *Journal of Architecture and Planning Research,* 8: 116-132.

Madigan, R. & Munro, M. (1996) House beautiful: style and consumption in the home. *Sociology*, 30: 41-57.

Madigan, R. & Munro, M. (1999a) The more we are together: domestic space, gender and privacy. In Chapman, T. & Hockey, J. (eds), *Ideal Homes? Social Change and Domestic Life*. London and New York: Routledge, pp. 61-72.

Madigan, R. & Munro, M. (1999b) Negotiating space in the family home. In I. Cieraad (ed.), *At Home: An Anthropology of Domestic Space*. New York: Syracuse University Press, pp. 107-117.

Magnusson, L. & Özüekren, A. S. (2002) The housing careers of Turkish households in middle-sized Swedish municipalities. *Housing Studies*, 17: 465-486.

Mahtani, M. (2002) What's in a name? Exploring the employment of "mixed race" as an identification. *Ethnicities*, 2: 469-490.

Mallett, S. (2004) Understanding home: a critical review of the literature. *The Sociological Review*, 52(1): 62-89.

Manning, E. (2003) *Ephemeral Territories: Representing Nation, Home, and Identity in Canada*. Minneapolis: University of Minnesota Press.

Manzo, L. (2003) Beyond house and haven: toward a revisioning of emotional relationships with places. *Journal of Environmental Psychology*, 23: 47-61.

Marcus, C. C. (1999) *House as a Mirror of Self: Exploring the Deeper Meaning of Home*. Berkeley, CA: Conari Press.

Marston, S. A. (2000) The social construction of scale. *Progress in Human Geography*, 24(2): 219-242.

Marston, S. A. (2004) A long way from home: domesticating the social production of scale. In Sheppard, E. & McMaster, R. (eds), *Scale and Geographic Inquiry: Nature, Society and Method*. Oxford: Blackwell, pp. 170-191.

Martin, B. & Mohanty, C. T. (1986) Feminist politics: what's home got to do with it?. In de Lauretis, T. (ed.), *Feminist Studies/Critical Studies*. Basingstoke: Macmillan.

Mass-Observation (1943) *An Enquiry into People's Homes*. London: John Murray.

Massey, D. (1991) A global sense of place. *Marxism Today*, June: 24-29.

Massey, D. (1992) A place called home. *New Formations*, 17: 3-15.

Massey, D. (1995a) Masculinity, dualisms and high technology. *Transactions, Institute of British Geographers*, 20(4): 487-499.

Massey, D. (1995b) Space-time and the politics of location. In Lingwood, J. (ed.),

*Rachel Whiteread House*. London: Phaidon Press, in association with Artangel, pp. 34-49.

Massey, D. (2001) Living in Wythenshawe. In Borden, I., Kerr, J., & Rendell, J. with Pivaro, A. (eds), *The Unknown City: Contesting Architecture and Social Space*. Boston: MIT Press, pp. 458-475.

Massey, D. (2005) *For Space*. London: Sage.

May, J. (2000a) Housing histories and homeless careers: a biographical approach. *Housing Studies*, 15: 613-638.

May, J. (2000b) Of nomads and vagrants: single homelessness and narratives of home as place. *Environment and Planning D: Society and Space*, 18: 737-759.

Medina, J. (2005) Far from home, the survivors of two hurricanes become neighbours, mentors and friends. *The New York Times*, 30 September: 20.

Mee, K. J. (1993) Roll up, roll up! It's the greatest show in town. In *IAG Conference Proceedings*, Monash Publications in Geography, pp. 207-221.

Meluish, C. (2005) Michael Landy's *Semi-Detached*. *Home Cultures*, 2: 117-122.

Messerschmidt, D. A. (ed.) (1981) *Anthropology at Home in North America: Methods and Issues in the Study of One's Own Society*. Cambridge: Cambridge University Press.

Meth, P. (2003) Rethinking the "domus" in domestic violence: homelessness, space and domestic violence in South Africa. *Geoforum*, 34: 317-328.

Mezei, K. & Briganti, C. (2002) Reading the house: a literary perspective. *Signs*, 27: 837-846.

Mifflin, E. & Wilton, R. (2005) No place like home: rooming houses in contemporary urban context. *Environment and Planning A*, 37: 403-421.

Miller, D. (1988) Appropriating the state on the council estate. *MAN*, 23: 353-372.

Miller, D. (1998) Why some things matter. In Miller, D. (ed.), *Material Cultures: Why Some Things Matter*. London: University College London Press, pp. 3-21.

Miller, D. (ed.) (2001) *Home Possessions: Material Culture behind Closed Doors*. Oxford: Berg.

Miller, D. (2002) Accommodating. In Painter, C. (ed.), *Contemporary Art and the Home*. Oxford and New York: Berg, pp. 115-130.

Mitchell, K. (2004) Conflicting landscapes of dwelling and democracy in Canada. In

Cairns, S. (ed.), *Drifting: Architecture and Migrancy*. London: Routledge, pp. 142-164.

Moreton-Robinson, A. (2000) *Talkin' up to the White Woman: Indigenous Women and Feminism*. St Lucia: Queensland University Press.

Moreton-Robinson, A. (2003) I still call Australia home: indigenous belonging and place in a white postcolonizing society. In Ahmed, S., Castañeda, C., Fortier, A.-M., & Sheller, M. (eds), *Uprootings/Regroundings: Questions of Home and Migration*. Oxford: Berg, pp. 23-40.

Morgan, G., Rocha, C., & Poynting, S. (2005) Grafting cultures: longing and belonging in immigrants gardens and backyards in Fairfield. *Journal of Intercultural Studies*, 26(1-2): 93-105.

Morgan, S. (1990) *My Place*. Sydney: Pan Books.

Morley, D. (1986) *Family Television: Cultural Power and Domestic Leisure*. Comedia: London.

Morley, D. (2000) *Home Territories: Media, Mobility and Identity*. London: Routledge.

Mortimer, L. (2000) *The Castle*, the garbage bin and the high-voltage tower: home truths in the suburban grotesque. *Metro*, 123: 8-12.

Moss, P. (1997) Negotiating spaces in home environments: older women living with arthritis. *Social Science and Medicine*, 45: 23-33.

Moss, P. (ed.) (2000) *Placing Autobiography in Geography*. Syracuse: Syracuse University Press.

Murdie, R. (2002) The housing careers of Polish and Somali newcomers in Toronto's rental market. *Housing Studies*, 17: 423-443.

Murray, M. (1995) Correction at Cabrini-Green: a sociospatial exercise of power. *Environment and Planning D: Society and Space*, 13: 311-327.

Muzzio, D. & Halper, T. (2002) Pleasantville? The suburb and its representation in American movies. *Urban Affairs Review*, 37: 543-574.

Myers, J. C. (2001) Performing the voyage out: Victorian female emigration and the class dynamics of displacement. *Victorian Literature and Culture*, 29: 129-146.

Myerson, J. (2004) *Home: the Story of Everyone who Ever Lived in Our House*. London: Flamingo.

Nagar, R., Lawson, V., McDowell, L., & Hanson, S. (2002) Locating globalisation:

femininst (re) readings of the subjects and spaces of globalisation. *Economic Geography*, 78(3): 257-284.

Nash, C. (2000) Performativity in practice: some recent work in cultural geography. *Progress in Human Geography*, 24: 653-664.

Nesbitt, J. (2004) Everything must go. In Landy, M., Nesbitt, J., & Slyce, J. (eds), *Michael Landy: Semi-Detached*. London: Tate Publishing, pp. 12-49.

Neuwirth, R. (2004) *Shadow Cities: A Billion Squatters, A New Urban World*. London and New York: Routledge.

Newman, K. & Wyly, E. K. (2004) Geographies of mortgage market segmentation: the case of Essex County, New Jersey. *Housing Studies*, 19(1): 53-83.

Nicolaides, B. (1999) "Where the working man is welcomed": working-class suburbs in Los Angeles, 1900-1940. *Pacific Historical Review*, 68: 517-559.

Noble, G. (2002) Comfortable and relaxed: furnishing the home and nation. *Continuum: Journal of Media and Cultural Studies*, 16: 53-66.

Oberhauser, A. M. (1997) The home as "field": households and homework in rural Appalachia. In Jones, J. P. et al. (eds), *Thresholds in Feminist Geography: Difference, Methodology, Representation*. Lanham, MD: Rowman and Littlefield, pp. 165-182.

Ogden, P. E. & Hall, R. (2004) The second demographic transition, new household forms and the urban population of France in the 1990s. *Transactions*, 29: 88-105.

Ogden, P. E. & Schnoebelen, F. (2005) The rise of the small household: demographic change and household structure in Paris. *Population, Space and Place*, 11: 251-268.

Oldman, C. & Beresford, B. (2000) Home, sick home: using the housing experiences of disabled children to suggest a new theoretical framework. *Housing Studies*, 15(3): 429-442.

Olds, K. (1995) Globalization and the production of new urban spaces: Pacific Rim megaprojects in the late 20th century. *Environment and Planning A*, 27(11): 1713-1743.

Olds, K. (2001) *Globalization and Urban Change: Capital, Culture, and Pacific-Rim Mega-Projects*. Oxford: Oxford University Press.

Oliver, P. (1987) *Dwellings: The House across the World*. Oxford: Phaidon Press.

Olumide, J. (2002) *Raiding the Gene Pool: the Social Construction of Mixed Race.* London: Pluto Press.

Oncu, A. (1997) The myth of the ideal home travels across cultural borders to Istanbul. In Oncu, A. & Weyland, P. (eds), *Space, Culture and Power: New Identities in Globalizing Cities.* London and Atlantic Highlands, NJ: Zed Books, pp. 56-72.

Østergaard-Nielson, E. (2002) Working for a solution through Europe: Kurdish political lobbying in Germany. In Al-Ali, N. & Koser, K. (eds), *New Approaches to Migration? Transnational Communities and the Transformation of Home.* London: Routledge, pp. 186-201.

Øverland, O. (2005) Visions of home: exiles and immigrants. In Rose, P. I. (ed.), *The Dispossessed: An Anatomy of Exile.* Amherst: University of Massachusetts Press, pp. 7-26.

Özüekren, A. S. & Van Kempen, R. (2002) Housing careers of minority ethnic groups: experiences, explanations and prospects. *Housing Studies,* 17: 365-379.

Pain, R. (1997) Social geographies of women's fear of crime. *Transactions,* 22: 231-244.

Painter, C. (1999) *At Home with Art.* London: Hayward Gallery Publishing.

Painter, C. (2002a) Introduction. In Painter, C. (ed.), *Contemporary Art and the Home.* Oxford: Berg, pp. 1-6.

Painter, C. (2002b) *Contemporary Art and the Home.* Oxford: Berg.

Painter, C. (2002c) The *At Home with Art* project: a summary. In Painter, C. (ed.), *Contemporary Art and the Home.* Oxford: Berg, pp. 7-9.

Papastergiadis, N. (1996) *Dialogues in the Diaspora: Essays and Conversations on Cultural Identity.* London: Rivers Oram Press.

Parr, J. (1999) *Domestic Goods: the Material, the Moral, and the Economic in the Postwar Years.* Toronto: University of Toronto Press.

Pateman, C. (1989) *The Disorder of Women: Democracy, Feminism, and Political Theory.* Stanford, CA: Stanford University Press.

Pearlman, M. (1996) *A Place Called Home: Twenty Writing Women Remember.* New York: St. Martin's Press.

Pearson, R. (2004) Organising home-based workers in the global economy: an action-research approach. *Development in Practice,* 14: 136-148.

Peel, M. (2003) *The Lowest Rung: Voices of Australian Poverty*. Melbourne: Cambridge University Press.

Percival, J. (2002) Domestic spaces: uses and meanings in the daily lives of older people. *Ageing and Society*, 22: 729-749.

Peres Da Costa, S. (1999) On homesickness: narratives of longing and loss in the writings of Jamaica Kincaid. *Postcolonial Studies*, 2: 75-89.

Perks, R. & Thomson, A. (eds) (1998) *The Oral History Reader*. London: Routledge.

Perry, D. (1983) *Backtalk: Women Writers Speak Out: Interviews by Donna Perry*. Piscataway, NJ: Rutgers University Press.

Peters, J. D. (1999) Exile, nomadism, and diaspora: the stakes of mobility in the western canon. In Naficy, H. (ed.), *Home, Exile, Homeland: Film, Media, and the Politics of Place*. New York: Routledge, pp. 17-41.

Phillips, R. (1997) *Mapping Men and Empire: a Geography of Adventure*. London: Routledge.

Pickles, K. (2002a) Pink cheeked and surplus: single British women's inter-war migration to New Zealand. In Fraser, L. & Pickles, K. (eds), *Shifting Centres: Women and Migration in New Zealand History*. Dunedin: University of Otago Press, pp. 63-80.

Pickles, K. (2002b) *Female Imperialism and National Identity: Imperial Order Daughters of the Empire*. Manchester: Manchester University Press.

Pilkington, H. & Flynn, M. (1999) From "refugee" to "repatriate": Russian repatriation discourse in the making. In Black, R. & Koser, K. (eds), *The End of the Refugee Cycle? Repatriation and Reconstruction*. Oxford: Berghahn Books, pp. 171-197.

Pilkington, M. [Nugi Garimara] (1996) *Follow the Rabbit-Proof Fence*. St. Lucia, Queensland: University of Queensland Press.

Pinder, D. (2005) *Visions of the City*. Edinburgh: Edinburgh University Press.

Pink, S. (2004) *Home Truths: Gender, Domestic Objects and Everyday Life*. New York: Berg.

Platt, K. (1923) *The Home and Health in India and the Tropical Colonies*. London: Bailliere, Tindall and Co.

Pollock, D. & Van Reken, R. (1999) *Third Culture Kids: the Experience of Growing Up*

*Among Worlds.* London: Intercultural Press.

Pollock, G. (1988) *Vision and Difference: Femininity, Feminism and the Histories of Art.* London: Routledge.

Porteous, J. D. & Smith, S. E. (2001) *Domicide: the Global Destruction of Home.* Montreal: McGill-Queen's University Press.

Posonby, M. (2003) Ideals, reality and meaning: homemaking in England in the first half of the nineteenth century. *Journal of Design History,* 16: 201-214.

Postle, M., Daniels, S., & Alfrey, N. (eds) (2004) *Art of the Garden.* London: Tate Publishing.

Povrzanovic Frykman, M. (2002) Homeland lost and gained: Croatian diaspora and refugees in Sweden. In Al-Ali, N., & Koser, K. (eds), *New Approaches to Migration? Transnational Communities and the Transformation of Home.* London: Routledge, pp. 118-137.

Power, E. (2005) Human-nature relations in suburban gardens. *Australian Geographer,* 36: 39-53.

Pratt, G. (1981) The house as an expression of social worlds. In Duncan, J. S. (ed.), *Housing and Identity: Cross-cultural Perspectives.* London: Croom Helm, pp. 135-175.

Pratt, G. (1987) Class, home, and politics. *Canadian Review of Sociology and Anthropology,* 24: 39-55.

Pratt, G. (1997) Stereotypes and ambivalence: the construction of domestic workers in Vancouver, British Columbia. *Gender, Place and Culture,* 4(2): 159-177.

Pratt, G. (1998) Geographic metaphors in feminist theory. In Aiken, S. H. et al. (eds), *Making Worlds: Gender, Metaphor, Materiality.* Tucson: University of Arizona Press, pp. 13-30.

Pratt, G. (2003) Valuing childcare: troubles in suburbia. *Antipode,* 35(3): 581-602.

Pratt, G. (2004) *Working Feminism.* Edinburgh: Edinburgh University Press.

Pratt, M. B. (1984) Identity: skin blood heart. In Burkin, E., Pratt, M. B., & Smith, B. (eds), *Yours in Struggle: Three Feminist Perspectives on Anti-Semitism and Racism.* Ithaca, NY: Fire-brand Books, pp. 9-64.

Procida, M. (2002) *Married to the Empire: Gender, Politics and Imperialism in India, 1883-1947.* Manchester: Manchester University Press.

Radcliffe, S. A. (1996) Gendered nations: nostalgia, development and territory in Ecuador. *Gender, Place and Culture*, 3: 5-22.

Rakoff, R. M. (1977) Ideology in everyday life: the meaning of the house. *Politics and Society*, 7: 85-104.

Ramirez-Machado, J. M. (2004) *Domestic Work, Conditions of Work and Employment: A Legal Perspective*. Conditions of Work and Employment Series No. 7. Geneva: International Labor Office.

Randall, G. (1988) *No Way Home: Homeless Young People in Central London*. London: Centrepoint.

Rapoport, A. (1995) A critical look at the concept "home". In Benjamin, D. N., Stea, D., & Saile, D. (eds), *The Home: Words, Interpretations, Meanings and Environments*. Aldershot: Avebury, pp. 25-52.

Rapport, N. & Dawson, A. (eds) (1998) *Migrants of Identity: Perceptions of Home in a World of Movement*. Oxford: Berg.

Ratcliffe, P. (1998) "Race", housing and social exclusion. *Housing Studies*, 13(6): 807-818.

Ravetz, A. (1995) *The Place of the Home: English Domestic Environments, 1914-2000*. London: Spon.

Read, P. (1996) *Returning to Nothing: the Meaning of Lost Places*. Cambridge: Cambridge University Press.

Read, P. (2000) *Belonging: Australians, Place and Aboriginal Ownership*. Cambridge: Cambridge University Press.

Reed, C. (ed.) (1996) *Not at Home: the Suppression of Domesticity in Modern Art and Architecture*. London: Thames and Hudson.

Reed, C. (2002) Domestic disturbances: challenging the anti-domestic modern. In Painter, C. (ed.), *Contemporary Art and the Home*. Oxford: Berg, pp. 35-54.

Reiger, K. M. (1985) *The Disenchantment of the Home: Modernising the Australian Family 1880-1940*. Melbourne: Oxford University Press.

Reimer, S. & Leslie, D. (2004) Identity, consumption and the home. *Home Cultures*, 1: 187-208.

Relph, E. (1976) *Place and Placelessness*. London: Pion.

Rhode, D. & Dewan, S. (2005) More deaths confirmed in homes for the aged. *The*

*New York Times*, 15 September: 21.

Richards, T. (1990) *The Commodity Culture of Victorian Britain: Advertising and Spectacle, 1851-1914.* London: Verso.

Ritchie, W. K. (1997) *Miss Toward of the Tenement House.* Edinburgh: The National Trust for Scotland.

Robinson, C. (2002) "I think home is more than a building": young home(less) people on the cusp of home, self and something else. *Urban Policy and Research,* 20(1): 27-38.

Rodriguez, I. (1994) *Home, Garden, Nation: Space, Gender and Ethnicity in Postcolonial Latin American Literatures by Women.* Durham, NC: Duke University Press.

Romines, A. (1992) *The Home Plot: Women, Writing and Domestic Ritual.* Amherst: University of Massachusetts Press.

Rose, G. (1993) *Feminism and Geography: The Limits of Geographical Knowledge.* Cambridge: Polity.

Rose, G. (2001) *Visual Methodologies: An Introduction to the Interpretation of Visual Materials.* London: Sage.

Rose, G. (2003) Family photographs and domestic spacings: a case study. *Transactions,* 28: 5-18.

Rose, G. (2004) "Everyone's cuddled up and it just looks really nice": an emotional geography of some mums and their family photos. *Social and Cultural Geography,* 5: 549-564.

Rubenstein, R. (2001) *Home Matters: Longing and Belonging, Nostalgia and Mourning in Women's Fiction.* New York: Palgrave.

Ryan, D. S. (1997a) *The Ideal Home Through the Twentieth Century.* London: Hazar Publishing.

Ryan, D. S. (1997b) The empire at home: the Daily Mail Ideal Home Exhibition and the imperial suburb. Imperial Cities Project Working Paper 6, Department of Geography, Royal Holloway, University of London.

Ryan, N. (2003) *Homeland: Into a World of Hate.* Edinburgh: Mainstream.

Rybczynski, W. (1988) *Home: A Short History of an Idea.* London: Heinemann.

Said, E. (1978) *Orientalism.* New York: Penguin.

Said, E. (1993) *Culture and Imperialism*. New York: Vintage.

Salih, R. (2002) Shifting meanings of "home": consumption and identity in Moroccan women's transnational practices between Italy and Morocco. In Al-Ali, N. & Koser, K. (eds), *New Approaches to Migration? Transnational Communities and the Transformation of Home*. London: Routledge, pp. 51-67.

Saunders, P. & Williams, P. (1988) The constitution of the home: towards a research agenda. *Housing Studies*, 3(2): 81-93.

Schaffer, K. (1988) *Women and the Bush: Forces of Desire in the Australian Cultural Tradition*. Cambridge: Cambridge University Press.

Schneir, M. (ed.) (1996) *The Vintage Book of Historical Feminism*. London: Vintage.

Schwartz-Cowan, R. (1989) *More Work for Mother: The Ironies of Household Technology from the Open Hearth to the Microwave*. London: Free Association Books.

Sciorra, J. (1996) Return to the future: Puerto Rican vernacular architecture in New York City. In King, A. D. (ed.), *Re-Presenting the City: Ethnicity, Capital and Culture in the 21st Century Metropolis*. London: Macmillan, pp. 60-90.

Scott, S. (2004) Transnational exchanges amongst skilled British migrants in Paris. *Population, Space and Place,* 10: 391-410.

Seed, P. (1995) *Ceremonies of Possession in Europe's Conquest of the New World, 1492-1640*. Cambridge: Cambridge University Press.

Sharp, J. (2000) Towards a critical analysis of fictive geographies. *Area*, 32: 327-334.

Sharpe, J. (1993) *Allegories of Empire: the Figure of Woman in the Colonial Text*. Minneapolis: University of Minnesota Press.

Shaw, C. & Case, M. (eds) (1989) *The Imagined Past: History and Nostalgia*. Manchester: Manchester University Press.

Shiach, M. (2005) Modernism, the city and the "domestic interior". *Home Cultures*, 2: 251-268.

Shohat, E. (1999) By the bitstream of Babylon: cyberfrontiers and diasporic vistas. In Naficy, H. (ed.), *Home, Exile, Homeland: Film, Media, and the Politics of Place*. New York: Routledge, pp. 213-232.

Shove, E. (2003) *Comfort, Cleanliness and Convenience: The Social Organization of Normality*. Oxford and New York: Berg.

Sichel, N. (2004) Going home. In Eidse, F. & Sichel, N. (eds), *Unrooted Childhoods:*

*Memoirs of Growing Up Global.* London: Nicholas Brearley Publishing, pp. 185-198.

Silverstone, R. (1994) *Television and Everyday Life.* London and New York: Routledge.

Silvey, R. (2000a) Diasporic subjects: gender and mobility in Sulawesi. *Women's Studies International Forum,* 23: 501-515.

Silvey, R. (2000b) Stigmatized spaces: moral geographies under crisis in south Sulawesi, Indonesia. *Gender, Place and Culture,* 7: 143-161.

Silvey, R. (2003) Gender and mobility: critical ethnographies of migration in Indonesia. In Blunt, A., Gruffudd, P., May, J., Ogborn, M., & Pinder, D. (eds), *Cultural Geography in Practice.* London: Arnold, pp. 91-102.

Sinfield, A. (2000) Diaspora and hybridity. Queer identity and the ethnicity model. In Mirzoeff, N. (ed.), *Diaspora and Visual Culture: Representing Africans and Jews.* London: Routledge.

Skelton, T. & Valentine, G. (1998) *Cool Places: Geographies of Youth Cultures.* London and New York: Routledge.

Smart, A. (2002) Agents of eviction: the squatter control and clearance division of Hong Kongs housing department. *Singapore Journal of Tropical Geography,* 23(3): 333-347.

Smith, B. H. (1988) *Contingencies of Value: Alternative Perspectives for Critical Theory.* Cambridge, MA: Harvard University Press.

Smith, J. A. (2003) Beyond dominance and affection: living with rabbits in post-humanist households. *Society and Animals,* 11(2): 181-197.

Somerville, P. (1992) Homelessness and the meaning of home: rooflessness or rootlessness? *International Journal of Urban and Regional Research,* 16(4): 529-539.

Spark, C. (1999) Home on "The Block": rethinking Aboriginal emplacement.In F. Murphy and E. Warner (eds), New Talents 21C Writing Australia. *Journal of Australian Studies,* 63: 56-63.

Spark, C. (2003) Documenting Redfern: representing home and Aboriginality on the Block. *Continuum: Journal of Media and Cultural Studies,* 17: 33-50.

Sparke, P. (1995) *"As Long as it's Pink": The Sexual Politics of Taste.* London: Pandora.

Spence, J. & Holland, P. (eds) (1991) *Family Snaps: the Meanings of Domestic Photography*. London: Virago.

Spigel, L. (2001) Media homes then and now. *International Journal of Cultural Studies*, 4: 385-411.

Staeheli, L. et al. (2002) Immigration, the internet, and the spaces of politics. *Political Geography*, 21: 989-1012.

Steel, F. A. & Gardiner, G. (1907) *The Complete Indian Housekeeper and Cook*. 5th Edition. London: Heinemann.

Stewart, S. (1993) *On Longing: Narratives of the Miniature, the Gigantic, the Souvenir, the Collection*. Durham, NC: Duke University Press.

Stoler, A. L. (1995) *Race and the Education of Desire: Foucault's* History of Sexuality *and the Colonial Order of Things*. Durham, NC: Duke University Press.

Stoler, A. L. (2002) *Carnal Knowledge and Imperial Power: Race and the Intimate in Colonial Rule*. Berkeley: University of California Press.

Sudjic, D. & Beyerle, T. (1999) *Home: the Twentieth-Century House*. London: Laurence King.

Tachibana, S., Daniels, S., & Watkins, C. (2004) Japanese gardens in Edwardian Britain: landscape and transculturation. *Journal of Historical Geography*, 30: 364-394.

Tasca, L. (2004) The "average housewife" in post-World War II Italy. Translated by Stuart Hilwig. *Journal of Women's History*, 16: 92-115.

Thapar-Björkert, S. (1997) The domestic sphere as a political site: a study of women in the Indian nationalist movement. *Womens Studie's International Forum*, 20: 493-504.

Thapar-Björkert, S. & Ryan, L. (2002) Mother India/Mother Ireland: comparative gendered dialogues of colonialism and nationalism in the early 20th century. *Women's Studies International Forum*, 25: 301-313.

Thompson, B. & Tyagi, S. (eds) (1996) *Names We Call Home: Autobiography on Racial Identity*. New York: Routledge.

Thompson, E. McD. (ed.) (1998) *The American Home: Material Culture, Domestic Space, and Family Life*. Winterthur, DE: Henry Francis du Pont Winterthur Museum.

Thompson, P. (2000) *The Voice of the Past: Oral History.* 3rd Edition. Oxford: Oxford University Press.

Thompson, S. (1994) Suburbs of opportunity: the power of home for migrant women. In Gibson, K. & Watson, S. (eds), *Metropolis Now: Planning and the Urban in Contemporary Australia.* Leichhardt, NSW: Pluto Press, pp. 33-45.

Thomson, A. (2005) "My wayward heart": homesickness, longing and the return of British post-war immigrants from Australia. In Harper, M. (ed.), *Emigrant Homecomings: The Return Movement of Emigrants, 1600-2000.* Manchester: Manchester University Press, pp. 105-130.

Tickly, L., Caballero, C., Haynes, J. & Hill, J. (2004) *Understanding the Educational Needs of Mixed Heritage Pupils.* London: Department for Education and Skills.

Tillman, F. (2000) A prologue to middle age. In Ephraums, E. (ed.), *The Big Issue Book of Home.* London: The Big Issue and Hodder and Stoughton, p. 81.

Tizard, B. & Phoenix, A. (2002) *Black, White, or Mixed Race? Race and Racism in the Lives of Young People of Mixed Parentage.* New York: Routledge.

Tolia-Kelly, D. (2004a) Materializing post-colonial geographies: examining the textural landscapes of migration in the South Asian home. *Geoforum,* 35: 675-688.

Tolia-Kelly, D. (2004b) Locating processes of identification: studying the precipitates of rememory through artefacts in the British Asian home. *Transactions,* 29: 314-329.

Tolia-Kelly, D. (2006) Mobility/stability: British Asian cultures of "landscape and Englishness". *Environment & Planning A,* 38: 341-358.

Tong, R. (1989) *Feminist thought: a comprehensive introduction.* Boulder, CO: Westview Press.

Tosh, J. (1995) Imperial masculinity and the flight from domesticity, 1880-1914. In Foley, T. P., Pilkington, L., Ryder, S., & Tilley, E. (eds), *Gender and Colonialism.* Galway: Galway University Press, pp. 72-85.

Tosh, J. (1999) *A Man's Place: Masculinity and the Middle-Class Home in Victorian England.* London: Routledge.

Tristram, P. (1989) *Living Space in Fact and Fiction.* London: Routledge.

Tuan, Y.-F. (1971) Geography, phenomenology and the study of human nature. *Canadian Geographer,* 15: 181-192.

Turkington, R. (1999) British "corporation suburbia": the changing fortunes of Norris Green, Liverpool. In Harris, R. and Larkham, P. J. (eds), *Changing Suburbs: Foundation, Form and Function*. London: E&FN Spon, pp. 56-75.

Tuson, P. (1998) Mutiny narratives and the imperial feminine: European women's accounts of the rebellion in India in 1857. *Women's Studies International Forum*, 21: 291-303.

UNCHS/Habitat (2000) *Strategies to Combat Homelessness*. United Nations Centre for Human Settlements, Nairobi.

Valentine, G. (1993) (Hetero)sexing space: lesbian perceptions and experiences of everyday spaces. *Environment and Planning D: Society and Space*, 11(4): 395-413.

Valentine, G. (1997) "My son's a bit dizzy, my wife's a bit soft": gender, children and cultures of parenting. *Gender, Place and Culture*, 4: 37-62.

Valentine, G. (2001a) *Social Geographies: Society and Space*. Longman: Harlow.

Valentine, G. (2001b) *Stranger Danger*. London: Continuum.

Van Chaudenberg, A. and Heynen, H. (2004) The rational kitchen in the interwar period in Belgium: discourses and realities. *Home Cultures*, 1: 23-50.

van der Horst, H. (2004) Living in a reception centre: the search for home in an institutional setting. *Housing, Theory and Society*, 21: 36-46.

Van Hear, N. (2002) Sustaining societies under strain: remittances as a form of transnational exchange in Sri Lanka and Ghana. In Al-Ali, N. & Koser, K. (eds), *New Approaches to Migration? Transnational Communities and the Transformation of Home*. London: Routledge, pp. 202-223.

Varley, A. (1996) Women heading households: some more equal than others?. *World Development*, 24: 506-520.

Varley, A. (2002) Gender, families and households. In Desai, V. & Potter, R. B. (eds), *The Companion to Development Studies*. London: Arnold, pp. 329-334.

Varley, A. & Blasco, M. (2001) Exiled to the home: masculinity and ageing in urban Mexico. *European Journal of Development Research*, 12(2):115-138.

Veness, A. R. (1993) Neither homed nor homeless: contested definitions and the personal worlds of the poor. *Political Geography*, 12(4): 319-340.

Veness, A. R. (1994) Design shelters as models and makers of home: new responses to homelessness in urban America. *Urban Geography,* 15(2): 150-167.

Vickery, A. (1993) Golden age to separate spheres? A review of the categories and chronology of English women's history. *The Historical Review,* 36: 383-414.

Vidler, A. (1994) *The Architectural Uncanny: Essays in the Modern Unhomely.* Cambridge, MA: MIT Press.

Waetjen, T. (1999) The "home" in homeland: gender, national space, and Inkatha's politics of ethnicity. *Ethnic and Racial Studies,* 22: 653-678.

Waitt, G. & Markwell, K. (2006) *Gay Tourism: Culture and Context.* New York: Haworth Press.

Wakeley, M. (2003) *Dream Home.* Allen and Unwin: Crows Nest.

Walker, A. (1984) *In Search of Our Mother's Gardens.* London: The Women's Press.

Walker, L. (2002) Home making: an architectural perspective. *Signs,* 27: 823-835.

Wallis, A. D. (1997) *Wheel Estate: The Rise and Decline of Mobile Homes.* London and Baltimore, MD: Johns Hopkins University Press.

Walsh, J. (2004) *Domesticity in Colonial India: What Women Learned When Men Gave Them Advice.* Lanham, MD: Rowman and Littlefield Publishers.

Walter, B. (1995) Irishness, gender and place. *Environment and Planning D: Society and Space,* 13: 35-50.

Walter, B. (2001) *Outsiders Inside: Whiteness, Place and Irish Women.* London: Routledge.

Walters, W. (2004) Secure borders, safe haven, domopolitics. *Citizenship Studies,* 8: 237-260.

Warrington, M. (2001) "I must get out": the geographies of domestic violence. *Transactions,* 26: 365-382.

Waters, J. (2002) Flexible families? "Astronaut" households and the experiences of lone mothers in Vancouver, British Columbia. *Social & Cultural Geography,* 3(2): 117-134.

Watkins, H. (1997) Kettle's Yard, Cambridge: Art House and Way of Life. Unpublished MA dissertation, Royal Holloway, University of London.

Watkins, H. (2006) Beauty queen, bulletin board and browser: rescripting the refrigerator. *Gender, Place and Culture,* 13: 143-152.

Webster, W. (1998) *Imagining Home: Gender, "Race" and National Identity, 1945-*

*1964*. London: University College London Press.

Western, J. (1992) *A Passage to England: Barbadian Londoners Speak of Home*. London: University College London Press.

Weston, K. (1995) Get thee to a big city: sexual imaginary and the great gay migration. *GLQ* 2: 253-277.

Westwood, S. & Phizacklea, A. (2000) *Trans-nationalism and the Politics of Belonging*. London: Routledge.

Whatmore, S. (2002) *Hybrid Geographies: Natures, Cultures and Spaces*. London: Sage.

White, P. & Hurdley, L. (2003) International migration and the housing market: Japanese corporate movers in London. *Urban Studies*, 40(4): 687-706.

Wickham, C. J. (1999) *Constructing Heimat in Post-War Germany: Longing and Belonging*. Lewiston, NY: The Edwin Mellen Press.

Wiese, A. (1999) The other suburbanites: African American suburbanization in the North before 1950. *The Journal of American History*, 85(4): 1495-1524.

Wiley, C. & Barnes, F. R. (eds) (1996) *Homemaking: Women Writers and the Politics and Poetics of Home*. New York: Garland Publishing.

Wilson, A. C. (1904) *Hints for the First Years of Residence in India*. Oxford: Clarendon Press.

Wilson, F. (2004) A house of several stories. *The Guardian*, 15 May.

Wolch, J. & Dear, M. (1993) *Malign Neglect: Homelessness in an American City*. San Francisco: Jossey-Bass Publishers.

Wolf, D. (2002) There's no place like "home": emotional transnationalism and the struggles of second-generation Filipinos. In Levitt, P. & Waters, M. C. (eds), *The Changing Face of Home: the Transnational Lives of the Second Generation*. New York: Russell Sage Foundation, pp. 255-294.

Wood, D., Beck, R. J., Wood, I., Wood, R., & Wood, C. (1994) *Home Rules*. Baltimore, MD: Johns Hopkins University Press.

Woolf, V. (1945) [1928] *A Room of One's Own*. London: Penguin.

Wu, F. (2004) Transplanting cityscapes: the use of imagined globalisation in housing commodification in Beijing. *Area*, 36(3): 227-234.

Wu, F. (2005) Rediscovering the "gate" under market transition: from work-unit compounds to commodity housing enclaves. *Housing Studies*, 20(2): 235-354.

Wu, F. & Webber, K. (2004) The rise of "foreign gated communities" in Beijing: between economic globalization and local institutions. *Cities*, 21(3): 203-213.

Wyman, M. (2005) Emigrants returning: the evolution of a tradition. In Harper, M. (ed.), *Emigrant Homecomings: the Return Movement of Emigrants, 1600-2000*. Manchester: Manchester University Press, pp. 16-31.

Yates, J. (2002) Housing implications of social, spatial and structural change. *Housing Studies*, 17(4): 581-618.

Yeoh, B. S. A. & Huang, S. (2000) "Home" and "away": foreign domestic workers and negotiations of diasporic identity in Singapore. *Women's Studies International Forum*, 23(4): 413-429.

Yeoh, B. S. A., Charney, M. W., & Kiong, T. C. (eds) (2003) *Approaching Transnationalism: Studies on Transnational Societies, Multicultural Contacts, and Imaginings of Home*. Boston: Kluwer Academic Publishers.

Young, I. M. (1997) House and home: feminist variations on a theme. In *Intersecting Voices: Dilemmas of Gender, Political Philosophy, and Policy*. Princeton, NJ: Princeton University Press, pp. 134-164.

Zandy, J. (ed.) (1990) *Calling Home: Working Class Women's Writings*. New Brunswick, NJ: Rutgers University Press.

Zernike, K. & Wilgoren, J. (2005) In search of a place to sleep, and news of home. *The New York Times*, 31 August: 1.

Zlotnick, S. (1995) Domesticating imperialism: curry and cookbooks in Victorian England. *Frontiers: a Journal of Women's Studies*, 16: 51-68.

# 索 引 ①

Aborigines in Australia 澳大利亚原住民 68, 69

abstract art 抽象艺术 63

adoption of children 孩童的收养 180

adult space 成年人的空间 105-106

affordability 可支付性 139

African Americans 非洲裔美国人 20, 49, 70, 116, 261

African traditions 非洲传统 76

Age 年龄 27, 110-116, 264

alienation 疏离 12, 15, 29, 108

American flag 美国国旗 172-173

American national power 美国国家实力 171

American nation-building 美国国家建设 146-150

American South 美国南部 20-21

Anglo-Indian homemaking at McCluskieganj 英裔印度人在麦克拉斯基甘奇的家园建造 164-167

Anglo-Indians 英裔印度人 21, 181, 214, 215

apartheid 种族隔离 116, 160-161

apartments 公寓 9, 107, 109, 112

architecture and design 建筑与设计 7, 17, 36, 56

archival analysis 档案分析 74

art and domestic subjects 艺术与家的主题 59, 63-66, 133

Artangel 艺术天使 59, 60, 61

Aryan community 雅利安社区 161

Asian tsunami 亚洲海啸 127, 176

Assets, house as 房屋作为资产 89

assimilation 吸收 201

asylum seekers 寻求庇护者 2, 30, 182, 198, 219-230

autobiographical writings 自传式作品 34, 67

autonomy 自治权 9, 129, 222

avant-garde art 先锋派画作 58-59

Baker, Bobby, performance artist 鲍比·贝克, 表演艺术家 65-66

Bantustans, South Africa 班图斯坦, 南非 160-161

belonging 归属 29, 70, 128-129, 199, 206, 214

---

① 条目中页码系原书页码、中译页边码。——译者注

Bengali homes and women 孟加拉式家园与妇女 162-163

*Big Brother* (TV programme) 《老大哥》（电视节目）1

*Big Issue magazine* 《大事件》杂志 129, 130-131

birth rate, national 国家出生率 104

Black Forest farmhouse 黑森林的农场 3-4

Black migrant workers 黑人移民劳工 70

Black women's creativity 黑人女性创造力 47

Blood ties as kinships 亲属的血缘纽带 51

book collections 书架 237

Bosnia-Herzegovina 波斯尼亚和黑塞哥维那 220

boundaries 边界 77

bourgeois traditions 资产阶级传统 104

breadwinner role for men 男人养家糊口的角色 113

breastfeeding 母乳喂养 155

Britain and India and "home" 英国与印度与家园 203-204

British Columbia, dispossession of natives 英属哥伦比亚，对原住民的剥夺 178-180

British Muslims and Home 英国穆斯林和家园 217

building and dwelling 建筑与栖居 3, 4, 5

bungalows 孟加拉式平房 156-159, 196-197, 245

Bunkše, Edmunds 埃德蒙·邦克斯 12, 35, 229

Canada 加拿大 30, 78

capital accumulation 资本积累 89

capitalism 资本主义 11, 16, 28, 90, 94

care and carers 照看和护理者 14, 264

caring work at home 家里的照看工作 99-100

caste restrictions in India 印度的种姓限制 83, 154

census and national survey 人口普查和国民调查 79

Cherokees in Georgia, US 美国佐治亚州切罗基人 179

child care 照看小孩 9, 53, 98, 263

childhood 童年 1, 34, 72, 102

childminders 照看孩子者 98

childrearing practice 抚养小孩的实践 96

China 中国 190, 243-244

Chinese material culture 中国的物质文化 189

Chinese textiles 中国织物 191

Citizenship 公民身份 28, 223

city dwellings 市区居住模式 107

class 阶层 9, 27, 34, 41, 47, 49, 63, 83；
and home 与家园 116-121

cleaning house, women's work 打扫房屋，女性的工作 8

climate change and home-making 气候变化与家园建造 268

cohousing 共有住宅 139, 254, 262-268

collective memories 集体记忆 82

Colonial and Indian Exhibition, London 伦敦殖民地印度展览会 145-146, 150

Colonial Williamsburg, USA 殖民地威廉斯堡，美国 75-76

colonialism 殖民主义 71, 83, 185, 250

colonization 殖民化 147, 174-175

comfort of home 家园的舒适 102, 103

commercial and civic buildings in Paris 巴黎的商业与市政建筑 109

communal spaces 公共空间 263

community care 社区照顾 99

community ties 共同体的纽带 128

commuter households 通勤家庭 237

computer and video games 电脑游戏 115

consumer expenditure surveys 消费支出调查 79, 90

cosmopolitan domesticity 世界主义式的家庭观念 149

council housing 市政住房 108, 118

countryside homes 乡村家庭 101

courtyard house in Jaipur, India 斋蒲尔的合院建筑，印度 57, 58

creative expression and domestic life 创造性表达与家庭生活 47

Croatia 克罗地亚 206, 220

Cuba, food of 古巴的食物 217

cultural geography 文化地理学 6, 14-21

cultural traditions 文化传统 74, 76, 214, 222

culture shock 文化冲击 249

cyberspace 赛博空间 207-208

defence of home and homeland in US 美国国家与祖国安全 174

delinquency and high density living 犯罪与高密度住房 108

demographic change and household structure 人口统计变化与家庭结构 80, 81

Denmark, cohousing 丹麦，共有住房 262, 265

design as masculine realm 男性化设计 55

design of suburban house 郊区住房设计 101

destruction of home 家园的毁灭 175-177

detention centres 拘留中心 221

developed and developing world incomes 发达与发展中国家的收入 231

developers and profits 开发商与利益 8

development and construction 发展与建设 177

diaspora 流散 30, 36, 84, 198, 199, 202

difference, fear of 对差异的恐惧 169

disability housing 残疾人住房 42, 99, 122-125

displacement 驱逐 35, 74, 214, 229

dispossession 剥夺 35, 178-185, 259

domestic architecture and design 家园建筑与设计 30, 42, 56-58, 163, 254

domestic comfort 家园舒适场所 102, 103, 104, 119

domestic confinement 家园监禁 61-62

domestic fiction 家园小说 48-49

domestic labour 家庭劳动 8, 16, 44, 97, 110

domestic life 家庭生活 214, 250-252

domestic servants in British India 英属印度的家庭用人 151-154

domestic space 家庭空间 67, 188, 193-194

domestic technology and art 家庭技术与艺术 95-97, 134

domestic violence 家暴 10, 41, 110, 125-126

domestic work 家务劳动 4, 35, 95, 98, 99, 256; transnational 跨国的 236, 237

domestic workers 家政工人 18, 230-235

domestication of Bengali women 孟加拉妇女的家庭化 162

"domicide" 住所毁灭 175-177, 220, 259

domination and exploitation 统治和剥削 161-162

"domopolitics" 服务于有闲阶级的政治 170-172, 223-224

dwellings 居住 1, 3, 4, 14, 24

dying 死亡 44, 99, 100, 132

Eastside community heritage, East London 东部社区遗产，伦敦东区 35

economic significance of housing 住房的经济意义 89-90

education 教育 238, 241

electricity 电 128

emancipation of women 妇女的解放 15

emergency, state of 紧急情况 173

emotions 情感 3, 8, 83; relationships 关系 22, 23, 82; turmoil 混乱 15; values of women 女性的价值 48

Empire and home 帝国与家园 140-

195

"Empires in the home" British India "家里的帝国"英属印度 152, 153-158

Employees, in high technology 高科技领域里的人员雇佣 24

employment 雇佣 89-90, 121; transnational 跨国的 197

energy use 能源使用 120

England 英国 140-143, 204

English homes in India 位于印度的英国家庭 157

environmentally sensitive homes 环境敏感的家庭 268

estate agents 房地产经纪人 241

estrangement and alienation 疏远与隔离 20

ethnographic research 人种学研究 35, 42-45, 74

Europe and "homes" 欧洲与家园 109

eviction 赶出 127, 176-177

exclusion and inclusion 排斥与容纳 143, 180

exclusivity 排斥 263

exile 放逐 35, 219-230

existentialism 存在主义 11

exoticism 异国情调 191

exploitation 剥夺 174

factory workers 工人 45

familial imagery 家庭式的假象 161

family breakdown and high-density living 家庭的崩溃与高密度的居住 108

family photographs 家庭照 63, 67-71

family relations 家庭关系 15, 27, 35, 258

family trees, visual 可见的家谱 70

Farm Security Administration, US 美国农业安全局 70

Fashion in Britain 英国的时尚 189

Fatherland 祖国 162, 164

feelings about home 家园的情感 2, 11

female subjectivity 女性主体 50, 54

femininity and domesticity 女性与家庭 54

femininity and home 女性与家园 17, 52, 112

feminizing the diaspora 女性流散 213-214

feminism 女性主义 4, 8, 25

feminist and home 女性主义者与家园 6, 14-21

Feng shui 风水 210

fertility rates, falling 生育率,下降 80

fiction 小说 49, 50

Filipino domestic workers 菲律宾的家政工人 42, 231-236

financial obligations, weakening 赡养义务的衰落 71

food 食物 53, 216-217, 222, 234-235

food preparation outsourced 家常菜制作外购 98

food-processors 食品加工机 96

foreign goods 外国商品 149

foreignness 外邦性 188, 249

formality in house, decline of 家庭礼节，弱化 71

fostering children 带小孩 127, 180

friendship networks 朋友关系网 80

frontier home-making 边疆家园建造 146-150

furnishing 家具 53, 54, 78

furniture and wealth 家具与财富 102

furniture designers and architects 家具设计师与建筑师 103

Gandhi Mahatma 甘地 163

garden cities 花园城市 56

gardening 园艺 77, 98

gardens 花园 76, 77, 117, 118

garment production, home-based 以家庭为单位的衣服生产行业 99

gated communities 门禁社区 243-244

gay men 男同性恋 10, 114, 115, 135-137, 200

gender 性别 7, 8, 9, 26-27, 34, 41, 57, 83, 110-116; and culture 与文化 189; and home 与家园 15, 24, 95, 97

gender identities for women 女性的性别认同 112

gender relations 性别关系 45, 116

geographical scale 地理尺度 22, 27

geographies of home 家园地理学 6, 23, 29, 88, 196, 247

German Protestants and Catholics 德国的新教与天主教 38

ghosts and haunting of homes 闹鬼家庭 194-195

goods and services 商品与服务 90

government relief for farms 农业的政府援助 70

Great Depression, America 大萧条，美国 70

Habitat for Humanity 人类的栖息地 94

Hate Free Zone Campaign, Seattle 反自由贸易区运动 173

haunted homes 闹鬼家庭 194-195

health and welfare services 卫生福利服务 99, 100

heterosexual families 异性恋家庭 26, 114, 115, 200, 201

high-density living 高密度居住 108

high-rise housing 高层住房 107, 196-197, 246; transnational 跨国的 238-239

Highrise of Homes, New York 高层住房家庭，纽约 121

hill stations in India 印度的山间避暑地 153-159

Hindu architecture 印度教的建筑原理 57

Home 家园 13, 17, 22-24, 254-256, 167, 198；and art 58-66；and family 家庭 110-116；and gender and racial images 性别与种族意象 147；and identity 认同 33, 180, 181；and nation 国家 7, 140-195, 256-257；and transnational migration 跨国迁移 197-198；depictions of 72, 73；hearth and refuge 炉台与避难所 16, 170, 176；as work 作为工作场所 94-100

home design magazines 家居设计杂志 55

home detention 家里的监禁 10, 266-267

home economies 家庭经济 53, 89-100

home in film 电影里的家园 67-69

home in Indian nationalism 印度民族主义的家园 162-163

home magazines 家庭杂志 54

home ownership 家园所有权 71, 93, 94, 117

"Home, Sweet Home" 《家，甜蜜的家》 145-146

Home-care 家庭护理 98

homeland security 国家安全 169-173, 174, 262

homeland, nation, nationalism 祖国，国家，民族主义 159-174

homelessness 无家可归 41, 122, 126-131, 258

home-making 家园建造 5, 19, 23, 43, 44, 52, 93, 94, 132, 268；gender specific 特定的性别 8, 56

home-making practices and home 家园建造实践与家园 227-229

homesickness 思乡病 52, 150, 204

home-space for children 小孩的家园空间 115

homophobia 恐同 114

homosexuality 同性恋 10, 200, 201

Hong Kong, domestic workers in 香港的家政工人 234-236

hospice care 临终关怀院 99, 100

hostel users 旅店使用者 41

house and home 住房与家庭 10, 48-52, 68, 163

house arrest 房屋拘留 10

house biographies 房屋传记 37, 39

house design 住房设计 7, 238

House Rabbit Society 给兔子的社会安一个家 77

house styles and identity 住房的样式与认同 209

housebuilding 住房建造 89-90

household guides 家庭指南 46-48, 52-56

household sizes, declining 缩小的家

庭规模 80

household tasks 家务劳动 94, 95

households 家庭 138, 236, 237

houselessness and homelessness 没有住房与无家可归 128

houses 住房 31, 101; in hill stations 山间避暑地 159

housework, socialized 家务劳动的社会化 9

Housing Association Charitable Trust 住房互助慈善信托协会 225

housing careers 住房生涯 39-40

housing conditions, poor 贫困的住房条件 41

housing in Istanbul, Turkey 土耳其伊斯坦布尔的住房 244-245

housing research 住房研究 6, 68, 79

housing rights of asylum seekers 寻求庇护者的住房权 225

housing tenure 房屋使用权 90-94

human and non-human cohabitation 人类与其他事物之间的共生关系 76-77

human rights, violation 人权，暴力 177

humanism 人文主义 6, 14, 15

Hurricane Katrina 卡特里娜飓风 176, 254, 258-262

hurricanes 飓风 127

hybrid homes 混血之家 217-219

hygiene 卫生 53, 120

Ideal Home Exhibition 理想家居展 146

ideal homes 理想之家 30, 246

identities 认同 2, 6, 11, 24-25, 27, 33, 41; and home 与家园 21, 132, 248, 256-257; personal 个体的 51; young men 青年 192-193

immigrant communities in cohousing 共有住宅里的移民社区 265

immigrants 移民 36, 149, 172

immigration status 移民状况 225

imperial expansion 帝国扩张 148, 178, 257

imperial homes and home-making 帝国家园与家园建造 143-159

impressionists, female 女性印象派画家 58

imprisonment in home 家里的监禁 266-267

inclusion and exclusion in home design 家园设计的包容性与排他性 42

independence, loss of 丧失独立性 124

India 印度 30, 37, 144, 147, 150-159, 257

Indian maternal descent 印度的母亲血统 167

Indian Mutiny 印度叛变 18, 57, 142, 150-152

Indian novels, home in 印度小说里的家园 83-84

indigenous people, dispossession 强制

驱逐原住民 178-179

Indonesia, migration 印度尼西亚的移民 45

industrial designers 工业设计师 78

industrialization 工业化 16

inequality in domestic sphere 家庭里的不平等 16

infantilization of servants 仆人被幼稚化对待 155

inner-city homes versus suburbia 内城与郊区相比较 114

insecurity 不安全 174, 223

interior design 内部设计 54, 56

international events (Olympics) 国际事件（奥运会）177

Internet 因特网 67, 207-208

inter-racial partnering 种族内部的伙伴关系 180

interrelations 相互关系 27

interviews 访谈 42, 43, 74

intimacy 亲密 13, 102

Ireland 爱尔兰 214

Irish Centre for Migration Studies 爱尔兰人移民研究中心 36

isolation 疏离 25, 124

Israel and Palestine 以色列与巴勒斯坦 202, 220

Japan, wealthy households 日本富裕家庭 78

Japanese dwellings and social order 日本的住宅与社会秩序 79

Japanese gardens in Edwardian Britain 爱德华七世时期英国的日本园林 77

Japanese in London 在伦敦的日本人 241

Jewish diaspora 犹太流散人口 38, 202

junk in research 废品研究 86-87

Kashmiri diaspora 克什米尔流散群体 207

Kensal House, London, housing estate 伦敦肯萨住宅区 36

Kenya, refugees 肯尼亚难民 221

Kettle's yard, Cambridge 剑桥的凯尔特人院落 133

Kincaid, Jamaica 牙买加·金凯德 250-252

kinship networks 亲属关系网 80

kitchen as creative source 作为创新资源的厨房 66

kitchen design 厨房设计 57

kitchen units, height of 厨房设备标准高度 124

labour markets, local, USA 劳动力市场，当地的，美国 81

labour power 劳动力 11

land conflicts 土地冲突 177

land development policies 土地发展

政策 132

landscape art and class 景观艺术与阶层 63-64

landscapes 景观 63, 71, 72

Latvia 拉脱维亚 12, 13, 229

laundry 洗衣店 98, 110

law and domestic workers 法律和家庭工人 232

learning disabilities 学习障碍 99, 124

legal rights and domestic workers 合法权利和家庭工人 231-238

lesbians 女同性恋 10, 20, 21, 50, 114, 115, 135-137, 200, 201

Levittown, New York 莱维敦, 纽约 105, 117, 118

life stories of home 家园的生活故事 33

links to home country 链接到本国 205

local history groups 当地历史团体 35

London as world city 世界城市伦敦 241

lone-mother households 单亲家庭 81

Lower East Side Tenement Museum, New York City 下东城租客博物馆, 纽约 38

Lucknow, Siege of 围攻勒克瑙 151

magazines 杂志 46-48, 52-56

Maine Feminist Oral History Project, US 美国缅因州女性主义口述历史项目 36-37

male and female 男性和女性 7, 56, 101

manufacturing site, home as 作为制作地点的家 28

marriage 婚姻 18, 44, 71

Marxism 马克思主义 6, 10, 11, 14-16

masculinity and home 男子气概和家园 15, 17, 112

Mass-Observation survey of housing 大众观察的住房调查 36

mass-produced housing in South Africa 南非大规模建造的住房 117

material cultures, domestic 物质文化, 国内 74-79

maternity 母性 145

memories 记忆 12, 33, 60, 67, 195, 212

memory sites, homes 记忆地点, 家庭 114

memsahibs 太太 150

men 男性 4, 5, 110; and domestic violence 家庭暴力 125; and women in home ownership 拥有住房的妇女 93; young, of mixed descent, identity 年轻混血儿的认同 192-193

mental illnesses 精神疾病 99

Mexicans 墨西哥人 148

middle classes 中产阶层 16, 18, 117, 118; women 妇女 48-49, 52

migrant workers 移民工人 40, 42；
and homes 家园 199, 200-219；
illegal 非法 170；male and identity
男性与认同 204-205；women in
Indonesia 印度尼西亚妇女 45

migration 迁移 2, 35-36, 68, 74,
84, 250, 257；forced 被迫 259；
homosexuals 同性恋 200；low-
income 低收入 45；return from
India 从印度回来 203-205；scale
of 规模 196；transnational and
suburban house 跨国与郊区住房
245

Miller, Daniel, anthropologist 丹尼
尔·米勒，人类学家 23-24

minority communities 少数民族社区
40, 92, 200

missionaries 传教士 144, 145

mixed descent 混合血统 180, 181,
193

mobile homes 移动之家 121, 122-
123, 128-129

mobility 流动性 199；transnational
跨国的 196-198

modernist interiors 现代主义室内设
计 104

monetary significance of housing 住房
的货币意义 89

Morisot, Berthe, Impressionist painter
贝思·莫丽斯，印象派画家 58

Moroccan food objects 摩洛哥食物
217

Moroccan women in Italy 意大利的
摩洛哥妇女 205

mortgage lending 抵押贷款 92

mother and mothering 母亲和母
爱 5, 110；and home 家园 138；
idealized 理想化 160, 162；Indian
nationalism 印度民族主义 162-
164；power of 权力 252

Mother India 印度母亲 162

motherland 祖国 162, 164, 252

mourning in fiction 小说中的哀悼 42

multiple identities 多元化的认同 34

Muslim women in US 美国的穆斯林
妇女 172

nation 民族 57, 161-162；belonging
归属的 29；building 建造 132；
empire 帝国 50；and home 家园
140-143

national economies 国家经济 89；
and home 家园 8

national housing policy 国家住房政
策 104

national identity 国家认同 93, 143；
symbols of 符号 169

National Socialist Party, Germany 德
国国家社会党 160

National Sorry Day, Australia 澳大利
亚国家道歉日 184

National Trust for Scotland 苏格兰国
家信托基金会 39

nationalism 民族主义 83；and home
家园 149；India 印度 162-163；

motherland 祖国 162

nationalist politics and memory 民族主义政治和记忆 163

nation-building, American 美国国家建筑 144

native land, Canada 加拿大本土 185, 186

natural disasters 自然灾害 31, 259-261

neighbourhood and community 邻里和社区 27, 29, 263

Netherlands, refugees in 在荷兰的难民 222

New York neighbourhoods 纽约邻里 63

nomadic children 游牧儿童 218-219

non-family groups 非家庭团体 264

non-profit agencies 非营利机构 94

nostalgia 怀旧之情 52, 83, 84, 212-213

novel, rise of the 小说的兴起 46-49; of Indian life 印度生活 83-84

nuclear families 核心家庭 20, 26, 55, 104, 116; and suburban home 郊区的家庭 105

nursing 看护 98

nurturing 培育 8

object biographies 传记 74

objects or things 事物 23-24

oil prices and home-making 油价与家庭决策 268

older people 老年人 44, 71, 98; and home 家园 113-114

Older Women's Cohousing, London 伦敦女性老年人住宅 264

oral histories 口述史 35-42, 57-58; interviews on family albums 对家庭相册的访谈 70

Oral History Society, Britain 英国口述史协会 35

Organization for Economic Cooperation and Development (OECD) 经济合作与发展组织 95

orientation of rooms in house 房间的方向 57, 58

Ottoman Empire, Sephardic Jews 奥斯曼帝国，西班牙犹太人 38

owner-occupiers 房屋所有者 90-94

ownership of dwellings 住房所有权 6, 26, 93, 186

ozone depletion 臭氧耗竭 134

paintings; domestic subjects 绘画；家庭主题 58; of foreign societies 外邦社会 63

Pakistanis, British 英裔巴基斯坦人 40, 41

Palestinians 巴勒斯坦人 202; and Israel 以色列 220, 227

parental control 家长控制 115

parenthood 父母 44

parents' retreats 父母的妥协 105-106

patriarchy 父权制 16

patriotic symbols, US 美国的爱国象征 172

pattern and landscape in art 艺术形式与景观 72-73

Peabody Trust, London 伦敦皮博迪信托公司 121

peace and democracy 和平与民主 228

people-place relationships 人地关系 14

performance art and the home 表演艺术和家庭 65-66

personal freedom 个人自由 234

phenomenology 现象学 11

photographs 照片 70, 87, 215-216

physical abuse 身体虐待 232

pioneer women 先锋妇女 147

place, conception of 地方的概念 25, 26-27

plantation agriculture in West Indies 西印度群岛的种植园农业 51

play spaces 娱乐空间 115

political site, home as 家园作为政治地点 22, 33

Poplar, London 伦敦波拉尔 36

popular culture 流行文化 1

population surveys 人口调查 79

population transfers, forced 被迫的人口迁移 177

porcelain collecting, China 中国瓷器收集 189

postcolonialism 后殖民主义 19, 51

postnatal depression 产后抑郁症 44

poststructuralism 后结构主义 19

poverty 贫穷 10, 89

power 权力 24; and home 家园 248, 256-257; and privilege 特权 51

power relations 权力关系 6, 44, 69, 119, 132

prefabrication of houses 房屋的构成组件 117

primitive art 原始艺术 63

prison 监狱 10

privacy 隐私 5, 7, 9, 68, 122; and community 社区 262-263; denial of 否认 108; space 空间 126

private wealth in housing 住房私人财产 90

property 财产 77

property insurance 财产保险 261

property rights 财产权 9

psychological abuse 精神虐待 232

public and private spaces 公共和私人空间 18, 19, 27, 101, 102

Puerto Ricans in New York 在纽约的波多黎各人 209

queer migration 酷儿迁移 200, 201

Rabbit-Proof Fence (Garimara) 防兔

栅栏 182

race 种族 9, 27, 34, 91, 116-121

racial antagonism in India 印度的种族对抗 150

racial exclusion 种族排斥 188

racial identity 种族认同 34

racial purity, imperial ideas about 种族净化的帝国主义思想 145

racial segregation 种族隔离 160-161

racial stereotypes and home 老生常谈的种族问题与家园 108

racial violence in US 美国种族暴力 172

real-estate advertising 房地产广告 110

reception centres 接待中心 221-222

refugee camps 难民营 30, 198, 221; in Jordan 在约旦 227

Refugee Housing Integration Programme 难民住房整合方案 225

refugees 难民 2, 30, 175, 219-220; feelings about Britain 对伦敦的情感 226

relationships 关系 1, 11

religious iconography 宗教肖像画 63, 71

relocation, forced 被迫搬迁 179, 180

removal, forcible, from home 从家里被迫搬走 180-184

rental buildings, multi-occupancy 多人入住的租屋 109

renting versus owning 租赁与拥有 6, 90-94

repatriation 遣返回国 198, 228-229

researchers, safety of, in homes 家庭安全研究者 44

resettlement 再定居 175, 196

residence, house-as-home 住所 88-139

residences, transnational 跨国住宅 242-247

residential homes 居住的家园 90, 114, 121, 239

retirement 退休 113

returning home 回家 227-230

rooms, types of 房间类型 103

"roots" and "routes" 根和路线 199

rural homes, photographs of 农村家园照片 70

rural slaves in Virginia, eighteenth century 18 世纪弗吉尼亚的乡村奴隶 75-76

rurality 乡村性 55; poor 贫困 70

sacrifice 奉献 83

safety of streets, children 孩童街道安全 5, 115

same-sex couples, homes for 同性夫妻家庭 114

San Francisco Bay 旧金山湾区 73

sanctuary and contentment 庇护和满

足 16

schooling of children in India 印度的儿童入学 155

schools, poor 较差的学校 121

sculptures in the home 家园雕塑 64, 65

security 安全 13, 26, 68, 83, 264

seductress, women as 有魅力的女性 110

segregation 隔离 20, 263

self, sense of 自我意识 9, 128

self-determination 自我决定 114

self-fulfilment 自我实现 15

separation, spatial, of home from work 工作与家的空间隔离 113

sexuality 性 96, 110-116, 135-137, 145

sharing of facilities 设施分享 263

shelter 庇护所 6, 122, 127, 129

Shelter, UK 英国庇护所 126

Silvertown Residents Association 银镇居民委员会 35

Singapore 新加坡 236, 246, 247

sitting as relaxation 坐着作为一种放松的形式 103

size of suburban house 郊区住房的规模 105

slavery 奴隶制度 20, 47, 49, 51, 146

social aspirations 社会抱负 78

social behaviour 社会行为 48-49

social change 社会变化 11, 81

social construction 社会建设 27, 43, 107

social control 社会控制 117

social disadvantage 社会弊端 91, 92

social groups 社会群体 104, 107

social problems and high-density living 社会问题和高密度生活 108

social relations 社会关系 23, 25, 26, 27; of ideal homes 理想的家园 110-121

social reproduction 社会再生产 28

social security 社会安全 223

socio-political structure 社会政治结构 24

South Africa 南非 117; homelands 家园 160-161; homelessness 无家可归 127, 130-131

spatial layout of dwelling 定居点的空间布局 21-22, 70, 89

Spruce Run Association (domestic violence) 斯普鲁斯奔跑联盟（家庭暴力） 41

squatter settlements 非法占有居民点 92-93, 121

Sri Lanka 斯里兰卡 127

state policies 国家政策 132

state power and home 国家权力与家园 267

strangers 陌生人 100, 224

student accommodation 学生宿舍 121, 242

suburban cost to environment 郊区的环境成本 120

suburban homes 郊区家园 26, 101, 115-119, 245-247; American life 美国生活 7, 8; design in twentieth century 20世纪的设计 105-110; ghosts 鬼怪 194-195

suburbia 郊区 63, 76, 68, 157

Sudan, children 苏丹儿童 115

supernatural phenomena 超自然现象 195

sustainable housing 可持续的住房 268

symbols of nation 国家象征 168

tax treatment 税收待遇 91

technology in the home 家用科技 95-97, 103

telecommunications 电信 99

television 电视 1, 67, 97

teleworking 远程办公 99, 240-241

Tenement House, Glasgow 廉租公寓，格拉斯哥 39

tenure 所有权 90, 91, 92

terminal care 临终关怀 100

terrorism 恐怖主义 171, 224

Thanksgiving Day, 感恩节 174; nationalism 民族主义 148-149

threshold (house) designs （房屋）设计阈值 58

trade 贸易 146-147

"trailer trash" 挂车垃圾 123

transnational homes 跨国的家园 196-252

transport, public 公共交通 120-121

travelling caravans 旅行大篷车 121

travelling for women 针对女性的旅游 144

Tupperware parties 特百惠派对 111

unemployment 失业 113

unhomeliness 无家 121-131

United Nations Women's Indicators and Statistics Database 联合国妇女指标和统计数据库 80-81

unknown, fear of 无知的恐惧 169

urban dwellers 城市定居者 101

urban policies 城市政策 116

urban professionals 城市职业 56

urban rape 城市强奸 125

urban renewal and destruction 城市更新和破坏 175

urban spaces 城市空间 239

vacuum cleaners 吸尘器 96

Victorian Britain, suburban homes 维多利亚时代的英国，郊区住宅 101, 112

violence 暴力 15, 115, 125, 258

visual culture 视觉文化 56, 215-216

wages for housework 家务劳动 95

"war on terror" 反恐战争 172

warfare 战斗 175

washing machines 洗衣机 76, 96

wealth sources, houses as 房屋作为财富来源 89, 93

welfare state 福利国家 127

West Indies, migration 西印度群岛，迁移 37

wet-nurses 奶妈 155

white settler societies 白人定居者社会 147

white supremacy 白人至上 20

Whiteway Colony, Britain 怀特威殖民地，英国 161

women 妇女 4, 5, 8, 9, 53, 81, 148; Black 黑人 20; domestic workers 家政工人 230-231, 235, 236; heads of households 户主 80-81; low-income, Worcester, Massachusetts 低收入，伍斯特，马萨诸塞 43; older 老年人 264; oppression of 压迫 15; politicization of 政治化 163; role in household 家庭中的角色 28; writing of 写作 48-49, 250-252; writings about 著作 46-47

Women's Aid in UK 英国妇女援助组织 125

working-class families 工薪阶层的家庭 94

working-class housing in Melbourne, Australia 澳大利亚墨尔本工薪阶层住房 107

working-class owner-occupiers 工薪阶层自住业主 43

working-class women, and home 工薪阶层女性，和家园 50

workplaces 工作场所 16, 22, 42

world affairs in the home 家里的世界事务 97

writing about home 书写家园 4-8

young men and the home 青年男子和家园 192-193

# 译后记

　　《家园·旅途·远方》这本书提道："在家园与远方这两个心灵地理学的基石上，还有一座桥梁，那就是旅途。"这本书对"心灵地理学"的阐发，使我对这个有趣的概念产生了许多思考，也逐渐意识到"家园"在人文地理学中的重要意义。进而，因偶然的机会，得知北京师范大学出版社的这套译丛里有一本名为《家园》（Home）的书，我喜出望外，十分期待通过翻译这本书来进一步加深自己对"家园"的理解，并十分荣幸地如愿成为这本书的译者之一。

　　家园，对个体生命历程的影响可谓深远。牧口常三郎曾在《人生地理学》中对产生这种影响的原因给予入木三分的阐述：人们"在一个狭小而有限的家乡范围能观察整个宇宙的方方面面……故乡是我们居住、行走、视听和获得认知的地方，也是我们进行观察的地方，使我们直接地观察到事物。因此，我们有可能通过发现足够的实例，哪怕是在最偏僻的部落或山村发现的实例，来解释极其复杂的整个自然界"。这样的观点让我意识到，无限的大自然乃至人所能感受到的宇宙的方方面面，其实都能浓缩在家园这一有限的地域范围之内，同时，人性与社会的各种冲突、矛盾与调和也都包含在家园之中。一个人哪怕从不远足，也能在家园里完全经历并体会到自然界的无穷变化与社会的人情冷暖。家园所具有的这一核心地位，使其成为人文地理学的重要研究对象。

除此之外，家园还具有怎样的特征呢？法国存在主义哲学家巴什拉在《空间的诗学》里让我们看到，居家的房屋既是梦想与庇护的场所——阁楼，同时又是充满恐惧与疏离的地方——地窖。房屋体现出家园正负一体的两面性。地理学家赛明思进一步认为：人类存在的本体论基础在于人与世界之间的疏离，而疏离的一个目的，就是进入关系之中。所以，在存在主义的视野下，"产生疏离"与"建立关系"是人类存在本体论的两个方面，这同样构成了家园的一体两面性；进而，这对关系又在不同的地域文化处境下以不同的方式呈现出来，形成林林总总的家园现象，也构成了《家园》这本书的主要内容。

本书作者之一艾莉森·布伦特长期从事研究的领域涉及家园地理学、帝国、移民与流散等，具体包括英属印度、盎格鲁-印第安妇女的帝国家庭，家园与故土的空间政治，流散人口的城市家园等问题。这些内容几乎都被含括在《家园》这本书中。因此，该书堪称布伦特在多年经验研究基础之上开展理论探索的代表作。同时，布伦特的后现代主义视野与后殖民主义关怀，也令本书列举的案例丰富驳杂，让人印象深刻。驳杂的案例背后无疑隐含着基本的研究主旨与核心论题。布伦特曾在任教学院的个人主页上提及："《家园》这本书基本的理论抱负是'家园地理学'，其主旨是在从家庭到全球的不同尺度上研究家园，重点关注以下几个问题：为何认同往往是从家园感知中建构起来的？家园为何以及如何成为重要的地点，从而使人们能够从中创造出文学作品与可视艺术？为何人们常常把'国家'（nations）说成'故乡'（homelands）？因着跨国与移民的缘故，人们对家园的体验又会发生怎样的变化？"细细看来，这些问题蕴含着深刻的"经验的视角"（experiential perspective），所以我认为，这本书的基本方法论取向是"人文主义"的，家园地理学开展批判的基础是人的"经验"。

就人类的"经验"而言，后现代时期人们对家园的体验已经不同于传统社会里的家园体验了。后者曾在人类的记忆里有着强大的统整性与亲和力，而后现代时期的家园已逐渐丧失统一的本质。例如，在中国人的传统观念中，家园历来都是一个能够让人知晓天命的地方。中原地区的先祖把自己的屋舍安置在东、南、西、北的方位系统中，这指示出，人的生命历程始终如同日月的东升西落，是斗转星移般从生到死再入生的循环往复的过程；而生者世界里长幼尊卑、男女夫妇的伦理秩序则在这个方位系统的家屋结构中安适其位（in place）。进一步，中原人还能在以京师为中心、五百里为一服的地理想象中，找到自己家屋的位置，认证自身的社会位置。这样的家国地理想象在万历年间因利玛窦传入的世界地图逐渐动摇了根基。20 世纪 50 年代，西方社会率先步入后现代，古典的救赎故事、"新耶路撒冷"的家园意象，以及现代主义的解放运动，都在"等待戈多"的疲乏与无望中被消解掉了，再加上利奥塔等哲学家对"宏大叙事"的解构，西方人的生存形态就只剩下了不指向任何终极目的，多重意义相互杂糅的多元主义舞蹈。家园逐渐失去了统一的本质，取而代之的是在多元生存场合中异化、断裂、疏离等术语无休止的镜像反射，进而造成"无家"（homelessness）的生存体验。这种反本质主义与反乌托邦主义所提倡的，更多是我们该如何理解当下的生存状况。

地理学遭遇后现代主义后，同样呈现出碎片化的趋势，并越来越表现出"诠释学"的特征。曾经能够区分出特定流派的地理学思想，像德国区域学派、景观学派、法国人地关系学派，以及之后出现的计量学派、人文主义学派和马克思主义学派等，都在后现代主义的浪潮下被冲击得零零碎碎，对意义的"诠释"（interpretation）逐渐取代了对因果的"解释"（explanation）。

在这样的现实与理论共同促成的背景下,《家园》具有很强的后现代地理学特征,其开展诠释的路径在于:立足"产生疏离"与"建立关系"组成的存在本体论,观照人在家园中呈现出来的后现代与后殖民的生存体验,并对这些生存体验展开批判性的理解。这就形成了本书的核心思想——"家园批判地理学"。家园批判地理学包含三个运思维度:物质的家园与想象的家园,家园与认同和权力之间的关系,家园的开放性与多尺度性。如果用一张图来描述作者的运思方式,可以近似地表示如下:

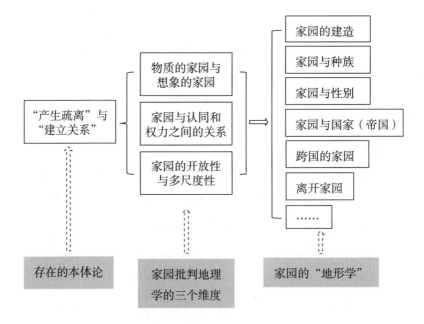

通过家园批判地理学的这三个维度,作者便将家园的各种地形学囊括进来。例如,对物质的家园与想象的家园相互之间的关系展开的分析与批判,着重于家园理念在物质空间建造中的呈现过程,以及物质空间又如何反过来界定或限制人类对家园的想象;核心家庭的理想模式及其在传统习俗中固化出来的房屋建造,对其他性别想象的人构成了怎样的

挑战，等等。

　　地理学之所以需要批判性地理解家园的现象以及人类的经验，原因在于，无论处于怎样的历史时期与地域环境，家园对人类的限制始终是存在的，只是体现出不同的方式与程度。就像当今普遍存在的家园与性别或与种族之间的张力，移民所遭遇的筑家限制，等等，这些古今中外都存在程度与方式上的差异。那么，当我们的家园从前现代社会相对稳定与封闭的形态逐渐演变为经济全球化背景下更具开放性与流动性的状况时，人类所经历的限制是更少了还是更多了？家园的限制对于人类的生存而言是必要的还是应当被超越的？限制的临界点又在哪里？面对这些问题，福柯的一个观点或许能引发我们的思考。他说："对于我们所受的限制以及超越这些限制的可能性的理论与实际体验，往往有其限制而被决定，因此，我们经常一再处于开始的位置。"换言之，福柯认为，当今的批判工作需要让人们意识到，即使我们明白了自己是受限制的人，也仍然是受限制的人，在寻找认识自己所受限制的过程中，往往会一再折返到限制的起点；而当人们面对不可逾越的临界点时，正是重新认识极限意识与神圣意识的契机（林鸿信语）。这种审慎的乐观态度是家园批判地理学所具备的，正如本书在结尾处选择了代表极端灾难的卡特里娜飓风和接近于乌托邦理想的"共有住宅"来进一步反思家园批判地理学。作者之所以采用这两个相反且极端的案例，是为了引发读者更深入地思考人类自身所体验到的家园限制的临界点，以及其中所投射的伦理问题。例如，共有住宅所提倡的跨越传统家庭限制的社会关怀该如何建构，其所遭遇的伦理挑战有哪些。这些疑问都能够让人们反思人类在家园中究竟具有多大范围的自由与责任。相信带着这些反思，读者能在这本书中找到开展家园研究的有益视角。

　　回顾本书的翻译，遇到的一个突出问题在于"home"究竟应该译为"家园"还是"家"。译者就此问题与编辑赵媛媛女士有过切磋。"home"是一个多义词，既可指大尺度的家园（故土），也可指小尺度的家（家庭）。所以，在翻译的时候，如果没有特定的上下文语境的限制，我们会统一翻译为"家园"；而在少数地方，由于特定语境的限制，同时考虑汉语语句的通顺，会酌情翻译为"家"或"家庭"。希望这种细节上的酌量不会影响读者的阅读体验。

最后，十分感谢周尚意老师和编辑尹卫霞女士，没有她们在浩如烟海的学术著作中深思熟虑的挑选，就没有大家面前的这本优秀著作。同时，诚挚感谢赵媛媛和梁宏宇两位编辑的严谨工作！最后，感谢领我安歇青草溪水边的那位挚友始终如一的陪伴和鼓励！由于译者学识有限，翻译错误在所难免，敬请各位专家和读者批评斧正。

刘 苏

2019 年夏于重庆北碚

**图书在版编目（CIP）数据**

家园／（英）艾莉森·布伦特，（澳）萝宾·道林著；刘苏，
王立译 .—北京：北京师范大学出版社，2022.3
（人文地理学译丛／周尚意主编）
ISBN 978-7-303-25150-6

Ⅰ.①家… Ⅱ.①艾… ②萝… ③刘… ④王… Ⅲ.①人
文地理学 Ⅳ.① K901

中国版本图书馆 CIP 数据核字（2019）第 206499 号
北京市版权局著作权合同登记号：01-2017-2661

营 销 中 心 电 话　　010-58807651
北师大出版社高等教育分社微信公众号　　新外大街拾玖号

JIAYUAN

出版发行：北京师范大学出版社 www.bnup.com
　　　　　北京市西城区新街口外大街 12-3 号
　　　　　邮政编码：100088
印　　刷：鸿博昊天科技有限公司
经　　销：全国新华书店
开　　本：787 mm×1092 mm　1 / 16
印　　张：24.25
字　　数：326 千字
版　　次：2022 年 3 月第 1 版
印　　次：2022 年 3 月第 1 次印刷
定　　价：112.00 元

策划编辑：周益群　　　　　责任编辑：梁宏宇　赵媛媛
美术编辑：李向昕　　　　　装帧设计：李向昕
责任校对：康　悦　　　　　责任印制：马　洁